게임은
훌륭하다

게임은
훌륭하다

17가지 시선으로 읽는 게임의 오해와 진실

고영삼　　　　　이동훈
김지연　박성옥　이창호　정철우
김치용　방승호　이형민　이상호
문현실　서보경　정승안　차재필
　　　　심한뫼　　　　　이장주
　　　　　　　　　　　　최승우

일러두기

이 책의 표기에 관해서는 아래의 원칙을 따랐다.

통념상 굳어진 단어 혹은 고유명사로서 많이 사용되는 단어는 다음과 같이 붙여 썼다.

예) 4차산업혁명, 게임산업, 게임과몰입, 게임중독, 프로e스포츠 등

· **작은따옴표** (' ') 는 강조의 경우

· **큰따옴표** (" ") 는 직접 대화를 나타내거나 직접 인용 및 강조의 경우

· **홑낫표** (「 」)는 단행본 수록 작품 및 논문의 제목

· **겹낫표** (『 』)는 책의 제목 및 잡지 등 정기간행물

· **화살괄호** (< >) 게임, 영화, 연극, 방송, 그림 등의 제목 및 기타 명칭

· **소괄호** (( ))는 저자나 역자의 보충 설명 및 출처 표기

서문

뉴노멀을 이야기하는 사람이 늘어나고 있다. 급격한 역사변 동기이다. 이러한 변화는 4차산업혁명으로 이미 시작되고 있었다. 사람들은 신기술이 엮어내는 새로운 가능성을 기대와 불안으로 맞이하고 있었다. 그러던 중 찾아온 '코로나19'는 유례를 찾아보기 힘들만큼의 충격을 주었다. 사람들은 '사회적 거리'라는 이름의 물리적 거리를 유지했고, 집 안에서 혼자 시간을 보내게 되었다. 마스크 사용 의무화, 재택근무 공식화, 백화점은 문을 닫았고 온라인 구매가 보편화 되었다.

집에 콕 박혀 지낸다는 뜻의 '집콕'도 이제 가장 흔한 생활양식이 되었다. 관계 속에서 즐거움을 느끼던 사람들에게 사회적 거리 유지는 단절이자 외로움이다. '코로나 블루'라는 신조어가 생겨나기도 하고, 혼자 지내는 시간 동안 우울감을 느끼는 이들이 많아졌다.

게임과 스마트폰은 비대면 시대의 오아시스다. 돌이켜보면 스마트폰으로 게임을 하는 행위가 질병으로 치부되던 날도 있었다. 하지만 위기는 늘 기회가 되기도 한다. 외부활동이 제한된 시점에 게임은 대안이 되었다. 사람들은 온라인을 통해 관계를 강화하고 게임을 통해 심신을 유지했다. 즉 게임이 신체활동의 수단이 되어 심리적 안정, 사회관계의 촉진, 나아가 인간 능력을 향상시키는 주요한 수단이 되고 있다. '게임의 한 수'가 시작된 것이다.

더구나 요즘 게임은 게임만의 영역을 넘어서고 있다. 게임기법이 경제, 사회, 문화, 정치영역에 적극적으로 활용되고 있다. 이 책은 이러한 변화를 눈치챈 사람들의 글모음이다. 공부를 방해하는 게임, 정서를 방해하는 게임, 삶의 목표를 잃게 하는 게임, 관계를 파탄시키는 게임이라는 시각 대신 통계와 연구를 바탕으로 다양한 시선을 담았다. 총 3부 16장으로 구성된 이 책은, 더하는 글을 포함해 모두 게임의 긍정적인 면에 초점을 두고서 각 분야별로 사례를 들어서 설명하고 있다.

1부에서는 뉴노멀 시대의 게임신문명을 다루었다. 급격한 변화의 시기에 이른바 '게임신문명'이라고 부를만한 새로운 문명에 대해 다룬다. 1장(고영삼 원장)은 우리 사회가 어떻게 게임문명에 휩싸이는지를 '게임화사회'라는 용어를 통해 다룬 글이다. 게임기술에 응용될만한 4차산업혁명 신기술도 설명했다. 2장(심한뫼 교수)은 이 시대의 게임을 이해하는 방법들을 설명한 글이다. 게임개발자로서 기업인으로서, 현재는 대학교수로 활동하는 다양한 경험에서 쓴 글이라 생명력이 있다. 3장(정승안 교수)은 디지털 게임을 동양적 상상력과 결합시켜 해석한 글이다. 디지털 게임의 콘텐츠를 풍수지리와 명리학 전문가의 상상력으로 설명하고 있어 인식의 지평을 열어줄 것이다. 4장(최승우 국장)은 게임을 산업의 관점에서 해석한 글이다. 게임산업의 미래 가능성에 대한 글을 통해 게임산업이 한국의 새로운 주요 산업이라는 것을 알게 될 것이다. 5장(김치용 교수)은 게임을 산업의 관점에서 다루되 특히 콘텐츠 산업의 입장에서 설명한 글이다. 이 글을 통해 대중이 사랑하는 콘텐츠로서 게임이 가진 위상을 알 수 있다. 6장(차재필 팀장)은 e-Commerce에 게임기법이 활용되는 것을 설명한 글이다. 경제, 유통 분야에 게임기법이 어떻게 가치 있게 활용되는지를 사례를 들어서 설명하였다.

제2부에서는 게임의 문화학과 청소년의 창의교육을 다루었다. 7장(이장주 소장)은 게임이 하나의 문화양식으로 수용되는 방식을 문화심리학이라는 이름으로 설명했다. 이를 통해 누가, 왜 게임을 하는지를 이해할 수 있을 것이다. 8장(이창호 박사)은 최근 청소년들의 게임 트랜드가 설명되어 있다. 인터넷 게임에서 스마트폰 게임으로 변화되어 온 청소년 문화를 이해하는 데 도움이 될 것이다. 9장(김지연 교수)에는 부모님들이 게임에 대해 걱정하는 것들이 다루어져 있다. 게임 콘텐츠의 선정성, 폭력성의 설명을 읽으면 자녀 교육에 도움이 될 것이다. 10장(이동훈 교수)은 게임 DIY를 내용으로 하고 있다. 게임을 개발이나 산업의 관점에서가 아니라 창작활동의 관점에서 바라본다. 독자들의 게임에 대한 인식을 확장해줄 것으로 기

대한다. 11장(이형민 교수)에는 우리 사회에 오랫동안 격론과 갈등을 일으켰던 게임의 질병코드 사건을 다루었다. 게임에 질병이라는 이름을 씌운 것이 왜 문제가 되는지를 설명했다.

제3부에서는 게임이 인간능력을 향상시키고 심리를 치유할 수 있음을 다루었다. 12장(정철우 대표)은 뇌과학자의 입장에서 게임이 뇌 기능을 향상하고 치유하는 가능성을 설명한 글이다. 실제로 활용되고 있는 게임 콘텐츠를 사례로 들어 설명했다. 13장(이상호 교수)은 게임을 하나의 스포츠로서의 자리할 수 있는 가능성을 다룬 글이다. 인간의 인지능력을 향상시키고 소통과 협력의 방식이 될 수 있다는 것이다. 14장(서보경 교수)은 게임이 심리치유의 방식이 될 수 있다는 것을 설명했다. 즉 게임이 상상심리를 자극하고 디지털 치료제로서 기능할 수 있다는 것이다. 15장(박성옥 교수)은 게임이 가진 회복탄력성에 초점을 두고 있다. 아동의 회복탄력성을 증대하는 데 도움이 되는 게임 놀이의 종류와 지도방법을 현장감 있게 다루었다. 16장(문현실 교수)은 게임과몰입 청소년의 상담 치유에 대해 다룬 글이다. 게임에 과도하게 빠져있던 자녀 때문에 힘들어하는 학부모님들에게 많은 도움이 될 것이다. 마지막으로 더하는 글(방승호 연구관)에서는 게임이 청소년을 어떻게 다시 일으켜 세우는지, 꿈을 꾸는 아이로 만들 수 있는지에 대해 직접 현장의 생생한 경험을 담았다.

아마도 전환기의 한국사회에서 게임만큼 찬반이 극명했던 것도 드물 것이다. 의사, 학부모, 교사들은 게임을 중독물질과 같이 매우 경계해야 할 대상으로 간주하고 있다. 그러나 콘텐츠나 IT 산업 종사자들은 그들이 편견에 가득 차 있다고 생각한다. 이른바 '게임중독'은 존재하지도 않을뿐더러, 설령 유사한 현상이 있을지라도 게임 콘텐츠 자체가 원인이 아니라고 본다. 이 책은 게임의 유해함이 아니라, 게임의 선용 기능과 가능성에 초점을 두고 있다. 여기에 참여한 필진은 이를 자신이 직접 참여한 사례나 연구결과를 가지고 증명하였다. 우리들의 통찰력과 전문성이 강호 독자들의 혜안을 깊게 할 수 있다면 좋겠다는 바람으로, 『게임은 훌륭하다』를 세상에 내놓는다.

2021년 여름
저자 대표 고영삼

1

뉴노멀 시대의
게임신문명

게임문명이다

고영삼

시대가 어디론가 가고 있다. 이른바 전환의 시기인데, 학자들과 입담 좋은 사람들은 각자 저마다 관점에서 이 시대를 이야기해왔다. 필자는 이 시대를 '게임화사회'라는 이름으로 진단해보고자 한다. 한때 인터넷 게임은 청소년들의 학습을 방해하는 위험한 놀이로 알려졌다. 지금도 일각에서는 중독이라는 끔찍한 딱지를 붙이고 있다. 하지만 학부모들이 원하건 원치 않던 우리 사회에는 게임화가 진행되어왔다. 게임인간이 출현하고, 기업에서는 게임기제를 활용하여 생산성을 증대하고 있다. 텔레비전 프로그램에서도 게임기법을 활용하여 시청률을 올린다. 가만히 살펴보면 4차산업혁명의 신기술들도 게임의 진화에 극히 도움 될 것들로 미리 진화하고 있다. 이 장에서는 우리 사회를 바꾸고 있는 게임화를 '게임문명'이라는 용어로 풀어보고자 한다.

1. 뉴노멀, 전환의 시대

뉴노멀이라는 단어가 심심치 않게 사용된다. 축이 이동한다. 이제까지 인류의 가장 큰 숙제는 테러리즘과 핵 문제였다. 두 가지 공포는 글로벌리제이션의 문명 전환과정 중에 결코 해결되지 않을 문제로 간주되었다. 물론 경제와 금융문제, 그리고 강대국 간의 패권 갈등은 묶여온 과제다. 유럽과 일본의 쇠퇴 속에서 중국을 심하게 의식하는 미국 패권주의는 언제까지 계속될 것인가, 이것이 핵심이었다. 그러니까 거듭되는 자본주의 경제위기의 바탕 위에서 패권을 위한 강대국 간의 다툼은 핵 문제로 혹은 테러리즘 그리고 경제블록의 싸움으로 나타나곤 했다.

그러나 이제 쟁점은 바뀌었다. 더 정확히 말하자면 어떤 것을 규정하는 본질이 바뀌고 있다. 코로나19의 확산은 국가 내의 격차문제나, 국가 혹은 인종 간의 갈등을 넘어선 새로운 차원의 문제를 던져주고 있다. 우리가 간과한 좀 더 본질의 문제를 건드린다고 할까. 과거의 여느 전염병과는 격이 다르다. 어쨌든 이제 호모 사피엔스라는 인종은 앞으로도 계속 생존할 수 있는지에 대해 스스로를 시험하는 국면에 들어섰다.

인종의 지속가능성을 시험하는 이 국면은 우리에게 모든 생활양식을 바꾸도록 요구한다. 사람들과 만나고, 이야기 나누고, 식사를 하고, 일을 하는 모든 방식을 변화시킨다. 일자리를 잃은 사람들, 원치 않게 격리되어 생활하는 사람들, 수입이 끊어진 사람들이 한둘이 아니다. 저마다 신체적으로 정신적으로 격리되어 상황이 끝나

기만을 기다린다.

게임은 이 어려운 상황에서 호모 사피엔스가 찾는 오아시스다. 한국콘텐츠진흥원에서 나온 「2020년 게임이용자 실태조사」 보고서에 따르면 게임을 하는 국민이 코로나19 이전과 비교하여 4.8%가 증가하여 70.5%에 달한다고 한다. 특히 모바일 게임을 이용하는 국민은 전체의 91.1%라고 하니(한국콘텐츠진흥원, 2021), 게임이야말로 한국인에게 최고의 동반자가 되었다고 할 수 있다.

재미있는 것은 이렇게 '집콕'해 우리가 의식하지 못하는 사이에도 게임문명은 안착되고 있다는 사실이다. 사람들은 점차 게임형 인간이 되어가고, 사회가 게임화되어가며, 사람과 사회에 맞추어 게임기법이 보편화 되어간다. 이렇게 코로나19는 이 사회의 전환기에 예기치 못한 변화를 야기하였다. 마침 인류는 전염병 때문에 유지할 수밖에 없는 물리적 거리의 한계를 4차산업혁명 관련 기술을 통해 극복하고자 한다. 마침 인류가 만들어온 4차산업혁명 신기술, 특히 비대면 기술은 코로나19의 공포를 이겨낼 수 있는 좋은 방법이 될 것이다. 조만간 이 신기술들은 게임기술과 융합하여 인류가 전혀 상상치 못했던 새로운 문명으로 안내할 것이다. 뉴노멀의 한쪽은 이렇게 진행되고 있다.

2. '게임화사회'의 전개

게임화Gamification

'게임화사회'는 현대사회의 어떤 지배적 특성을 설명하기 위해 필자가 임시로 만든 조어다. 이를 이해하기 위해서는 먼저 '게임화' 용어부터 이해할 필요가 있다. 게임화化는 번역하기 어려운 탓인지 그냥 게이미피케이션Gamification이란 용어로도 사용되고 있는데 어원적으로 보자면 '게임Game'과 '~식으로 되는 과정~fication'이 결합된 용어이다.

위키피디아에 찾아보면, 게임화는 게임이 아닌 상황에서 게임 디자인 요소와 게임 원칙을 적용하는 것이라고 설명되어 있다. 게임 요소의 특성을 사용하거나 적용하여 문제를 해결하기 위한 일련의 활동과 과정으로 정의할 수 있다는 것이다. 이미 게임화는 다양한 곳에서 진행되고 있다. 사용자 참여향상, 조직 생산성, 흐름, 학습, 크라우드 소싱, 지식 보유, 직원의 채용 및 평가, 사용의 용이성, 시스템의 유용성, 신체 운동, 교통 위반, 무관심한 유권자, 그리고 대체에너지에 대한 대중의 태도를 개선할 때도 활용되고 있다. 물론 각 개인이나 상황에 따라 차이가 있긴 하지만, 많은 연구에서 게임화는 긍정적인 영향을 미친다는 사실이 밝혀졌다(위키피디아).

그러니까 게임화는 게임 영역이 아닌 분야에서 어떤 문제를 발견하고, 이를 이해 혹은 해결하고자 할 때, 그리고 지식을 전달할 때나 관심을 끌기 위해, 그리고 행동을 특정 방향으로 유도할 때 게임기법이나 기제를 활용하는 것이라고 이해된다. 이 용어는

2010년 1월 미국에서 열린 '게이미피케이션 서밋'에서부터 공식적으로 사용하기 시작했다고 하니(네이버 지식백과), 10여 년 정도 사용된 용어라고 할 수 있다.

그럼 게임이란 무엇일까? 게임디자이너이자, 게임연구가인 제인 맥고니걸Jane McGonigal은 그의 저서『누구나 게임을 한다』에서 게임은 목표goal, 규칙rule, 피드백 시스템feedback system, 자발적 참여voluntary participation라는 네 가지 본질을 가진다고 설명했다(하뮈, 2020).

- 목표 : 플레이어가 성취해야 하는 구체적 결과이다. 플레이어가 집중해서 게임을 헤쳐나갈 수 있도록 방향을 제시한다. 즉 목적의식을 제공하는 것이다.
- 규칙 : 플레이어가 목표를 이루지 못하도록 제약을 만든다. 제약은 문제를 해결하거나 목표를 달성하는 창의적인 방법을 촉진한다.
- 피드백 시스템 : 플레이어가 목표달성에 얼마나 다가섰는지 알려준다. 포인트, 레벨, 진행상태 바 등의 형태로 보여준다.
- 자발적 참여 : 모든 플레이어가 목표, 규칙, 피드백 시스템을 선뜻 받아들이고 인정한다. 이러한 자발적 참여는 여러 사람과 함께 게임에 참여하게 한다.

한편, 게임의 성립 조건을 또 다른 방식으로 정의할 수 있다. 탄탄한 스토리, 목표달성, 그에 따른 보상, 그래픽 시스템 등으로 설명할 수 있다. 게임에서 나오는 보상 시스템은 경우에 따라 플레이어가 과의존 경향에 빠지게 되는 원인이 되기도 한다. 하지만 이는 목표달성에 따른 만족감과 레벨을 더 올리지 못했던 아쉬움에서 나오는 이른바 '사서 하는 고생'을 자처하는 게임의 또 다른 매력 요인이 되기도 한다.

이러한 논리는 무척 흥미롭다. 플레이어들은 사실 게임을 하면서 엄청난 고생을 한다. 하루 종일 혹은 일주일을 잠도 자지 않고 게임을 하기도 한다. 때로는 공부를 할 때도, 밥을 먹거나 친구와 대화 중일 때도 머리는 계속 게임만을 생각한다. 제인 맥고니걸Jane McGonigal은 게임에서 고생 혹은 노고야말로 매우 중요하다고 말한다. 여기서 본질은 왜 플레이어는 '사서 하는 고생'을 자처하는가이다. 그 이유 중 하나는 게임 밖에 놓인 현실의 비참함이기도 한데, 게임이 사용자에게 그러한 역경과 고난을 극복하는 즐거움과 위로를 경험하게 한다는 사실 또한 중요하다.

게임을 이야기할 때 언급해야 할 또 다른 하나는 소속감이다. 플레이어에게 있어서 길드에 소속해 있는 동맹의식은 그의 가족보다 더 중요할 때도 많다. 과의존되어 있을수록 그러하다.

게임화사회

게임화는 디지털 게임이 아닌 분야에서도 이상과 같은 목표(하위목표), 규칙, 피드백 시스템, 자발적 참여, 탄탄한 스토리(혹은 맥락), 실패에 따른 진한 아쉬움, 보상, 소속감, 이들이 함께 어우러져 만들어내는 재미와 같은 기제가 적용되는 것을 말한다. 그런데 누군가는 생각할 것이다. "에이 우리 사회에 그렇지 않은 영역이 어디 있어?" 그렇다. 이미 우리 사회에는 정치, 경제, 문화, 교육, 오프라인의 놀이, 스포츠 등 수많은 분야에서 디지털 게임의 기제가 보편화 되어 있다. 이미 게임기법의 일상화가 되어 있는 것이다. 필자가 말하는 게임화사회는 바로 이렇게, 디지털 게임의 기제가 다양한 분야에 일상화되어 자연스럽게 활용되는 사회를 말한다.

이미 우리 사회에는 정치, 경제, 사회, 문화 등 각 분야에서 게이머를 유혹하기 위한 다양한 유사장치들이 계속 개발되고 활용된다. 그것은 바다를 잘 달려가기 위해 마찰력 적은 유선형으로 배를 만드는 것과 같다. 전 세계인들은 일주일에 총 30억 시간을 디지털 게임을 하는 시간을 보낸다는 이야기도 있지만, 이보다 더 알아야 할 진실은 전 세계인들은 게임을 하지 않는 게임 외의 시간에도 게임 메커니즘을 따라 일을 하고, 술을 마시고, 여행을 가며, 이야기 나눈다는 사실이다.

게임기제는 특히 생산성과 이윤성을 극도로 추구하는 경제 분야에서 전폭적으로 활용된다. 왜 세상은 이렇게 되었을까? 그건 우리가 극도의 효율성과 생산성을 짜내는 자본주의 경제 시스템에서 살아가기 때문이다. 이러한 상황을 여기서는 호모 사피엔스로서의 인간, 그리고 진화하는 4차산업혁명의 신기술에 초점을 맞추어 설명해보고자 한다.

3. 호모 루덴스와 게임인간

호모 루덴스

동물분류학에서는 현재의 인간을 사피엔스 과種, species Sapiens, 호모 속屬, genus Homo, 호미니드 과科, family Hominid, 호미노이드 초과超科, superfamily Hominoid, 앤스로포이드 아과亞目, suborder Anthropoid, 영장류 목目, order Primate에 속하는 것으로 분류하고 있다.

그런데 인문사회과학자들은 인간을 이상과 같은 자연생물학적 관점에서의 분류 외에, 인간의 특성에 초점을 맞추어 이해하려 했다. 예를 들어 호모 사피엔스Homo Spiens, 호모 엘렉튜트Homo Erectut, 호모 로쿠엔스Homo Loquens, 호모 그라마티규스Homo Grammaticus, 호모 폴리티쿠스Homo Politicus, 호모 파베르Homo Faber, 호모 루덴스Homo Ludens, 호모 이코노미쿠스Homo Economicus, 호모 네간스Homo Negans, 호모 에스페란스Homo Esperans, 호모 콘숨멘스Homo Consummens, 호모 소키에스Homo Socies, 호모 노부스Homo Novus 등이다.

일반적으로 호모 사피엔스라고 지칭되는 인간을 이렇게 다양한 특성으로 지칭할 수 있다니 놀라운데, 문명사가인 호이징하J. Huizinga는 이렇게 복잡하고 다양한 특성을 가진 인간을 유명한 고전인 『놀이하는 인간 Home Ludens』의 서문에서 3가지 개념으로 정리했다(호이징하, J, 1981).

- 인간의 생각하는 능력을 강조하는 호모 사피엔스Homo Spiens

- 무언가를 직접 만들고 제작하는 특성을 강조하는 호모 파베르Home Faber

- 즐기고 유희할 수 있는 특성을 강조한 호모 루덴스Homo Ludens

　인간의 행동양식에는 이 세 가지 특성이 다 내재해있는 것 같다. 그런데 이 특성들을 가만히 보면 생산양식, 생활양식에 따라서 그 특성이 강하게 나타나는 시대가 있다. 예를 들어 손으로 직접 만들고 제작하는 호모 파베르 특성은 농경시대와 산업화 시대에 부각되었다. 사색하고 철학하던 것은 서양의 경우 르네상스 이후 발현된 모습이다. 그런데 4차산업혁명 사회가 전개되면서 과거와 같이 노동하는 인간(호모 파베르), 진지하게 사색하는 인간(호모 사피엔스)을 탈피하는 문화가 나타나기 시작했다. 호모 루덴스적 인간이 증가한다. '노동의 신성함'을 주장하는 시대는 가고, 일과 여가의 균형을 주장하는 워라벨 지향적 인간과 생활양식이 확산되는 것이다.

　물론 시대를 나누어 단절적으로 말하기 어려운 점이 없지는 않다. 그런데 가만히 보면 호이징하의 분류법에서 나타나는 인간의 공통점이 있다. 인간이 무언가 사색하고, 만들고, 놀이하는 원인과 과정, 그리고 목표추구에 있어서 '누군가'와 '어떤 의미'를 주고받고자 하는 공통된 본능이 있는 것이다. 그런데 이 '의미 주고받음'의 방법이 이제는 유희적 방식이란 것은 의미 있는 일이다.

　왜 이것이 의미 있나 하면, 저녁이 있는 삶, 여행하는 인간, 워라벨풍의 문명이 확산되어 이른바 유희인 적 삶을 가능하게 하는 디지털 기술이 속속히 개발되고 있기 때문이다. 그 기술들은 다음 절에서 이야기하기로 하자. 여기서 이야기할 수 있는 것은 시대를 통시적으로 볼 때, 특히 젊은 층을 중심으로 호모 로쿠엔스(고영삼, 2004, 2015)와 호모 루덴스적 특성이 주류 문명이 되고 있다는 것이다.

게임인간

게임은 생각보다 우리 가까이에 있다. 물론 아직 기성세대와 젊은이들 간의 게임에 대한 견해 차이가 있는 것이 사실이다. 한국콘텐츠진흥원(2014)의 보고서에 따르면, 게임을 과도하게 하는 행위에 대해 기성세대들은 부정적 시선을 가지고 있는 반면, 나이가 어릴 수록 오히려 긍정적으로 인식한다. 게임이 생활에 생기를 가져다주며, 심지어 게임을 통해서 생각이나 비전이 확장되었다고 대답한 것이다.

이렇게 정신의학적 면에서 자신에 대한 통제력이 약해진다고 격정하는 게임중독을 정면으로 반박하듯, '게임을 통해서 자신을 잘 통제할 수 있게 되었다'고 응답하는 것이 재미있다. 기성세대와 많이 다르다. 사회생활 중에 만나는 젊은이들을 보면 인식구조가 변화된 것을 항상 절감한다. 어떤 경우 인종이 달라졌나, 하고 느낄 정도다. 게임인간이 출현하고 있다. 이들은 신기술을 기반으로 더욱 보편화된다.

	게임으로 인해 내 생활에 생기가 생겼다	게임을 통해서 내 생각이나 비전이 확장되었다	게임을 통해서 여가시간을 유용하게 보낸다	게임을 통해서 몰입을 경험한다	게임기술을 발휘하여 자긍심을 느낀다	게임을 통해서 나 자신을 잘 통제할 수 있게 되었다	게임을 통해서 나의 고민을 이야기할 수 있는 사람들이 생겼다	게임을 통해서 스트레스를 해소한다
전체	59.7	28.7	71.5	77.3	44.9	37.4	30.3	82.0
만10-18세	92.5	67.9	81.1	77.4	64.2	64.2	71.7	83.0
만19-29세	69.7	45.7	72.0	73.1	60.0	48.6	42.3	79.4
만30-39세	62.9	27.6	72.0	82.8	51.7	38.4	32.3	81.9
만40-49세	61.7	26.2	74.2	78.1	45.3	37.1	29.3	85.2
만50-59세	50.0	19.3	67.2	74.8	29.9	30.7	20.8	81.4

출처: 한국콘텐츠진흥원(2014)

4. 디지털 게임에 활용되는 4차산업혁명 신기술

4차산업혁명[1]

'4차 산업혁명'이 아니라, 하나의 고유명사형으로서 '4차산업혁명'이 최초로 공식화된 것은 2016년이다. 스위스에서 개최된 세계경제포럼World Economic Forum에서 클라우스 슈밥Klaus Schwab 회장이 공식했다. 세계경제포럼은 매년 초 세계 40여 개국의 약 2,500명의 정상 및 경제·비즈니스·학계·시민사회 지도자들이 스위스의 조그마한 도시인 다보스Davos에 모여서 개최하기 때문에 다보스포럼으로도 불린다.

---

1 이글은 필자의 글 고영삼(2017)을 근거로 게임의 시각을 합한 것임

2016년 1월에 '4차산업혁명'의 시작을 선언했던 슈밥 회장은 그해 10월에 우리나라를 방문했다. 그는 4차산업혁명을 "우리의 삶과 정체성을 바꾸고 집단을 바꾸는 혁명적인 변화"라고 했다. 그리고 과학기술은 "10년 이내에 인간의 뇌를 이식 가능한 수준"까지 발전할 것인데, "이러한 수준의 변화는 산업의 모든 영역뿐 아니라 전통적인 산업에도 영향을 미칠 것"이라고 했다. 아니나 다를까 이제 전세계에는 '인더스트리 4.0'이라 부르든 아니면 '4차산업혁명'이라 부르든 엄청난 신기술의 사회로 나아가고 있다.

4차산업혁명은 상상을 초월할 정도의 기술력과 자본력 위에서 진행되고 있다. 대표적인 기술은 인공지능AI: Artificial intelligence, 자율주행차Autonomous vehicles, 드론Drones, 가상 비서Virtual assistants, 로봇Advanced Robot, 사물인터넷IoT: Internet of Things, 빅데이터 분석Big Data Analytics, 3D 프린팅3D printing, 나노테크놀로지Nanotechnology, 바이오테크놀로지Biotechnology, 착용컴퓨터Wearable Computer 등이다. 그런데 필자가 이 기술들을 분석해 보니 몇 가지 특징을 발견할 수 있었다. 그것은 '4초 기술'이다. 즉 초지능기술, 초연결기술, 초실재기술, 초인간기술이다.

- 초지능 : 인간과 사물의 모든 데이터가 수집·축적·분석·활용할 수 있게 함

- 초연결 : 세상의 모든 것이 실시간 연결될 수 있게 함

- 초실재 : 실재보다도 더 현실감 있게 인식될 수 있게 함

- 초인간 : 디지털융합기술과 생명공학기술을 융합하여 호모 사피엔스를 초월한 인간

초지능 - 인공지능 기술

인공지능Artificial Intelligence은 인간의 두뇌와 같이 컴퓨터 스스로 추론, 학습, 판단하면서 전문적인 작업을 하거나 지식활동을 하는 시스템이다(한국정보통신기술협회). 한국인들은 인공지능 기술의 무시무시한 힘을 2016년 3월의 바둑 대결에서 확인한 적이 있다. 당시 세계 최고의 바둑 기사 이세돌은 인공지능 바둑 프로그램인 알파고AlphaGo와의 다섯 번의 대결에서 한 번을 이기고 모두 패했다. 이 사건으로 인해 한국인들은 인공지능의 막강한 가능성에 대해 확실히 알게 되었다. 그런데 1년 뒤, 중국에서 또 다른 바둑 최강자인 커제와 세 번 대결한 알파고는 그를 완전히 꺾어버렸다. 딥러닝 기술을 통해 지속적으로 바둑 지능을 강화한 결과였다.

딥러닝Deep Learning은 컴퓨터 시스템에 인간의 뇌와 흡사한 다층의 신경회로를 만들어 대량의 화상이나 데이터를 입력함과 동시에, 훈련을 통해 그 속에 함축되어있는 고차원의 개념을 자연스럽게 추출하도록 하는 기술이다(하원규, 최남희, 2015: 92). 딥러닝은 인공지능 스스로 데이터를 검색 수집, 인식하고 나아가 인간의 감정까지도 파악 분석하여 자율적인 의사결정을 하는 수준으로까지 발전하고 있다.

우리는 영화에서 적지 않은 인공지능 로봇을 본다. 〈터미네이터〉의 스카이넷, 〈어벤저스2〉의 울트론 등인데, 영화를 본 우리는 로봇이 인간을 공격하면 어찌 될 것인지에 대해 걱정하며 소름 돋는 미래를 예측하기도 한다. 이때 가장 중요하게 사용될 신기술이 빅데이터Bigdata다. 디지털 게임에서 빅데이터를 활용하면 어떻게 될까? 폭발적인 게임시스템의 성장이 일어날 것이다. 게이머들의 성향(1인칭 슈팅게임, MMORPG, 레이싱 등 어떤 게임을 좋아하는 타입인가? 즐겨하는 게임 시간은 언제인가? 스트레스 해소, 소속감, 보상, 레벨, 즐겨쓰는 아이템 등 게임을 좋아하는 이유는?), **연령대별·성별·지역별·계절별** 게임 통계자료가 기반이 된 신유형 게임이 만들어질 수 있다. 게임의 새로운 차원이 열릴 것이다.

초현실 - 혼합현실 기술

혼합현실MR: Mixed Reality이란 증강현실AR: Augmented Reality 기술과 가상현실VR: Virtual Reality 기술을 결합하여 정보의 사용성과 효용성을 극대화한 차세대 정보처리 기술이다. 증강현실AR은 영화 〈아이언맨〉에서 슈트를 착용한 주인공이 명령을 내릴 때 등장하는 화면과 같이 현실 위에 3차원의 가상 이미지를 겹쳐서 보여주는 기술이다. 몇 년 전 선풍적인 인기를 끌었던 〈포켓몬 GO Pokemon Go 〉가 바로 증강현실 게임의 좋은 예시다. 가상현실VR은 영화 〈매트릭스〉에서 주인공이 접한 컴퓨터 세계를 떠올리면 된다. 특수 제작된 고글 모양의 가상세계 체험 헤드셋HMD, Head Mounted Display을 쓰고, 100% 가상의 이미지를 사용하여 현실의 경험을 재현하는 기술이다.

아직 가상현실이나 증강현실은 대중화되지 못했다. 헤드셋의 착용감이나 현기증 때문인데, 만약 이 문제만 해결된다면 게임은 완전히 다른 차원으로 발전할 것이다. 예를 들어 미래에는 별도의 장비를 착용하지 않고도 맨눈으로 실제와 같은 가상현실을 접하게 될지도 모른다.

앞으로 혼합현실 기술의 전망이 밝다. 기술자들은 한 걸음 더 나아가 메타버스Meta+Universe 시대가 온다고 예견한다. 이것은 혼합현실에 초연결 기술이 접목된 초연결·초현실의 세계를 말한다. 스마트폰 카메라를 통해 주위 공간을 비추면 지하철이나 버스정류장, 커피숍 위치가 입체적으로 나타나는 식이다. 행성탐사, 의료, 군사 훈련뿐만 아니라, 창의적 체험교육에도 메타버스는 폭넓게 활용될 전망이다.

영국 시장조사업체 리서치앤드마켓은 증강·가상현실 기술 관련 시장이 2026년까지 한 해 평균 23.3% 증가해 77억 6,000만 달러에 이를 것이라고 전망했다(송채경화, 2021). 향후 혼합현실이나 메타버스 기술은 게이머들이 PC나 스마트폰 기기 중심의 게임을, 완전히 새로운 매체를 통해 즐길 수 있게 할 것이다. 입체적인 게임이 가능하게 됨으로써 엄청난 충격을 선사할 것으로 보인다.

초연결 - 사물인터넷 기술

사물인터넷IoT: Internet of Things은 인터넷을 기반으로 모든 사물을 연결하여 사람과 사물, 사물과 사물 간의 정보를 상호 소통하는 지능형 기술 및 서비스를 말한다. 우리나라에선 흔히 아이오티IoT 라고 부른다. IoT는 사람이 개입하지 않은 상태에서 인터넷에 연결되어 정보를 주고받는 식으로 작동하기 때문에 혁명적인 연결성을 제공한다. 필자는 이를 초연결이라고 설명한다.

IoT를 구현하는 요소기술은 주변 환경으로부터 정보를 얻는 '센싱 기술', 사물이 인터넷에 연결되도록 지원하는 '유무선 통신 및 네트워크 인프라 기술', 각종 서비스 분야와 형태에 적합하게 정보를 가공하고 처리하거나 각종 기술을 융합하는 '서비스 인터페이스 기술', 그리고 '보안 기술' 등으로 구성된다(두산백과, 네이버 지식백과).

여기서 특히 강조하고 싶은 것은 통신 네트워크이다. 최근 몇십 년 동안 통신 네트워크는 1G부터 5G까지 점점 발전해왔다.

- 1G : 음성전송만 전용. 데이터 전송속도는 약 2.4kbps

- 2G : 단문문자 SMS, 사진 전송 가능. CDMA Code Division Multiple Access 와 GSM Global System for Mobiles 기술 기반으로 최고 50kbps 속도.

- 3G : 음성, 문자, 사진, 동영상, 화상통화, 이메일 전송 가능. WCDMA, UMTS Universal Mobile Telecommunication System, WiBro 기술 기반으로 최대 21.6Mbps 속도

- 4G : 이동 중일 때도 고화질 모바일 TV시청, 화상회의까지 가능. LTE Long Term Evolution, MIMO Multiple Input Multiple Output 기술 기반으로 3G보다 500배 빠름

- 5G : 인공지능 AI, 사물인터넷 IoT, 가상현실 VR, 자율주행자동차 서비스 가능. 4G의 LTE보다 20배 빠른 속도(삼성전자는 15GB 고화질 영화 1편을 4G는 240초 만에 내려받을 수 있다면, 5G에서는 6초면 된다고 설명)

한국이 게임선진국이 될 수 있던 것은 여러 이유가 있지만, 통신 망이 큰 역할을 한 것을 부인할 수 없다. 향후 5G 네트워크가 보편화 될 때 초현실기술, 초지능기술이 접목된다면 게임은 또 한 번 폭발적으로 진화할 것이다.

5G 네트워크가 보편화 된 상황에서 사물인터넷의 센서나 인터페이스 등 다른 기술도 진화하여 접목 혹은 융합된다면 게임은 어떻

게 될까? 사물인터넷이 파괴적 기술인 이유는 사물과 인간이 연결되어 정보를 주고받을 수 있다는 점인데, 특히 인간과 사물의 경계가 없이 정보교류가 일어나기 때문이다. 디지털 기술이 고도화된다면 인간의 뇌파까지 관여되는 게임이 만들어질 것이다.

초인간 - 디지털 생명공학 기술

바이오테크놀로지BT: Bio Technology는 생명공학기술로 불리기도 하는데 생물체가 가지고 있는 유전·번식·성장·자기제어 및 물질대사 등의 기능과 정보를 이용해 인류에게 필요한 물질과 서비스를 가공·생산하는 기술을 말한다(위키피디아). 사실 4차산업혁명을 공식화한 슈밥에게 조차 생명공학기술은 취약하게 다루어진 부분이다. 하지만 현재 ICT 융합기술에서 바이오 기술은 비약적으로 발전하고 있는 중요한 혁신 기술 중 하나다.

바이오테크놀로지는 인간 신체의 외부기술과 내부기술로 구별할 수 있다. 외부기술은 인터넷이나 스마트폰 등과 같은 것이라면, 내부기술은 인공장기나 뇌 속에 칩을 삽입하는 것과 같은 것이다. 게임의 관점에서 볼 때 바이오테크놀로지는 주로 외부기술에서만 다루어져 왔다. 하지만 여기서 초점은 내부기술이다. 자연인간의 내부에 기술이 삽입된 인간을 사이보그라 부른다. 사이보그는 'cybernetic organism'의 약자로 인공의 장치를 삽입·부착한 사람을 뜻한다. 예를 들어 사람들이 좀 더 나은 능력을 위하여 의안, 인공장기 등을 부착한다면 사이보그라고 부를 수 있다.

2017년 7월 구글의 레이 커즈와일은 『매일경제』가 실리콘밸리에서 개최한 컨퍼런스에서 "10년 후에는 지금 상상도 할 수 없는 새로운 인간의 형태New Type가 탄생한다"고 말했다. 그는 인간의 두뇌를 클라우드로 연결하는 기술, 나노 로봇이 모세혈관을 타고 뇌 속으로 들어가 가상현실을 망막과 홍채에 투영하는 기술, 로봇 T세포가 인간장기를 자율 재생하게 만드는 기술 등을 뉴타입 도래의 근거라고 했다. 유엔미래포럼의 제롬 글렌Jerome Glenn 회장도 사이버나우Cyber Now라고 부르는 특수 콘텍트 렌즈와 특수의복을 통해 24시간 인터넷에 연결된 초인간으로 진화를 예고했다.

최근에는 사이보그와 다른, 안드로이드의 발전도 예측되고 있다. 안드로이드는 로봇의 일종이다. 생체 신소재로 만들어진 일종의 인공지능형 자동인형으로 외형만 보아서는 사람과 구별되지 않는, 흔히 인조인간이라고 부르는 로봇이다. 어떤 생식의 결과로 출생한 생물이 아니라는 점에서 인간과 다르고, 비생물적 소재로 제조된 로봇과도 다르다. 미래학자 로드니 브룩스Rodney Brooks에 따르면 로봇은 향후 꾸준히 인간의 정신과 육체에 버금가는 개체로 접근할 것이며, 이러한 로봇의 진화가 인간의 본질까지 변화시킬 것이라고 예상했다(R. Brooks, 2002; 송영조, 2011).

5. 게임문명의 미래

필자가 4차산업혁명의 특성을 길게 설명하는 이유는 이러한 기술이 융복합되어 게임의 신기술을 발전시키는 한편, 게임기법을 사회의 보편적 문화로 확산시키기 때문이다. 특히 디지털 생명공학기술을 응용한 인간의 변화는 아주 극적인 게임사회로 연결될 것이다. 인간의 사이보그로의 진화, 로봇의 안드로이드로의 진화가 만드는 변화는 상상 이상일 것이다. 일단은 인간과 기술의 모호한 경계, 공상과 과학의 모호한 접점이 형성된다. 이 문화 변이의 과정에 기계의 인간화, 혹은 인간의 기계화라 부르는 시기가 있을 수 있는데, 호모 사피엔스가 일찍이 경험해보지 못한 게임과 같은 시스템에 들어가는 것이 아닌가 하는 생각을 해본다.

4차산업혁명기의 인간은 유희인 적 생활양식을 내면화하는 한편, 인간과 기술의 통속적 경계마저도 허무는 새로운 존재가 된다. 미래학자 레이 커즈와일Ray Kurzweil은 인간의 진화를 6단계로 설정했다. 즉, 진화는 인간을 만들었고, 인간은 기술을 창조했으며, 이제 인간은 점점 발전하는 기술과 합심해서 차세대 기술을 창조하고 있는데, 향후 특이점이 올 때 인간은 기계와 결합하리라고 예측한 것이다(R. Kurzweil, 2006). 이 미래 서사도 또한 게임과 같다. 단기적으로는 재미있고 인간의 능력을 증강하는 데 도움을 줄 것이다. 하지만 장기적으로는 재미있다고 해야 할지 잘 모르겠다. 그러나 게임문명이 도래하고 있다는 것만은 확실하다.

고영삼 yeskoh@naver.com

· 부산인재평생교육진흥원장
· 한국중독심리학회 게임중독분과장(현)
· 한국정보화진흥원 인터넷중독대응센터장(역)
· <Internet Addiction : Neuroscientific Approaches>, <디지털 다이어트> 등 저·역서 17권

이 시대의 게임을
이해하는 몇 가지 방법들

심한뫼

빌 게이츠는 '게임이 21세기에 가장 경쟁력 있는 산업'이라고 평가하였다. 한국의 게임 시장은 세계 5위로 게임을 생산하는 제작 능력과 소비하는 플레이어의 수준은 가히 세계적이다. 게임은 인공지능, 블록체인, 클라우드, 가상현실 등 4차산업혁명 기술과 가장 밀접한 관련이 있다. 고부가가치 산업이며, 수출 효자 산업이기도 하다. 최근 10년간 한국경제 성장률보다 3배 이상 성장하는 대표적 콘텐츠 산업이다. 그러나 게임은 중독, 과몰입이라는 문제가 항상 따라다니고 과금 문제, 사행성 게임, 폭력적/선정적 게임 문제 등 여러 사회적 문제를 야기하여 부정적 인식이 공존한다. 기술의 발달로 접근성이 좋아지고 우리 생활 속 깊숙이 자리 잡은 게임에 대한 이해를 위해 게임의 장단점과 역사, 발전된 기술 등을 알아보고자 한다.

1. 이 시대의 게임이란 무엇인가?

2005년 처음 게임규제 관련 법안인 '청소년 보호법 일부개정 법률안'이 발의되었다. 그리고 2010년, 여성가족부는 강제적 셧다운제라는 강력한 법안을 내놨고 2011년 4월 청소년 개정안에 포함되어 국회 본회의를 통과하였다. 물론 이전에도 게임 관련 규제는 존재하였다. 오락실을 정화구역 대상 업종으로 분류하였고 학교 경계선을 기준으로 200미터 이내에 PC방이 자리할 수 없게 하였다. 그러나 셧다운제는 게임 이용자들이 실질적으로 게임 이용에 불편을 느끼고, 사회적 이슈로 공론화되었기 때문에 실질적으로 첫 게임규제 관련 법안이라 할 수 있다. 2012년에는 중학교 3학년 한국 프로게이머 선수가 프랑스에서 〈스타크래프트2〉 대회 중 셧다운제로 인해 게임을 포기하는 헤프닝도 발생하였다.

2013년에는 '인터넷 게임중독 예방에 관한 법률안'과 '중독예방, 관리 및 치료를 위한 법률안'이 발의되었다. 사실상 게임 관련 규제 중 가장 강력한 규제법이 발의된 것이다. '인터넷 게임중독 예방에 관한 법률안'은 게임업체의 매출에 직접적으로 관련되어 게임 업계의 강한 반발이 있었으며, 게임이 알코올, 도박, 마약과 함께 4대 중독물질로 규정되어 게임산업 종사자들을 큰 충격에 빠뜨렸다. 그들은 중독이라는 단어 대신 과몰입으로 바꿔 표현하라고 맞섰다.

이러한 법안들을 최종적으로 폐기 수순을 밟았지만, 당시 게임을 바라보는 시선이 어떠했는지 알 수 있다. 실제로 PC방에서 며칠 동안 밥도 안 먹고 잠도 안 자고 게임을 하다가 과로사하는 사건, 엄마가 게임만 하고 방임하여 아이가 굶어 죽은 사건, 부모가 게임을 못 하게 막자 살해·협박하는 사건 등 사회적으로 공분을 사기 충분한 사례들이 보도됐다. '게임중독'이란 단어도 이 시기에 많이 사용되었다. MBC 〈뉴스데스크〉에서는 게임과 폭력성의 연관성에 대해 실험하기 위해 PC방 전원을 내리고 욕설을 하는 학생들을 보여주는 황당한 내용을 보도하기도 하였다.

게임을 바라보는 시선은 매우 다양하다. 누군가에겐 재밌게 즐길 수 있는 취미와 같고, 누군가에겐 돈을 벌어주는 생계 수단이며, 누군가에겐 일상생활을 방해하고 공부를 못하게 막는 장애물이다. 특히 학부모와 학교 선생님들에겐 게임이란 존재 자체가 불편할 것이다. 이러한 다양한 시선은 게임이 가지는 장단점이 분명하기 때문에 존재하는 것이고, 우리는 그것이 무엇인지 생각해볼 필요가 있다.

여가 문화

먼저 장점을 살펴보면 게임을 건전하게 취미로 즐기는 사람들에겐 게임만 한 취미를 찾기가 힘들 것이다. 먼저 다른 취미에 비해 비용이 적게 든다. 무료로 즐길 수도 있고 형편에 맞게 비용을 지불하며 게임을 즐길 수 있다. 그리고 게임 장르와 종류가 매우 많아서 게임 플레이어마다 즐기고 싶은 체험이나 욕구, 스트레스를 해소할 수 있는 선택의 폭이 넓다.

예를 들어, 본인이 좋아하는 스포츠를 현실 세계에서 할 수 없으면 게임을 통해 대리만족 할 수 있다. 2D 또는 3D 화면에서 플레이할 수도 있고, 모션 인식 장비를 이용한 신체적 활동을 통해 게임을 할 수도 있다. 실내 자전거 게임으로 온라인에서 자전거대회를 열어 전 세계의 플레이어와 함께 집에서 운동을 즐길 수 있다. 심지어 산악자전거MTB도 게임으로 즐길 수 있으며, 레이싱, 복싱, 테니스, 댄스 배틀 등 다양한 스포츠의 게임이 출시되었다.

접근성

게다가 모바일 게임의 등장과 함께 접근성이 좋아지고 공간의 제약이 사라져 언제, 어디서든 게임을 즐길 수 있다. 출퇴근길 지하철, 버스는 물론 직장이나 학교에서도 게임을 할 수 있으며, 바쁜 현대인을 위해 자동 사냥 시스템을 도입하여 AI가 자동으로 캐릭터를 성장할 수 있도록 하였다. 특히 방치형 게임은 장르 자체가 자동을 전제로 만들어진 장르이다.

소셜 커뮤니티

게임은 항상 규칙과 보상이 있으며 규칙은 재미, 보상은 성취감을 느끼게 한다. 이를 누군가와 함께한다면 성취감은 배가 될 것이다. 그래서 출시된 많은 게임시스템은 누군가와 협력하여 미션을 수행하고 대결도 하며, 커뮤니티를 형성하고 모임도 할 수 있도록 한다. 현실 세계에선 나와 성향이 다른 사람을 만날 수도 있고 싫어하는 사람과 뭔가를 같이 해야 할 때도 있지만, 게임에서 만나는 사람들은 '내가 좋아하는 게임을 같이하는 사람'이라는 공감대가 형성된 상태에서 교류하기 때문에 더 쉽게 소통하며 함께 즐길 수 있다.

특히 MMORPG에서는 공통된 목적을 가지고 수십 명이 던전 또는 레이드를 탐험하며 보스몬스터를 잡는데, 텍스트 채팅뿐 아니라 음성 채팅을 하며 미션을 수행한다. 길드 안에서는 캐릭터의 능력치, 또는 나이에 따라 상하 관계가 생기고 조직문화가 생겨난다. 현실 세계 못지않은 커뮤니티가 형성되는 것이다. 이러한 커뮤니티는 사회성 발달에 영향을 주며, 게임에서 자신의 캐릭터 레벨이 높거나 장비가 좋으면 그에 맞는 대접을 받을 수 있어 또 다른 대리만족을 느낄 수 있다.

고부가가치 산업

2020년 국내 게임 시장 규모는 약 17조 원으로 전 세계 시장점유율의 6~7%를 차지하며 미국, 중국, 일본, 영국 다음으로 5위를 기록하고 있다. 2019년 게임산업의 수출액은 약 7조 7,600억 원에 이르며 이는 국내 콘텐츠 산업 전체에서 67%가 넘는 비중을 차지하는 것이다(한국콘텐츠진흥원, 2021). 그리고 코로나로 인한 사회적 거리 두기 강화에 따라 집에 있는 시간이 늘어나며 더욱 성장할 전망이다. 실제로 2020년 국내 대형게임회사 매출액이 크게 증가였다.

게임 업계 종사자 수는 게임개발 및 서비스를 담당하는 제작 분야 약 4만 명, PC방, 게임장 인력 등 유통 분야 약 5만 명으로, 유통을 제외한 약 4만 명이 세계 5위 시장과 7조 원이 넘는 수출을 기록하는 산업으로 이끌었다. 고용유발계수와 영업이익률이 타 산업보다 월등하게 높은 고부가가치 산업으로 성장하였다. 또한 e스포츠 종주국으로서 프로게이머라는 직업이 한국에서 최초로 생겼고, 2018 자카르타 아시안 게임에 정식종목으로 채택되어 메달도 수확했다.

e스포츠는 선수뿐 아니라 중계방송, 개인 방송 등 산업 전반적으로 젊은 층에 인기 있는 직업군으로 자리매김하였다.

게임의 부작용

게임의 단점을 생각하면 게임규제 관련 법안을 다시 한번 살펴봐야 한다. 이러한 법안들은 괜히 나온 게 아니다. PC방 등장과 함께 청소년들의 놀이문화에 큰 변화가 생겼다. PC방에서 밤을 새우는 학생들이 많아졌고, 결국엔 밤 10시 이후 청소년 출입이 금지되었다. 그렇게 각종 사회문제로 이어지자 보다 못한 시민단체에서 문제를 제기하여 게임 관련 규제들이 생겨난 것이다.

게임은 상업적 목적이 가장 큰 산업이다. 그러다 보니 돈을 벌기 위해 게임회사들은 더욱더 자극적이며 폭력적이고 선정적인 게임을 만들어낸다. 이런 게임들에 청소년들이 항상 노출되어 있다. 앞서 얘기했던 접근성이 좋고 공간에 제약이 없는 장점은 여기선 단점이 되는 것이다. 이런 문제는 학부모뿐 아니라 교육과 관련된 직업을 가지고 있는 종사자들의 고민이기도 하다.

언어폭력

게임상의 언어폭력은 매우 심각하다. 팀플레이 하는 중 자신의 역할을 제대로 수행하지 못하면 어김없이 욕설이 날아온다. 온라인에서 채팅으로 싸우다 오프라인에서 만나 싸우는 일명 '현피'가 문제로 가끔 뉴스에 보도되기도 한다. 욕을 하는 학생 중 상당수는 초등학생도 포함되어 있다. 한때 영광을 누렸던 〈포트리스2〉에서 이러한 문제를 해결하기 위해 비속어와 욕설을 필터링하는 기능을 추가했지만, 오히려 과도한 필터링으로 욕이 아닌 단어까지 보이지 않게 되는 문제가 생기기도 하였다. 현재도 많은 게임에서 필터링 기능을 도입하고 있다.

과금 유도방식

게임회사 입장에서 게임의 성공확률은 매우 희박하기 때문에 투자 대비 수익을 극대화하기 위한 전략을 선택하는 경우가 많다. 과금 유저들에게만 게임이 유리하도록 설계하는 경우가 대표적인데, 과거 정액제 방식은 신규 고객 창출이 어렵기 때문이다. 부분 유료 결제 방식은 2004년부터 온라인 게임에 도입되기 시작하였다.

그러나 어린아이가 부모님 카드로 수천만 원을 결제하고, 지나친 과금 유도방식에 집단 소송으로 이어진 사례 등 논란 또한 끊이질 않고 있다. 결국 2020년 문화체육관광부는 국내외 게임사들의 '확률형 아이템' 정보공개를 법적으로 의무화하도록 했다.

2019년 WHO는 게임중독을 '게임이용장애Gaming disorder'라는 질병으로 분류하였으며 '6C51'이라는 코드로 부여하여, 정신·행동·신경발달 장애 부문의 하위 항목으로 분류됐다. 2022년부터 적용되며, 약 5년에 걸쳐 각 회원국에 게임중독이란 질병을 치료하도록 권고하는 것이다. 보건복지부는 이를 도입하겠다는 입장을 밝혔고, 문화체육관광부는 반대로 WHO에 이의를 제기할 것이라고 말했다. 이렇듯 정부 부처에서도 게임을 바라보는 시선이 극명하게 반대되는 만큼 게임은 장단점이 매우 뚜렷한 산업이다. 바라보는 시각이 다른 만큼 다양한 입장에서 배려하고 노력하며 단점을 개선해야 한다.

처음 게임규제 관련 법안이 발의되고 나서 약 15년이 흐른 지금, 인식이 좋든 안 좋든 게임산업은 지속해서 성장하였으며 현재는 성숙기에 접어들었다. 게임을 즐기는 연령대도 다양해졌으며, 국민의 66%가 이용하는 하나의 문화로 자리 잡은 것이다. 정부도 규제를 완화하고 게임산업에 지원을 약속하였다(문화체육관광부, 2020).

게임은 과유불급過猶不及이 정말 잘 어울리는 분야이다. 장점이 많지만, 단점도 분명히 있으니 항상 경계하며 중용을 지켜야 성숙한 게임 이용자가 많아진다. 양질의 게임을 만드는 게임회사의 노력이 있다면, 국민에게 사랑받는 대표적 여가문화로 자리매김할 수도 있을 것이다.

2. 인기 장르로 알아보는 게임의 역사

게임을 이해하기 위해 게임이 어떻게 발전해왔는지 그 역사에 대해 알아볼 필요가 있다. 전 세계게임의 역사는 상당히 방대하므로 1990년대 후반부터 현재까지 국내에서 인기 있었던 PC 게임 장르를 위주로 살펴보고자 한다. 게임의 장르는 게임장비와 소재, 테마 등 다양한 분류 방법이 있으며, 게임 시스템적으로 분류하면 액션, 아케이드, 캐쥬얼, 퍼즐, 어드벤처, 레이싱, 전략, 롤 플레이, 스포츠, 시뮬레이션 등으로 분류할 수 있다.

RTSReal-time strategy

1998년 블리자드에서 출시한 〈스타크래프트〉는 가장 크게 성공한 RTS로 한국의 인터넷 보급률을 높이고 당구장, 만화방 대신 PC방이 늘어났으며 e스포츠라는 산업이 탄생하였다.

1992년 발매된 웨스트우드의 〈듄2〉가 최초의 RTS로 인정받고 있으며, 이후 〈커맨드앤 컨커 시리즈〉, 한국 게임으로는 〈임진록〉 등 다양한 게임이 있지만, 〈스타크래프트〉의 위상을 넘지는 못하였다. 〈스타크래프트〉는 배틀넷이라는 시스템으로 고속인터넷망이 급속도로 퍼지던 시대 상황과 맞물려 RTS 전성시대를 열었다. 블리자드는 이전에 출시한 〈워크래프트2〉에선 전장의 안개Fog of War 개념을 도입하였으며 2002년 〈워크래프트3〉를 출시하며 흥행을 이끌었지만, 2010년에는 〈스타크래프트2〉가 기대에 못 미치면서 RTS의 인기는 점차 식어갔다.

MMORPGMassively Multiplayer Online Role-Playing Game

RPG 게임은 종류가 많지만, 한국에서는 MMORPG와 디아블로와 같은 액션 RPG가 인기가 많다. 1999년 국내 게임개발사인 넥슨은 〈바람의나라〉를 출시하였다. 〈바람의나라〉는 머그Graphical MUD게임으로 머드Multi User Dungeon에 그래픽을 입혔다는 뜻이다. 머드게임이란 〈던전 앤 드래곤 시리즈〉와 같은 TRPGTabletop Role Playing Game를 컴퓨터 텍스트로 플레이하는 개념이다. 1994년 PC통신을 기반으로 천리안에서 〈쥬라기공원〉이란 게임이 상업적으로 성공했다고 평가받으며 MMORRG의 기원이기도 하다. 〈바람의나라〉는 '세계 최장수 온라인 게임'으로 기네스북에 올랐으며, 20주년 이던 2016년에는 누적 이용자 수가 2,300만 명을 기록하였다. 그리고 2020년에 〈바람의나라:연〉을 모바일로 출시하여 사전등록 열흘 만에 100만 명 이상이 등록하였다.

〈바람의나라〉의 인기를 통해 온라인 게임을 즐기는 유저들이 늘어나며 2년 뒤인 1998년 엔씨소프트에서 〈리니지〉가 출시되었다. 〈리니지〉를 통해 현재 엔씨소프트는 프로야구 구단을 운영할 만큼 크게 성장하였다. 서비스 15개월 만에 100만 회원을 달성하였고, 2012년에는 최대 동시 접속자 22만 명을 기록하였다. 20주년에는 누적 매출 3조 원이 훨씬 넘었으며 3D로 출시한 〈리니지2〉, 모바일로 출시한 〈리니지 레드나이츠〉, 〈리니지 M〉으로 그 명성을 이어가고 있다.

하지만 인기가 많은 만큼 사회적 물의를 일으킨 사건·사고도 많았다. 강한 중독성으로 많은 유저가 게임과몰입에 시달렸으며 과로로 사망하는 일도 생겼다. 아이템 하나에 수천만 원에서 수억 원에 이르는 비정상적인 현금거래가 이루어지다 보니 속칭 '작업장'을 만든 조직이 리니지의 게임 머니를 현금으로 사고팔았으며, 이에 대한 적절성 여부가 논란이 되기도 하였다. 〈리니지 M〉 또한 과도한 과금 유도로 비판받았다.

〈바람의나라〉와 〈리니지〉는 최초의 MMORPG라고 볼 수는 없지만, MMORPG의 전성기를 열었으며 이후 많은 MMORPG 게임이 생산되었다. 특히 2004년에 블리자드에서 출시한 〈월드오브워크래프트World of Warcraft〉, 일명 '와우'는 이후에 나오는 모든

MMORPG의 기준이 될 만큼 완성도가 뛰어난 게임이다. 반복적으로 사냥을 하고 레벨업만 하는 것이 아니라 퀘스트를 통해 스토리와 캐릭터 성장을 자연스럽게 끌어내고 채집, 특수 기술 연마, 공격대, 전장 시스템 등 수많이 즐길거리를 만들어 유저들에게 사랑을 받았다. '와우'는 출시 후 10조 원이 넘는 매출을 기록하였다.

그러나 2010년대 들어서 모바일 게임과 다양한 장르의 게임들이 출시되며 MMORPG의 인기가 한풀 꺾였다. 2019년 MMORPG의 제2의 전성기를 꿈꾸며 스마일게이트의 〈로스트아크〉가 출시되었고, 초기흥행에는 성공하였으나 기대에 미치지는 못하였다.

캐쥬얼 게임Casual Game

2000년대 들어 캐주얼 게임의 인기와 함께 게임을 즐기는 연령대가 다양해지고 여성 유저가 늘었다. 캐주얼 게임은 짧은 러닝타임으로 즐기는 유저도 경제적 부담이 적고, 게임회사도 타 장르보다 개발비용은 적게 들고 수익이 높아 앞다퉈 게임을 출시하였다. 캐주얼 게임은 모바일로 즐기기에도 적합하여 대부분 PC 게임에서 모바일 게임으로 개발되었다. 특히 하이퍼 캐주얼 게임은 쉽고 간단한 플레이로 2017년도부터 가파르게 성장하였으며, 2019년도에 글로벌 다운로드 수는 전년 대비 26% 증가하였다. 하이퍼 캐주얼게임은 인앱 구매를 통한 수익보다 동영상 광고를 통해 매출을 올리는데, 이용자들에게 동영상 광고 노출 횟수가 퍼즐, 러너와 같은 기타 캐주얼 게임에 비해 압도적으로 많다. 이미 다양한 하이퍼 캐쥬얼 게임이 출시되었고, 앞으로도 국내외 모바일 게임 시장에서 꾸준한 인기와 성장이 지속할 것으로 전망된다.

FPS First-person Shooter

FPS는 국내뿐 아니라 전 세계적으로 인기가 많은 장르이다. 국내에서는 〈레인보우식스〉를 시작으로 〈카운터 스트라이크〉, 〈카르마 온라인〉, 〈워록〉, 〈스페셜 포스〉등의 게임이 출시되었는데, 패권을 쥔 것은 〈서든 어택〉이었으며 현재도 사랑받고 있다. 이후 〈오버워치〉와 〈배틀그라운드〉가 출시되고 크게 성공하여 〈리그 오브 레전드〉를 위협하는 장르임을 입증하고 있다.

〈오버워치〉는 블리자드가 7년을 준비하여 출시한 기대작이었다. 기존의 밀리터리 FPS가 아닌 MOBA장르의 흐름이 더해진 하이퍼FPS라고 볼 수 있다. 해외에선 올드스쿨 슈터 Old-School Shooter 혹은 패스트 페이스드 슈터 Fast Paced Shooter라고 불린다. 출시 후 204주 연속 PC방 점유율 1위를 지키던 〈리그 오브 레전드〉를 제치고 1위를 할 만큼 한때 인기가 대단하였다.

〈배틀그라운드〉는 PUBG(前 블루홀 지노게임즈)에서 개발한 온라인 배틀로얄 게임으로 2017년 출시 3일 만에 매출 1,100만 달러(약 112억 원)을 기록, '가장 빠르게 1억 달러 수익을 올린 스팀 얼리엑세스 게임'을 포함해 기네스북 세계 기록 7개를 보유하고 있다. 스팀 얼리엑세스를 시작으로 플랫폼을 넓혔으며 2018년에는 모바일로 출시하여 전 세계적으로도 인기를 끌었다. FPS 기반이지만 게임 방식 때문에 배틀로얄 장르로 분류할 수도 있다. 배틀로얄은 영화에서처럼 다수의 사용자가 최종 1인이 남을 때까지 싸우는 방식이다.

MOBAMultiplayer Online Battle Arena

라이엇 게임즈에서 만든 〈리그 오브 레전드Legends of Legends〉, 일명 '롤'이라고 불리는 이 게임은 한국에 2011년 정식 출시되어 204주 연속 PC방 점유율 1위라는 기록을 보유하고 있으며, 현재도 유지하고 있다. 스타크래프트 이후 가장 성공한 게임이라 볼 수 있다. 매년 열리는 리그 오브 레전드 월드 챔피언십, 일명 '롤드컵'은 전 세계의 축제로 발전하여 축구, 야구와 같은 인기 스포츠보다 월등하게 많은 시청자를 보유하고 있으며, 2018년도 자카르타 아시안 게임에서 정식종목으로 채택되었다. MOBA 장르의 시작은 스타크래프트 유즈맵이었던 AOSAeon of Strife에서 시작되었는데, 워크래프트 유즈맵으로도 개발되어 해외에선 도타Defense of the Ancients, 한국에서는 〈카오스〉가 인기를 끌었다.

유저들은 첫 시작이었던 AOS를 장르의 이름으로 사용하였지만, 라이엇 게임즈가 '다중 사용자 전투 아레나'라는 뜻을 가진 MOBA라는 새로운 이름을 장르로 붙였다. 여러 유저가 같은 전장에 함께 참여하여 팀 간 전투를 벌이는 방식으로 RPG와 RTS 장르가 섞였다고 볼 수 있다.

3. 게임 플랫폼과 기술의 발전

주로 PC와 콘솔게임으로 즐기던 과거와 달리 모바일, 웨어러블, 모션인식 센서, VR/AR, 5G 기술의 발전과 함께 다양한 게임 플랫폼과 장비가 개발되었다. 특히 모바일은 2010년 이후 아이폰과 안드로이드폰이 보급 확대되면서 본격적으로 모바일 게임의 시대가 열렸다. 2020년에는 코로나의 영향으로 전년 대비 21.4%가 증가한 9조 3천억 원의 매출을 기록하였으며, 국내 게임 시장의 50%를 넘는다.

모바일 게임

스마트폰 초장기에는 기기의 성능이 뛰어나지 않았기 때문에 퍼즐, 보드게임과 같은 단순한 게임이 많았다. 2011년 출시된 〈앵그리버드〉는 전 세계적으로 인기를 끌었고 2012년 선데이토즈에서 출시한 〈애니팡〉은 카카오게임과 국내 모바일 게임 시장의 성장을 이끈 게임으로 평가받고 있다. 〈애니팡〉의 성공으로 〈캔디팡〉, 〈캔디크러쉬사가〉 등 다양한 퍼즐게임이 등장하였고, 2013년 넷마블에서 개발한 〈모두의마블〉은 현재도 매출 순위 상위권에 있을 만큼 상당한 인기를 끌었다.

이후 카카오게임은 〈윈드 러너〉, 〈쿠키런〉 같은 러닝 게임이 등장하였다. 넷마블은 수집형 RPG 게임인 〈몬스터 길들이기〉와 〈세븐나이츠〉를 출시했고, 두 회사가 시장을 점령하다시피 하였다. 그리고 넥슨의 〈영웅의 군단〉, 컴투스의 〈서머너즈워〉, 게임빌의 〈별이 되어라!〉 등 많은 수집형 RPG 게임들이 등장하였고, 이때부터 중국산 양산형 게임들도 쏟아져 나왔다.

스마트폰의 성능이 좋아지며 2014년 4:33가 만든 뛰어난 그래픽의 〈블레이드〉가 성공하면서 액션 RPG가 유행하였다. 이후 넷마블의 〈레이븐〉, 넥슨의 〈히트〉 등 고사양 게임들이 등장하였다.

액션 RPG의 유행으로 〈뮤 오리진〉, 〈메이플 스토리 M〉, 〈리니지 M〉, 〈바람의나라 M〉 등 기존 IP를 활용한 MMORPG가 등장하였다. 캐쥬얼게임도 〈카트라이더〉, 〈피파 모바일〉, 〈배틀그라운드 모바일〉 같은 기존 IP를 활용한 게임이 성공적으로 흥행하고 있다.

모바일 게임은 한 달에도 수백 개의 게임이 출시되고 종료된다. 게임회사들은 치열한 경쟁 속에서 다양한 시도를 하였는데 특히 넥슨의 〈듀랑고〉는 공동체 생활 시스템 등 획기적인 방법으로 출시되었지만, 반복적인 생활형 콘텐츠로 게이머들의 흥미가 떨어져 결국엔 서비스를 종료하였다. 그러나 국내외 게임회사들의 꾸준한 노력으로 장르가 다양화되고 새로운 형태의 게임이 등장하여 게임을 즐기는 유저 연령층도 다양해졌다. 모바일 게임을 즐기는 여성의 비율이 늘었으며 예상과 달리 40대가 가장 사용자가 많고 50대도 상당히 많이 즐기는 것으로 나타났다.[2]

모바일 게임은 인기만큼 과도한 과금 유도방식, 확률형 아이템, 무분별한 양산형 게임 생산과 같이 해결해야 할 문제도 포함하고 있다. 특히 양산형 게임이 많이 생산되는 것은 과거 '아타리 쇼크'[3]를 회상하며 항상 경계해야 한다. 저질게임이 많이 생산되면 이용자들에게 신뢰를 하락시키고 많은 투자와 노력을 한 게임회사도 피해를 보며 게임산업 전반에 악영향을 끼친다.

----

2   모바일인사이드, 「App Ape의 모바일 앱 분석 12월 국내 모바일 게임 시장 리포트」, 2021.1.28.

3   미국의 아타리에서 발매된 가정용 비디오 게임이 폭발적 인기를 끌자 많은 회사와 개발자들이 무분별한 게임 소프트웨어를 양산하면서 소비자의 흥미가 떨어지고 수요가 급감하였다. 이를 증권가에서 '아타리 쇼크'라고 불렀다.

VR Virtual Reality

5G 기술의 발전으로 가장 기대되는 분야 중 하나로 VR을 뽑을 수 있다. 가상환경을 구성하는 고해상도 이미지를 초저지연성을 확보해 시간 차가 없는 네트워크를 구축할 수 있기 때문이다. AR Augmented Reality도 마찬가지다. 이미 SK텔레콤은 넥슨과 인기 온라인 게임 3종(카트라이더, 크레이지 아케이드, 버블파이터)의 IP 사용 계약을 체결하였다.

VR 장비는 카드보드, 기어 VR과 같은 스마트폰 기반 플랫폼과 고성능 HMD Head Mounted Display, 독립 모듈 기반 몰입형 HMD 장비로 나눌 수 있다. 오큘러스 VR은 오큘러스 리프트라는 혁신적인 제품을 선보이며 가상현실 기술을 촉발하였고 FaceBook, Google, Sony, HTC, Micrsoft, Intel, Samsung등 세계 유명기업에서 VR투자 및 개발을 시작하였다.[4]

전체 VR 시장 콘텐츠 중 게임이 차지하는 비중은 약 40% 정도이다. 국내에선 고성능의 VR 장비로 게임을 즐기는 VR 카페도 등장하여 비싼 VR 장비를 구매하지 않아도 체험할 수 있다. 그러나 생각만큼 국내에서 VR 보급률이 높진 않은데 고가의 장비와 콘텐츠 부족이 그 원인이다. 전체 VR 시장에서 하드웨어가 차지하는 비중은 90%가 넘는다. VR 게임을 즐기려면 대부분 스팀 VR, 오큘러스, PS VR 등 한정된 플랫폼에서 이용해야 한다.

스팀 VR에서 지원하는 장비는 HTC VIVE와 오큘러스 리프트, 오

---

4   인사이터스, 「VR/AR 산업, 7가지 비즈니스 기회」, 2017.2.15.

큘러스 퀘스트, PIMAX, Windows MR인데 대부분 고가의 장비이다. 그러나 반대로 생각하면 콘텐츠 부족은 앞으로 무한한 발전 가능성을 내포하고 있으며, 장비도 점차 경량화되고 저렴한 제품이 나올 것이다. 최근 출시된 오큘러스 퀘스트2는 30만 원대로 가성비가 좋다는 평가를 받고 있다.

현재 출시된 VR 게임을 스팀 VR에서 살펴보면 〈Half-Life: Alyx〉, 〈Superhot〉, 〈Boneworks〉 같은 FPS 게임이 상위에 랭크되어 있고 〈비트 세이버〉는 스타워즈 광선검 같은 세이버로 음악의 비트 블록을 자르는 리듬 게임으로 상당한 인기가 있다. 이밖에 레이싱, 롤플레잉, 스포츠, 시뮬레이션, 액션, 어드벤처 등 VR 게임도 장르가 다양하며 몰입이 뛰어난 특징에 맞게 호러게임도 인기가 있다. 대부분은 해외 게임이며 국내 게임회사인 스마일게이트의 〈포커스 온 유〉는 미연시 게임으로 현재도 상위에 랭크되어 인기를 끌고 있다.

AR Augmented Reality

2016년에 미국의 게임사 나이앤틱 개발한 〈포켓몬 GO〉는 닌텐도 주가를 하루 사이에 25%나 폭등시켰으며 CNN은 '비디오 게임 역사상 가장 중요한 일본의 발명품 중 하나'로 선정하기도 하였다. 국내에선 출시 전부터 '속초 대란'을 일으키며 출시 후에도 몇 달간 열풍이었고, 국내 게임회사도 AR 게임 개발에 착수하였다. 엠게임의 〈캐치몬〉, 〈귀혼 소울세이버〉, 한빛소프트의 〈역사탐험대 AR〉, 드래곤플라이의 〈스페셜포스 AR〉 등 여러 게임을 출시하였지만 흥행하지 못하였다. 카카오도 AR 게임 개발 및 지원을 추진하였지만, 아직 시장성이 없다고 판단하여 재검토하고 있다.

2019년 나이언틱에서 〈해리포터: 마법사연합〉을 신작으로 야심차게 출시하였지만 〈포켓몬 GO〉만큼 단순하지 않고 접근성이 낮으며, 오류가 잦고 과금 유도가 심해 전혀 흥행하지 못했다. 그리고 〈마인크래프트 어스〉, 〈앵그리버드 AR〉, 〈피싱 스트라이크〉, 〈고스트버스터즈 월드〉 등 세계적으로 유명한 IP를 이용하여 AR 게임들도 크게 흥행하지 못하였다. 그러나 닌텐도 스위치를 이용한 〈마리오카트 홈서킷〉은 무선조종 모형 자동차에 달린 카메라를 이용하여 실내 공간에 가상의 코스를 만든 뒤 운행하는 방식으로 초반 성적이 좋진 못하지만, AR의 성공 가능성을 봤다는 평가와 함께 기대를 모으고 있다.

스마트폰을 이용한 AR 게임은 조작의 한계와 인식률, 공간의 제약이 있어 HMD를 이용한 VR 게임보다 발전속도가 느릴 것으로 예상되었다. 하지만 에픽게임즈에서 MS 홀로렌즈2에 언리얼 엔진을 지원하기로 하면서 홀로렌즈를 이용한 생활형 AR 소프트웨어와 게임 콘텐츠 개발이 기대되고 있다.

클라우드 게임

클라우드 게임은 대기업에서 구축한 클라우드 컴퓨터 서버에서 동작하는 게임을 정기적 요금을 내고, 정해진 타이틀들을 스마트폰, PC, 콘솔 등 다양한 플랫폼에서 스트리밍 플레이를 하는 것이다. 게임에서 필요한 연산을 클라우드(서버)에서 진행하기 때문에 단말기기가 고사양이 아니라도 플레이가 가능한 것이다. 그리고 설치과정이 없어 저장공간을 확보할 필요가 없으며, 게임사 입장에선 불법 복제의 우려가 없고, 게이머의 서비스 이용 패턴 자료를 얻어 오류나 디버깅에 활용할 수도 있다.

클라우드 게이밍 주요 업체로 소니는 Onlive와 가이카이를 인수한 후 2015년에 '소니 플레이스테이션 나우'라는 이름으로 서비스를 시작하였다. 2017년 NVIDIA의 'Geforce Now', 2018년 EA는 GameFly의 클라우드 스트리밍 기술을 인수, 2019년에는 마이크로소프트의 'XCloud', 구글의 'Google Stadia', 아마존닷컴의 'Amazon Luna', 텐센트의 '스타트'가 출시되어 서비스 중이다. 국내 게임사 중 엔씨소프트는 〈블레이드앤소울〉을 텐센트의 스타트에서 서비스하기 위해 클라우드 게임으로 전환 중이며, 펄어비스는 〈검은사막 모바일〉을 MS의 XCloud에서 서비스 예정이다.

클라우드 게임은 스트리밍으로 게임을 플레이하기 때문에 데이터 소모율은 1시간에 2~3G가 필요하며 빠른 데이터 통신 속도가 필요하다. 그래서 5G 기술의 발전은 VR 게임과 마찬가지로 클라우드 게임 발전에 밀접한 관련이 있다. 본격적으로 5G 기술이 도입되는 과도기에서 우리가 준비해야 할 기술 중 하나이다. 게임은 이처럼 인공지능과 블록체인, 빅데이터와 같은 4차산업 기술을 가장 먼저 적용하고 테스트할 수 있는 만큼, 미래지향적인 관점에서 바라보는 시선이 개선돼야 할 것이다.

4. 게임의 인식 개선을 위한 고민

지금까지 게임을 이해하기 위해 게임의 장단점과 인기 게임, 게임의 역사, 게임기술 등을 알아보았다. 소개하지 못한 게임이 많고 소개한 게임도 대부분 상업용 게임이지만, 최근에는 국내 인디게임이 해외에서 주목을 받고 있다. 한 인디게임은 스팀 얼리엑세스에서 한 달 만에 10만 장이 판매되기도 했다. 기능성 게임 시장도 주목해야 한다. 게임의 순기능인 '재미'라는 요소를 교육, 헬스, 의료, 광고, 복지 등 다른 분야에 접목을 시킨 기능성 게임Serious game은 게임의 장점을 극대화한 좋은 사례로 볼 수 있다.

게임의 인식 개선을 위해 국내 게임 시장의 많은 사람이 힘을 쓰고 있지만, 게임규제 문제, 자금이나 인력들이 대기업에 집중되고 중소기업의 경쟁력이 약화되는 양극화 문제, 인공지능, AR, 클라우드 기술 선점 등 풀어야 할 숙제도 쌓여있다. 게임을 제작하는 산업, 유통하는 산업, 문화로 발전시키는 산업, 인재를 양성하는 교육사업에서 종사하는 사람들이 서로 상생할 수 있는 좋은 정책과 협력 방안이 마련되도록, 각자의 입장에서 고민해보는 시간이 되었으면 하는 바람이다.

심한뫼 kmusic@mjc.ac.kr

· 명지전문대학 컴퓨터공학과 조교수
· (주)엘앤심소프트 대표이사(전)
· 서울호서전문학교 게임제작과 외래교수(전)
· "EEG-based Emotion Recognition for Game Difficulty Control" 등 다수 논문

디지털 게임 속의
동양적 상상력과 나비의 꿈

정승안

게임의 세계에서 우리는 익명으로 된 또 다른 나와 만난다. 사이버스페이스에서는 가상의 현실과 진짜 현실이 교차한다. 오늘날과 같은 가면 쓴 개인의 시대에, 현대인들의 이중정체성은 오히려 자연스러운 현상이다. 동양고전『장자莊子』의 '호접몽' 고사에서처럼 내가 나비 꿈을 꾸는 것인지, 나비가 '나'라는 허상을 비추는 것인지? 모를 일이다. 일상적으로 진행되고 있는 가상현실 세계와의 자연스러운 만남은 청소년들의 역할모델로서 게이머를 부각시킨다. 타고난 자질과 자기관리, 교육 훈련을 통해 성장하는 프로게이머의 길은 전근대사회에서의 성실한 수행자의 그것과 다르지 않다. 이렇듯 현대사회를 설명하는 게임이론의 합리성에 비해 우리의 일상은 복잡한 인연의 인드라망처럼 엮여있다. 합리성의 논리로 설명되지 않는 것이 삶이다. 이제는 문화산업으로서의 게임이 동양적 상상력과의 만남을 통해 새로운 문화적 역동성을 만들어나가야 할 때이다.

1. 산업혁명? 게임혁명!

우리가 일상에서 습관적으로 즐기는 게임Game과 가상현실Virtual Reality의 세계에서는 이미 최첨단 디지털 문명이 자리 잡은 지 오래다. 2016년 알파고는 세계 최고의 바둑 고수 이세돌 9단을 4:1로 누르며 가볍게 승리하였다. 알파고의 승리는 수많은 전문가의 예측과 전망을 뛰어넘어 인공지능AI기술이 얼마나 발전했는지를 확인하게 된 역사적인 사건이었다.

가상현실VR 분야도 마찬가지이다. 2016년에 출시되었던 가상현실 게임, 〈포켓몬 GO〉 열풍에서 우리는 증강현실AR을 다루는 일상적인 게임에서 이미 최첨단 4차산업혁명의 핵심적인 기술들이 너무도 자연스럽게 작동하고 있음을 체험한 바 있다. '블록체인', '인공지능AI', '증강현실AR'이라는 신기술은 모두 게임으로 인해 알려졌다. 이렇듯 게임과 가상현실이라는 쌍두마차는 우리에게 일상에서의 기술적 진보를 체감시킨다. 오늘날의 기술혁명과 게임혁명은 불가분의 관계에 있으며 4차산업혁명 시대의 일상혁명 지표가 되고 있다.

최근에는 4차산업혁명Fourth Industrial Revolution, 4IR에 대한 논의와 담론들이 넘쳐흐른다. 정부나 기업, 대학이나 기관마다 이에 대한 관심과 연구가 없으면 시대에 뒤처진다는 느낌을 받는다. 일반적으로 4IR에 대한 논자들은 반도체를 시작으로 진행된 컴퓨터 문명이 정보통신기술ICT과의 융합을 통해 등장한 '인공지능', '로봇', '사물인터넷'이나 '3D 프린터'를 활용하는 '스마트팩토리'에 주목한다.

이렇듯 다양하게 진행되고 있는 산업구조의 혁명적 재편은 클라우딩컴퓨팅을 기반으로 하는 초연결사회Hyper Connection Society의 도래와 함께 현대인의 일상과 삶을 뒤흔들고 있다. 그중에서도 오늘날의 4차산업혁명을 선도적으로 이끌어나가고 있는 대표주자가 바로 게임Game의 영역이다.

크라우딩컴퓨터는 게임 분야에서 이미 활성화되었다. 클라우드 게임이 기존 게임과 다른 점은, 게임이 이용자의 하드 드라이브에 저장되지 않고 서버 클러스터를 통해 실시간으로 실행된다. 따라서 유저들은 게임을 다운로드하지 않고, 실행 서버에만 접속하면 다양한 종류의 기기에서 게임을 즉시 실행시킬 수 있다. 스마트폰 중심의 현대사회에서 사람들은 손쉽게, 누구나 게임을 접할 수 있게 되었다. 2019년 세계 최초로 상용화된 5G 통신은 다양한 클라우드 게임들이 5G 시대의 새로운 문화 콘텐츠로 주목받을 수 있게 만들었다. 이제는 국내 통신사들도 글로벌 게임 플랫폼 업체들과 손잡고 시장 선점에 적극적으로 나서고 있다. 코로나 팬데믹과 언택트 사회의 도래는 신자유주의적 세계화의 물결과 함께 게임 관련한 문화 콘텐츠 산업에 대한 관심을 더욱 높이고 있다.

세계적으로 게임산업에 대한 관심이 더욱 증가하고 있는 흐름은 자연스러운 현상이다. 이미 2019년 국내 게임시장 규모는 15조 5,750억 원에 달한다. 2010년부터 2019년까지 지난 10년 동안 국내 게임산업은 연평균 9%에 달하는 높은 성장률을 보여주었다(한국 콘텐츠진흥원, 2019: 20). 특징적인 것은 우리가 전통적으로 생각하는 PC 게임보다, 모바일 게임의 시장규모가 2019년에 7조 7,399억 원을 기록하며 전체 시장의 절반 가까이 차지하고 있다는 사실이다.

이미 손에 익숙해진 스마트폰을 통해 남녀노소를 막론하고 모두가 일상에서 게임을 즐기고 있는 것이다. 〈카트라이더〉, 〈바람의 나라〉, 〈리그 오브 레전드〉와 같은 온라인 게임들도 스마트폰으로 편안하게 즐길 수 있다. 플레이스테이션이나 닌텐도는 더 이상 어린이들만의 장난감이 아니다. 앞으로도 개발도상국을 포함한 전 세계적인 5G 무선망과 모바일플랫폼의 점유율은 더욱 높아질 것이다. 이에 비례하며 게임을 이용하는 사람들은 늘어가고 있다. 이른바 게임혁명의 시대와 세상을 사회학적 상상력으로 읽어보는 것이 의미 있는 이유이다.

[표 1] 국내 게임 시장의 규모와 전망

(단위: 억 원, %)

구분	2018년		2019년		2020년(E)		2021년(E)		2022년(E)	
	매출액	성장률	매출액	성장률	매출액	성장률	매출액	성장률	매출액	성장률
PC 게임	50,236	10.6	48.058	-4.3	48,779	1.5	48,827	0.1	49,306	1.0
모바일 게임	66,558	7.2	77,399	16.3	93,926	21.4	100,181	6.7	110,024	9.8
콘솔 게임	5,285	41.5	6,946	31.4	8,676	24.9	12,037	38.7	13,541	12.5
아케이드 게임	1,854	3.1	2,236	20.6	766	-65.7	1,503	96.2	2,382	58.5
PC방	18,283	3.9	20,409	11.6	17,641	-13.6	19,605	11.1	23,146	18.1
아케이드 게임장	686	-12.0	703	2.4	303	-56.9	532	75.4	726	36.6
합계	142,902	8.7	155,750	9.0	170,093	9.2	182,683	7.4	199,125	9.0

출처: 한국콘텐츠진흥원, 2020, 『2020 대한민국 게임백서』

2. 일상에서 만나는 또 다른 나

우리의 모든 일상의 흐름이 저장되는 빅데이터는 이제 새로운 경쟁력의 원천이자 부가가치의 수단이 되었다. 이를 어떻게 활용하는가에 따라 4차산업혁명의 노정이 어떻게 나아갈 것인지 결정될 것이다. 이러한 기술혁명이 생활 문화적 태도와 습관들을 압도하는 문화지체현상으로 발생하는 것은 어쩌면 자연스럽다. 물론 게임을 둘러싼 세대 간 장벽들도 매우 두텁다. 그럼에도 불구하고 빅데이터의 네트워크로 연결된 사회에서 공유되고 있는 정보나 자료 같은 지식은 물론, 게임과 같은 생활문화들은 세대 간 갈등을 넘어서는 힘이 될 수 있을 것이다.

이제 '정보의 바다'로 일컬어지는 인터넷과 가상공간은 검색과 자료를 찾기 위한 21세기의 최신형 도서관이라는 이미지로만 한정되지 않는다. 여기서는 정보를 얻을 수 있을 뿐 아니라 '거주'하고 생활한다. 새로운 사람들과 만나 관계를 형성하고, 취미와 관심사를 공유한다. 그들만의 새로운 사회와 질서가 만들어진다. 이렇듯 인터넷을 매개로, 특정한 관심사, 이해관계, 유대, 상호작용 등을 통해 만들어지는 웹 공간 내부에서 창조된 세계를 '사이버스페이스'라고 한다.

그것은 물리적 세계에 실재하는 것이 아니라 디지털 코드로 구성된 가상의 세계이다. 그래서 사이버스페이스를 가상공간이라 칭한다. 사이버스페이스는 가상공간임에도 주민과 질서가 있다. 그 안에서의 사회적 유대감이 형성되고 지속적인 상호작용이 진행된다. 사이버스페이스는 현실 세계와는 또 다른 하나의 사회이자 세계라고 하기에 모자람이 없다. 최근에는 가상현실과 진짜 현실 간의 벽도 무너지고 있다.

사이버스페이스라는 새로운 공동체에 주어지는 자유와 힘의 원천은 '익명성匿名性'이다. 익명성은 사이버스페이스의 시민들에게 특별한 자유의 시간을 부여한다. 근대 대중사회의 법적인 기초로서의 개인person은 그 어원이 '페르소나Persona, 가면'에서 유래한다. 가면 쓴 개인들은 신문의 독자나 라디오의 청취자, 그리고 TV의 시청자로서 근대 대중사회를 열었던 주인공들이다. 대중들은 비록 자신의 정체를 드러내지 않으면서도 '공공성'이라는 이름으로 자신의 주장을 드러낼 수 있었다. 근대 대중사회의 주요한 속성이 이러한 익명성에 근거하고 있었기 때문이다.

급변하는 사회와 물질적 환경의 변화는 이에 따른 수많은 정신적 갈등과 문제들을 불러오기 마련이다. 익명성과 더불어 넘쳐나는 정보의 홍수 속에서 제기되는 정체성 혼란의 문제는 사회적 쟁점으로 부상된 지 오래다. 또한, 2013년 스노든E. Snowden의 폭로로 드러난 것처럼 오늘날의 최첨단 디지털 문명사회에서의 정보를 둘러싼 '통제'와 '사생활침해'는 사회적 문제로 등장하였다. 무한경쟁과 속도전의 사회에서 일상에 대한 성찰성 상실과 여가시간 박탈은, 사회적 통제와 규범에서의 일탈을 초래하는 윤리적 정체성의 와해와 판단력의 위기로 이어진다.

프라이버시와 관련한 문제들이 사회적 쟁점으로 표출되고 공격의 수단으로 제기되는 이유는 도덕이나 윤리적 문제 때문만이 아니다. 그 기저에는 대부분 익명성이 주된 요인으로 작용하고 있다.

게임과 가상현실의 공간에서는 이러한 4AIR 시대의 여러 가지 특징들이 단적으로 투영된다. 아이디ID로 규정되는 '게임하는 자아'는 자신의 나이와 성별을 넘어선 상상적 정체성을 만들어낸다. 자신의 선호도에 의해 만들어진 자신만의 정체성은 오직 능력치와 상징성으로만 인정받는다. 연결망, 네트워크, 스마트미디어시대, 무엇보다도 가면 쓴 개인의 익명성은 다양한 아이콘Icon과 이모티콘 Emoticon으로 표출된다.

자신의 특성을 담아내는 캐릭터Character와 부 캐릭터는 자신의 본래 모습과 게임하는 자신의 이중적 리얼리티를 극대화한다. '게임오버'를 통해 끝나더라도 언제든 '리셋'을 통해 다시 게임을 시작할 수 있다. 캐릭터만 있으면 몇 번을 죽더라도 괜찮은 것이다. 인간이 지닌 야누스적인 이중성은 게임이라는 가상현실의 공간에서는 그대로 실현되고 마음껏 표현될 수 있다. 그러나 게임이론의 논리에서처럼 승부의 세계는 냉정하다.

3. 꿈꾸는 나비의 상상력과 가상현실의 만남

Virtual은 일반적으로 '사실상의'로 읽힌다. 또 물리학적인 측면에서는 '가상' 또는 '허상'이란 의미를 지니고 있다. 이와 반대되는 의미로 쓰이는 것이 Reality이다. Reality란 '현실', '사실'이라는 의미로 활용된다. Virtual reality technology를 가상현실기술이라 부르는데, 여기에는 컴퓨터그래픽, 시뮬레이션, 디스플레이, 정보통신과 관련한 기술들이 동시에 적용된다. 오늘날의 가상현실기술은 우리의 꿈이나 상상의 세계를 마치 생생한 현실처럼 시각화하고 유사체험을 할 수 있을 정도로 발전하였다. 정보공간에서는 이미 가상현실과 고도의 정보통신 네트워크 기술들이 융합된 채로 충분히 활용되고 있다.

사이버스페이스에서 만들어진 가상의 도시공간에서는 가상기업체와 상점들이 성업 중이다. 무엇보다도 이러한 공간들은 시공간의 제약을 넘어선다. 블록체인기술을 통해 활성화된 가상화폐, 전자화폐들을 활용한 전자상거래는 자연스럽다. 최근에는 온라인 거래의 전 세계적 시스템 구축을 위한 노력이 전개되고 있다. 게임의 영역은 다른 어떤 분야보다도 암호화폐를 자유롭고 활발하게 사용할 수 있는 분야이다. 사실상 게임분야가 4IR을 선도적으로 이끌어왔다고 해도 과언이 아닐 것이다. 게임과 같은 사이버스페이스에서는 가상화폐를 이용해왔고, 이용자들은 게임 아이템과 게임 머니를 다루면서 이미 암호화폐나 가상화폐와 같은 특성들에 익숙해져 왔다.

2019년부터는 다양한 블록체인 게임들이 등장했다. 유명 지식재산권IP을 접목한 블록체인 게임까지 개발됐다. 블록체인 게임은 암호화폐를 내세워 게임사에 새로운 마케팅 수단을 제공하고 있다. 기존 게임 아이템이 게임사 소유였다면 암호화폐는 이제 개인적인 자산으로 분류된다. 오늘날에는 게임 속에서 획득한 재화에 대해 이용자가 재산권을 행사할 수 있을 뿐 아니라, 현실 재화로까지 그 영역을 확장하고 있다. 최근에는 다른 게임으로 아이템과 캐릭터를 이전하는 것도 가능하다. 이용자는 게임 플레이에 대한 보상을 얻을 수 있고 게임을 그만둘 때 이득을 취할 수 있게 되었다. 가상공간의 거래들이 현실세계에도 실질적인 영향을 미치고 있는 것이다.

가상현실을 생각하는 현대인들은 영화 〈인셉션〉의 '드림머신'에서처럼, 기계적 장치를 활용해 다른 사람의 꿈의 세계에 들어가는 장면을 떠올릴지도 모른다. 현실과 가상의 공간이 구분되지 않을 정도로 기술이 발달하고 있는 것이다. 이러한 현상을 2,500년 전에 이미 내다본 사람이 있다. 바로 장자莊子다. 장자가 꿈에 나비가 되어 즐겁게 놀았다는 고사 '호접몽胡蝶夢'의 얘기에서처럼, 예전에 볼 수 없었던 신세계가 열리고 있다.

> "지난 밤 꿈에 장주(장자)는 나비가 되었다. 날개를 펄럭이며 꽃 사이를 이리저리 즐겁게 날아다녔는데 장주는 자신이 장주라는 사실을 알지 못했다. 그러다가 꿈에서 깬 후 비로소 자신이 나비가 아니고 장주라는 사실을 깨달았다. 장주는 이렇게 생각했다. '아까 꿈에서 나비가 되었을 때는 내가 나인지 몰랐는데 꿈에서 깨어보니 분명 나였다. 그렇다면 지금의 나는 진정한 나인가? 아니면 나비가 꿈에서 내가 된 것인가? 내가 나비가 되는 꿈을 꾼 것인가? 나비가 내가 되는 꿈을 꾸고 있는 것인가?'"(昔者莊周爲胡蝶 然胡蝶也 自喩適志與 不知周也 俄然覺 則然周也 不知 周之夢爲胡蝶與 胡蝶之夢爲周與 周與胡蝶 則必有分矣 此之謂物化, 『장자』, 제물편)

『장자』 서른세 편 가운데 가장 깊이가 있다고 알려진 '제물론'에 나오는 이른바 호접몽胡蝶夢의 이야기이다. 장자에게 있어서 가상세계와 현실세계의 구분은 무의미하다. 꿈은 곧 현실이었고, 현실은 곧 꿈이다. 가상공간에서의 나비는 현실세계를 살아가는 장자 자신이고 현실세계의 나비는 가상세계의 자신이다. 호접몽과 같은 꿈의 세계에서는 모든 구분과 경계가 사라진다. 우주는 하나로 통합된다. 국경은 사라지고 말과 언어, 인종으로 사람을 나누는 것 자체는 무의미해진다. 수만 리 떨어진 외국에서도 자유로운 소통이 가능하고, 실시간 화상회의와 번역기는 언어와 소통의 장벽을 무너트린다.

오늘날의 사이버스페이스에서도 마찬가지이다. 도시공간과 게임의 영역은 나와 적을 구분하고, 만남과 소통의 제약을 없앤다. 나를 대신하는 캐릭터와 아이콘들은 나의 이상과 꿈을 현실화시킨다. 가상의 공간에서 만들어지는 나의 리얼리티는 현실세계에서 간절하게 바라는 나의 모습의 투사投射이다. 그러나 게임공간 밖으로 나오면 냉정한 현실의 삶에 직면한다. 이러한 모순은 사회적인 문제로도 표출된다. 얼마 전 대전지역에서 일어난 '모바일 게임 현피 살인사건'이 그것이다. 온라인 게임을 하던 사람들이 실제 오프라인에서 만나 폭력을 행사한 것이다(중도일보. 2021.3.17.). 현피는 현실 Reality의 앞글자인 현과 플레이어 킬Player Kill의 앞 글자인 P의 합성어이다.

그렇다면 가상과 현실의 구분은? 그 의미성은 무엇일까? 오늘날 네트워크의 무수한 점과 선으로 이어진 게임공간 속의 캐릭터들은 깨어있는 현실의 이야기인가? 그저 비몽사몽의 꿈속을 즐기고 있는 것일까? 게임 속의 공간은 깨어있지만, 상상력 속에서 만들어가는 또 다른 캐릭터의 세계이다. 그러나 꿈과 현실은 둘이 아니다. 꿈이란 내 안에 있는 또 다른 나의 이야기이기 때문이다. 장자는 구분과 차별이 없는 평등한 세상을 꿈꾼다. 세계는 우주 속에서 하나로 존재하는 통합체로 인식된다. 마찬가지로 게임과 현실은 완전히 구분되는 것이 아니지만, 가짜 현실과 진짜 현실은 동시에 실체적으로 존재한다.

결과적으로 4IR이 궁극적으로 지향하는 세상도 장자가 언급한 호접몽의 세계와 같이, 구분과 경계가 없는 세상으로 나아갈 것이다. 기술적 진보가 조금만 더 이루어진다면 가상과 현실이 하나로 통합될 뿐만 아니라 시간과 공간, 장소, 사회적 환경에 따른 구분과 차별은 최소화될 수 있을 것이다. 전 세계 70억 인구가 인터넷의 연결망으로 이어진다면, 우주나 가상현실까지 포괄하는 초연결사회도 꿈같은 미래의 일만은 아닐 것이다.

애플이나 구글과 같은 미국의 글로벌 기업들의 사례를 들지 않더라도, 국내 기업들이 생산한 인공지능 스피커는 이미 그러한 세상이 가까이 다가오고 있음을 실감할 수 있게 한다. 이들을 옆에 두고 이름을 부르면 다정한 연인처럼, 친구처럼 따뜻하게 나의 질문과 요구를 듣고 실행한다. 음악이나 책을 찾아주는 것은 물론, 간단한 나의 고민에도 해결책을 내놓기도 한다. 물론 이들은 OS일 뿐이다. 사람이 아니다. 하지만 앞으로는 영화 〈Her〉의 사례에서처럼 인간과 OS가 서로 사랑을 할 수 있을지도 모른다. 게임공간과 현실공간의 구분이 어려워지고 있기 때문이다. 과연 인공지능을 기반으로 하는 OS는 인간의 감정을 이해하고, 모방하고, 학습하다가, 결국에는 인간의 감정까지도 느낄 수 있을까?

장자와 나비가 경계를 허물고 자유롭게 꿈과 현실을 들락거린 것처럼, OS와 인간들도 인터페이스를 매개로 자유롭게 서로의 세계를 왕래하면서 교감하게 되는 시대가 도래할지도 모른다. 만약에 빅데이터로 계산된 인공지능의 감정이 현실보다 더 소중하게 감정을 헤아려주는 시대가 온다면 그것은 빅데이터의 마음일까? 내 마음의 투영일까? 내 마음은 가짜인가? 진짜인가?

4. 사이버문화와 프로게이머를 꿈꾸는 MZ세대

요한 호이징아 J.Huizinga는 『호모 루덴스』에서 인간은 놀이하는 존재라고 정의한다. 인간은 놀이와 게임을 떠나서 살 수 없다. 오늘날의 청소년 세대들에 대한 호칭은 다양하다. 세대 간 차이를 뚜렷하게 나타내는 지표는 영상매체를 대하는 태도에서 차이가 두드러진다. 국내에서 문화세대의 본격적인 등장은 '서태지'였지만, 영상매체로의 전환을 알린 건 '싸이Psy'의 〈강남스타일〉이었다. 이들은 백남준의 비디오아트가 너무도 자연스러운 세대들이다. 드라마의 줄거리보다 짧은 광고를 재미있게 보는 이들은 사이버 문화를 선도하며 게임에 최적화한 세대로 성장하였다. 이들은 기성의 제도와 권위에 도전적이고 대안적인 문화에 주력하며 차별적인 문화양상들로 자신을 표출하기 시작하였다.

어려서부터 스마트미디어와 함께 성장한 오늘날의 청소년들은 집안의 애완견만큼이나 스크린 안의 '다마고치' 게임과 가상현실 공간이 자연스럽다. 이들 세대를 MZ세대라고 부른다. MZ세대는

1980년대부터 2000년대 초반에 출생한 밀레니엄 세대와 1990년대 중반부터 2000년대 초반에 출생한 제트 세대를 통칭하는 세대들이다. 이들은 보통 자신의 행복을 추구하며, 직장을 선택할 때에도 '일과 삶의 균형'을 뜻하는 워라밸Work & Life Balance을 중시한다.

이러한 문화적 취향은 역할모델에도 영향을 끼치기 마련이다. 최근에는 코로나 팬데믹 상황과 더불어 초등학생들의 장래 희망 직업 순위에 '의사'의 선호도가 높아졌다고 한다. 그러나 정작 주목해야 할 것은 '유튜버'와 함께 '프로게이머'의 선호도도 함께 높아졌다는 사실이다. 게이머를 꿈꾸는 이들에게 최고의 덕목은 무엇일까? 이들은 내성외왕의 상징으로서의 '성인聖人'이나 '부처'보다는 〈스타크래프트〉 공식리그 우승으로 수십억의 상금을 획득한 프로게이머의 행적에 더 주목한다.

2020년도 〈베틀그라운드〉 세계대회를 위해 전 세계에서 36개팀이 참가했는데, 우승한 우리나라 게임선수단이 확보한 상금만 40억이 넘는다. 2020년 항저우 아시안게임에서는 e스포츠가 정식종목으로 채택되기도 했다. 각 지역에서는 e스포츠 전용경기장을 건립하고, 매년 여러 개의 게임리그와 대회들이 개최되고 있다. 이는 게임산업의 한 분야로서의 e스포츠가 더 이상 단순한 취미 생활에 그치는 것이 아니라는 사실을 그대로 보여준다. 한국 게임들도 글로벌 e스포츠 시장에서도 인기를 얻고 있다. 관련 대회에는 수많은 관객이 모여든다. 이미 게임은 산업으로서의 시장가치와 산업적 가치를 확보한 셈이다.

성공과 부를 움켜쥘 수 있는 프로게이머를 꿈꾸는 상당수는 이제

갓 성인이 되었거나 미성년자들이 많다. 이미 e스포츠 선수등록제도 실행 중이다. 프로게이머가 되기 위해서는 탁월한 능력을 지녀야 한다. 자신의 실력을 향상하고, 여러 경기에 참여하려면 수기치인修己治人의 덕목을 갖추기 위해 노력해야 한다. 게임 실력은 물론 관련 산업에 대한 교육을 위해 '애프터스쿨'에 참여하는 경우도 많다. 또 e스포츠의 전문 실무자가 되기 위한 'e스포츠 마스터 트랙'에도 참가한다. 다양한 e스포츠 전문 교육기관들이 성황리에 운영 중이라는 것이 이의 방증이다.

삶의 행로와 직업 전망으로 이어지는 오늘날 게이머는 '그랜드 마스터'가 되기 위한 커리큘럼과 교육과정을 인내와 성실로써 감내하고, '프로' 게이머의 꿈을 키워가도록 훈련되고 양성되고 있다. 전통사회에서 스스로에 대한 성찰과 절제된 태도로서 일상의 격물치지를 추구하던 이상형이 사대부와 선비였다면, 오늘날 미래를 꿈꾸는 청소년들에게는 프로게이머가 또 다른 형태의 역할모델을 제시하고 있는 셈이다.

5. 인드라망 속의 연결망, 게임의 눈으로 세상을 읽어야

반도체Semi conductor와 함께 시작된 실리콘 혁명이 현대인의 일상과 삶의 근간을 뒤흔들며 지속되고 있는 오늘날, 우리는 또 다른 문명사의 기점에 서 있다. 급격한 기술발전과 삶의 변화는 다양한 형태의 혼란을 가져온다. 특히 가상공간과 게임의 세계에서 일어나는 현상들을 산업사회의 방식과 사고로 넘어서기는 어렵다. 그러나 사이버상의 전자공동체Electronic Community는 전혀 새로운 것도 아니고, 현실의 공동체나 우리의 가치관을 무너뜨리는 것도 아니다. 물론 꿈같은 미래의 유토피아Utopia를 약속하는 것도 아니다. 문제는 가상공간이 점차 현실세계를 닮아가고 있으며 거꾸로 현실을 지배하기도 한다는 사실이다. 대부분의 게임들은 극단적인 전쟁상황과 무한경쟁에서의 생존과 승리를 배경으로 하기 때문이다.

최첨단 기술들이 고도화되는 4차산업혁명의 시대는 '무인'이나 '자동화'와 같은 관념들을 넘어선다. AI 로봇과 인간이 소통, 협력하는 단계로까지 나아갈 수 있을 것이라는 전망은 인간의 작업과 노동의 대상이었던 제품들이 단순한 소프트웨어적인 조작만으로도 생산될 수 있는 시대가 도래하였다는 것을 의미한다. 더구나 이러한 물리적 공간의 변화는 실제적이다. AI 컴퓨터를 통해 아톰(실물) 세계를 구성하는 사물들을 비트(가상) 세계의 데이터로 변환시켜 클라우드 공간에 저장한다. 이를 활용해서 다양한 기술을 구현할 수 있게 된다면, 현재뿐만 아니라 미래까지도 예측, 관리, 조절할 수 있게 된다. 공간조차도 동시적으로 인식 가능하다는 양자역학의 이론적 논의가 실제의 현실이 될 수 있다는 것이다. 이는 『장자』 제물론 편에 나오는 또 다른 이야기를 연상시킨다.

"모든 사물은 저것이 아닌 것이 없고, 이것이 아닌 것이 없다. 저쪽에서 보면 깨닫지 못하던 것을 이쪽에서 보면 알게 된다. 따라서 저것은 이것에서 비롯되고, 이것 또한 저것에서 비롯된다고 말할 수 있다. 곧 저것과 이것이 동시에 생겨난다는 말이다. 그러므로 삶이 있으므로 죽음이 있고, 죽음이 있으므로 삶이 있다. 가능한 것이 있어 불가능이 있고, 불가능이 있어 가능함이 있다. 옳음에서 그릇됨이 나오고 그릇됨에서 옳음이 나온다."(物无非彼 物无非是 自彼則不見 自是則知之 故曰 彼出於是 是亦因彼 彼是方生之說也 雖然 方生方死 方死方生 方可方不可 因是因非 因非因是 『장자』, 제물론)

정신과 물질이 구분이 안 되듯 너와 내가 둘이 아니다. 너 안에 있는 나와, 나 안에 있는 너를 발견하는 것이 정신의 융합이다. 가지는 게 전부인 것에서, 나누는 게 전부가 될 수 있다는 것이 문명의 융합이다. '이것이 있으므로 저것이 있고, 이것이 일어나므로 저것이 일어난다'는 장자와 불교 연기법의 논리는 4차산업혁명의 시대에도 그대로 연결될 수 있는 논리이다.

결국 본질은 '융합'인 것이다. 이제는 정신과 물질, 인간과 자연과 같은 이분법적 사고로는 설명할 수 없는 시대가 되었다. 물질만능론만으로는 설명할 수 없는 문제와 쟁점들에 대해 '융합'과 '통섭'이라는 새로운 코드와 소통 방법으로 접근해야 한다. 공간과 자연을 대상화하며 실증과 과학의 이름으로 재단하는 물질문명에서 정신문명 시대로의 회귀라는 시대적 요청에 부합해야 하는 때이다.

4차산업혁명 시대의 주된 흐름은 국민들의 일상을 재구성하고 삶의 질을 향상시키는 역할을 담당한다. 더불어 사회적 지식이나 집합의식의 공유와 확대에 기여하는 방향으로 나아가게 될 것이다. 그러므로 우리가 마주하고 있는 4차산업혁명의 본질적 의미는 의식혁명이다. 본래적 의미에서의 '불의 혁명'이 그것이다. 지금은 우리 인류가 지닌 의식의 원천으로서의 밝음明에 대한 지향과 재발견이 필요한 때이다.

수천 년 전 동양의 복희 황제와 그리스의 프로메테우스가 신들에게서 훔쳐 온 '불火'로 시작된 인간 문명文明은 르네상스Renaissance 시대에 재조명된 바 있다. 그러나 네트워크의 보이지 않는 선을 따라 최첨단 AI와 기술로 무장한 테크노크라트와 자본의 물결이 세계를 지배하고 있는 오늘날의 시대에서는, 인간의식과 도덕의 재발견을 통한 또 한 번의 '불의 혁명'이 절실히 요청되고 있다.

최근의 영화, 게임, 애니메이션, 만화 등 문화산업에서는 신화적 소재를 많이 활용하고 있다. 그러나 대부분 서구신화나 중세의 마법, 기사 이야기가 소재로 활용된다. 최근에는 북유럽신화를 배경으로 하는 많은 게임이 출시되었다. 그러나 동양적 사유에서는 결이 다르다. 일본의 미야자키 하야오 감독의 애니메이션의 선풍을 일으킨 <이웃집 토토로>, <원령공주>, <바람계곡의 나우시카>, <센과 치히로의 행방불명>이 대표적이다. 일본의 수많은 애니미즘과 '신神'들이 만들어낸 캐릭터들은 일본 게임의 전성시대를 열어나갔지만, 상상력의 현재화에는 실패했다.

한국사회에서도 '열두 띠'를 활용한 게임들과 동양적 신화를 활용한 캐릭터 만들기 등 다양한 게임 스토리텔링이 이루어지고 있다. 전래동화를 활용하거나 윷놀이 보드게임도 출시되고 있다. 그러나 다양한 건국신화와 구전설화, 생활 속에서 공감해 온 이야기들을 활용한다면, 게임과의 만남을 통한 동양적 상상력의 가능성은 무한할 것이다. 이는 서구중심의 문화산업을 벗어나는 데에 큰 힘이 될 수 있을 것이다. BTS에 대한 세계적인 열풍을 이어 게임산업의 문화

콘텐츠로서의 경쟁력을 확보하기 위해서도 신화적 상상력과 게임의 만남이 필요한 때이다.

정승안 sovong@nate.com

· 동명대학교 자율전공학부 조교수(현)
· 동양사회사상학회·한국종교사회학회 이사(현)
· <정보사회와 미디어 그리고 문화>, "친밀성의 위기를 넘어 동양사회사상의 바다로",
  "동양사상에 나타나는 관광의 의미와 현대적 시사점", "위기탈출의 기예, 점복의 사회학" 등 다수 저서와 논문

새로운 핵심산업으로서의 게임

최승우

우리는 4차산업혁명 시대에 살고 있다. 4차산업혁명은 인공지능AI, 빅데이터, 모바일 등 첨단 정보통신기술이 사회·경제 전반에 융합돼 혁신적인 변화가 나타나는 차세대 산업혁명을 일컫는다. 초연결과 초지능을 특징으로 하고 있어 기존 산업혁명에 비해 더 넓은 범위에 더 빠른 속도로 크게 영향을 끼친다. 그렇다면 4차 산업혁명 시대를 살아가는 우리는 무엇을 준비해야 할까?

그 해답은 한국 게임산업이 걸어온 역사와 발자취를 통해 엿볼 수 있다. 한국 게임산업은 시대 흐름에 따라 신기술 투자와 연구를 거듭하면서 끊임없이 변화해왔다. 이제는 첨단 정보통신기술을 바탕으로 다양한 산업과의 융합을 시도하면서 4차산업혁명의 핵심산업이자 문화 콘텐츠 산업의 중심으로 자리 잡고 있다. 글을 통해 게임의 사회·경제·문화적 가치는 물론 한국 게임산업의 위상과 역할에 대해 되짚어본다.

1. 산업으로서의 게임을 이해하기

게임이란 무엇일까?

게임산업에 대해 이야기하기 전에 우리는 먼저 게임이 무엇인지부터 알아야 한다. 게임이란 무엇일까? 답은 간단하다. 게임은 놀이다. 모든 놀이는 재미를 추구한다. 게임 역시 마찬가지다. 게임은 재미를 추구한다는 점에서 놀이의 가장 큰 특징 중 하나를 가지고 있다.

네덜란드의 역사학자 요한 호이징하John Huizinga는 그의 저서 『호모 루덴스Homo Ludens』를 통해 인간은 본질적으로 유희를 추구하는 동물이며, 놀이가 인간 문명의 원동력이 됐다고 주장했다. 정치·사회·문화·철학의 기원이 모두 놀이에서 시작됐다는 것이다. 그러면서 그는 인간을 호모 루덴스, 즉 유희적 인간이라고 정의하기도 했다.

이를 통해 우리는 게임이 인간의 본성에서 태어난 시대적 산물이라는 것을 알 수 있다. 기본적으로 게임은 사람들에게 즐거움을 주기 위해 만들어졌다. 게임에서 재미가 빠져버린다면 그것은 그저 가상으로 구현된 데이터에 불과할 것이다. 그렇기 때문에 게임의 목적은 그 자체로서 즐거움을 얻는 데에 있다.

[그림 1]

일방적인 전달만 이뤄지는 기존의 미디어들과 달리, 게임은 이용

그러나 재미를 가진 무언가가 가상으로 구현됐다고 해서 바로 게임이 되는 것은 아니다. 만약 그렇다면 영화나 드라마, 애니메이션 같은 것들도 게임이 될 수 있다. 허나 우리는 그것들을 게임이라 부르지 않는다. 게임이 그것들과 다른 고유의 특징이 있다면, 바로 '상호작용interactive'이 된다는 것이다.

일방적인 전달만 이뤄지는 기존의 미디어들과 달리, 게임은 이용자가 직접 무언가를 선택할 수 있다. 그 자리에서 실시간으로 피드백도 받는다. 이러한 게임의 특성을 두고 게임 개발자 시드마이어는 게임을 "흥미로운 선택의 연속"이라고 표현했다. 이 말은 아직까지 게임이 무엇인지에 대한 논제에 가장 유쾌하고 명쾌한 답변으로 통하고 있다.

왜 하필 게임일까?

그렇다면 왜 하필 게임일까? 세상에 존재하는 많은 놀이와 즐길거리를 두고 굳이 게임을 하는 이유는 무엇일까? 우리는 무엇 때문에 게임에 주목하고 있는 것일까? 이러한 질문들에 대한 답을 하기 위해서는 이제 게임을 산업적 측면에서 바라봐야 한다.

하나의 게임을 만들기 위해서는 다양한 분야에 있는 사람들이 함께 협업해야 한다. 게임 디자이너, 프로그래머, 아티스트 등 많은 전문가의 도움이 필요하다. 게임에 따라 사회학, 경제학, 심리학 등 기초학문 지식도 요구된다. 동시에 기술의 발전도 수반돼야 한다.

이처럼 다양한 분야의 지식과 기술들이 필요하다 보니 "게임은 종합예술이다"는 말까지 나오게 된다. 여기서 우리는 게임이 다양한 장르와 융합해 새로운 가치를 창출할 수 있는 유망산업임을 확인할 수 있다.

[그림 2]

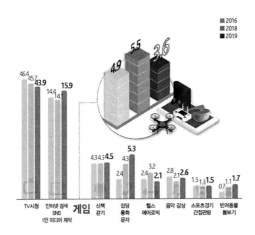

출처: 한국문화관광연구원 「2019년 국민여가활동조사」

더욱이 게임은 산업적 측면뿐 아니라 문화적 측면에서도 주목할 만한 가치가 있다. 한국문화관광연구원이 발표한 「2019년 국민여가활동 조사」에 따르면 게임은 대한민국 국민의 주 여가 활동 중 5위에 올랐다.

한국콘텐츠진흥원이 발표한 「2020년 게임이용자 실태조사」에서도 만 10~65세 중 게임 이용자 비율이 70.5%를 차지했다. 이렇듯 게임은 하나의 산업이자 문화로서 우리의 일상에 깊숙이 자리 잡고 있다.

2. 한국 게임산업의 크기

게임산업의 과거와 현재

게임산업은 시대별 기술 발달에 따라 신기술과 융합하며 그 궤를 같이 해왔다. 1990년대 오락실에서 출발했던 게임은 2000년대 컴퓨터가 보급되자 PC 게임으로 변화했고, 2010년대 스마트폰의 보급과 함께 모바일 게임까지 등장했다.

최근 들어서는 4차산업혁명 시대에 걸맞게 인공지능AI, 가상현실VR 및 증강현실AR 등 첨단기술과 융합하며 새로운 콘텐츠를 창출하고 있다. 이처럼 게임산업은 다양한 기술 플랫폼에 맞는 콘텐츠를 개발하면서 시대를 선도하는 산업으로 성장해왔다.

단순히 놀이나 즐길거리로만 인식됐던 게임이 하나의 산업이 되고, 이제는 다양한 콘텐츠와 기술이 융합한 미래 산업으로 인정받으면서 국가 경쟁력 제고에도 한몫하고 있는 셈이다.

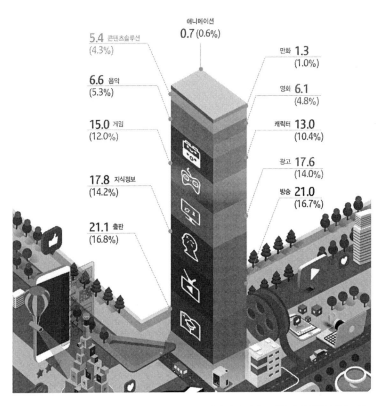

[그림 3] 콘텐츠 산업 분야별 매출 비중(2019년 기준)

애니메이션 **0.7** (0.6%)

5.4 콘텐츠솔루션 (4.3%)

6.6 음악 (5.3%)

15.0 게임 (12.0%)

17.8 지식정보 (14.2%)

21.1 출판 (16.8%)

만화 **1.3** (1.0%)

영화 **6.1** (4.8%)

캐릭터 **13.0** (10.4%)

광고 **17.6** (14.0%)

방송 **21.0** (16.7%)

출처: 한국콘텐츠진흥원 <2019년 하반기 및 연간 콘텐츠산업 동향분석보고서>

2019년 기준 대한민국 게임 시장의 규모는 15조 5,759억 원에 달한다. 이는 국내 콘텐츠 전체 매출(125.4조 원) 중 12%로 음악(6.6조 원)과 영화(6.1조 원)의 매출을 합친 비율보다 높은 규모다. 글로벌 게임 시장 기준으로도 미국과 중국, 일본, 영국에 이어 세계 5위에 달하는 주요 강국 중 하나로 손꼽힌다.

특히 코로나19 확산으로 인해 게임이 대표적인 비대면 콘텐츠로 각광받고, 게임 소비가 증가하면서, 국내 게임 시장 규모는 △2020년 약 17조 원, △2021년 약 18조 2,700억 원, △2022년 19조 9,000억원 등 매년 성장세를 이어갈 것으로 전망된다.

[그림 4]

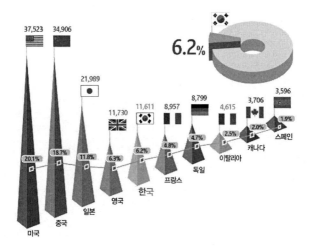

출처: PWC 2020; Enterbrain 2020; JOGA 2020: iResearch 2019; Playmeter 2016; NPD2020

게임산업은 수출 분야에서도 효자 산업으로 자리매김하고 있다. 2019년 게임 수출액은 69억 8,200만 달러로 대한민국 전체 문화 콘텐츠 수출의 약 67%를 차지하고 있다. 게임은 우리나라 전체 수출에서도 두각을 나타낸다. 전체 수출에서 게임산업이 차지하는 비중은 1.23%에 불과하나 무역수지 흑자는 전체의 16.35%를 차지한다.

게임산업이 고부가가치 산업으로서 한국 경제를 떠받치고 있음은 물론, 한류 문화도 주도하고 있다는 방증이다.

게임산업 발전에 따른 영향은 경제적 효과에만 그치지 않는다. 고용 창출 등과 같은 사회적 효과로도 이어진다. 앞서 말했듯이 하나의 게임을 만들기 위해서는 다양한 분야의 지식과 기술들이 필요하다. 이에 각 분야에서의 인력 채용이 필수적이다. 최근에는 연이은 신작 게임 출시와 경쟁에 의해 게임 제작뿐 아니라 마케팅·사업 직무에 대한 수요도 증가하면서, 다양한 분야에서의 고용 창출 효과 또한 뚜렷하게 나타나고 있다.

무엇보다 게임산업은 아직 다른 산업에 비해 젊다는 것이 가장 큰 강점이다. 2019년 기준 게임 제작 및 배급업체는 916개이며, 게임산업 종사자 수는 총 8만 9,157명으로 집계된다. 이 중 20~30대가 전체의 71%를 차지하는 등 청년실업률 해소에도 앞장서고 있다.

[그림 5]

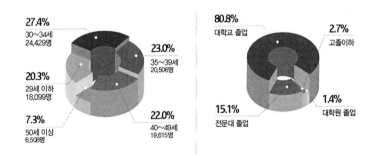

27.4%
30~34세
24,429명

23.0%
35~39세
20,506명

20.3%
29세 이하
18,099명

7.3%
50세 이상
6,508명

22.0%
40~49세
19,615명

80.8%
대학교 졸업

2.7%
고졸이하

15.1%
전문대 졸업

1.4%
대학원 졸업

출처: 한국콘텐츠진흥원 <2020 대한민국 게임백서>

3. 게임산업의 확장성과 순기능

게임산업의 확장성

게임산업이 그동안 거듭된 성장을 통해 주요 산업으로 자리매김했다. 이에 많은 주목을 받고 있지만, 미래 가능성에 대해 의구심을 품는 이들도 있다. 혹자는 "게임산업이 이미 엄청난 성장을 거둔 만큼 더 이상 성장할 여지가 없는 것이 아니냐"고 반박하기도 한다.

하지만 그렇지 않다. 게임산업은 앞으로의 성장 가능성 또한 무궁무진하다. 바로 이종 산업과의 융합을 통해서다. 우리는 이미 게임이 다양한 장르와 융합해 새로운 가치를 만들어낼 수 있다는 사실을 확인했다. 이런 융합이 산업과 산업으로도 이어질 수 있다는 것이다. 가장 대표적인 예가 e스포츠 산업이다.

e스포츠는 스포츠가 가지고 있는 특성과 게임의 IT 기술이 융합한 신산업이다. 2018년 자카르타 아시안 게임에서 시범 종목으로 채택된 데 이어 2022년 항저우 아시안 게임에서는 정식 종목에 포함되면서 전 세계인들의 주목을 받고 있다. 실제로 국내외 굴지의 기업들이 선수단을 직접 꾸리거나 스폰서 후원 등을 통해 e스포츠 산업의 미래 가능성을 내다보고 있다.

시장 조사 업체 뉴주Newzoo에 따르면 2019년 기준 전 세계 e스포츠 시청자 규모는 약 4억 5,400만 명에 달한다. 이 중 열광적인 시청자는 약 44.3%에 해당하는 2억 100만 명으로 추정된다. e스포츠 시청자 규모는 향후 연평균 14.0%씩 증가해, 2022년에는 약 6억 4,500만 명에 이를 것으로 규모로 예상되고 있다.

전 세계적 인기에 힘입어 한국의 e스포츠 시장 규모도 함께 성장해왔다. 2016년 933.4억 원을 시작으로 △2017년 973억 원, △2018년 1138.6억 원, △2019년 1398.3억 원을 기록하는 등 꾸준한 증가세를 보이고 있다. 글로벌 시장 규모 대비 우리나라 시장이 차지하는 비중 역시 △2017년 13.1%, △2018년 15.1%, △2019년 16.5% 등으로 확대되고 있다.

게임산업의 순기능

게임산업은 다양한 산업 현장에서 크고 작은 역할을 해오고 있다. 교육산업에서는 게임을 활용한 코딩교육 교재를 개발하고, 자유학기제와 연계하여 초·중학교 진로 탐색을 지원한다.

의료산업에서는 대표적으로 〈핑크리본〉이라는 유방암 항암치료 환자 관리 모바일 게임 솔루션이 있다. 〈핑크리본〉은 유방암 환자들이 의사가 처방한 약을 규칙적으로 투약할 수 있도록 관리해주며, 환자의 심리적 안정을 돕기 위한 놀이 기능과 채팅 기능을 제공한다.

해외에서도 게임을 활용한 '디지털 치료제' 개발이 이뤄지고 있다. 디지털 치료제는 약물은 아니지만, 의약품과 같은 질병 예방·관리·치료를 목적으로 정보통신기술ICT을 활용한다. 환자는 스마트폰 앱이나 게임, 가상현실VR 콘텐츠 등을 통해 질병을 치료·관리받을 수 있다. 최근 미국식품의약국FDA에서 어린이의 주의력 결핍 과잉행동장애ADHD 치료를 위한 게임에 일부 승인허가를 내주면서, 다양한 제약회사에서 연구개발이 진행되고 있다.

4. 게임산업의 미래

게임산업은 시대 흐름에 따라 끊임없이 변화해왔다. 시대에 따른 다양한 신기술 투자와 연구를 지속하면서 한국 문화 콘텐츠 산업을 선도적으로 이끌어왔다. 이제 게임은 단순히 놀이나 즐길거리가 아닌 산업 전반에 활용되는 하나의 콘텐츠가 됐다고 해도 과언이 아니다.

그렇다면 미래 게임산업은 어떤 모습일까? 어떤 게임들이 우리 생활에 영향을 미칠까? 우리는 '4차산업혁명'이라는 키워드를 통해 게임산업의 미래상을 엿볼 수 있을 것이다.

[그림 6]

바야흐로 4차산업혁명 시대다. 4차산업혁명 시대의 핵심은 인공지능AI이다. 게임산업이 과거 컴퓨터의 보급과 스마트폰의 등장에 맞춰 변화했듯, AI 기술 발달에 따라 또 한 번의 변화를 맞이할 준비를 하고 있다.

AI는 게임과 밀접한 기술이라고 할 수 있다. 모바일 게임의 자동

사냥 기능에서부터 게임 개발, 비매너 유저 적발 등 게임과 관련된 분야에서 AI가 활용되고 있다. 이른바 '핵'이라고 불리는 불법 프로그램 적발에도 AI가 활용된다. 뿐만 아니라 출시 예정 게임의 수익 예측과 마케팅이 필요한 타겟팅 등 게임사의 일반 영업 및 경영 분야에서도 AI 활용이 빈번하다.

시장조사업체 스파이어는 게임산업 AI 시장규모가 2020년 6억 달러에서 2025년 13억 달러로 연평균 8.4%씩 성장할 것으로 전망하고 있다. 게임사들 역시 별도의 AI 연구개발 조직을 두고 인력을 지속적으로 충원하면서 변화를 선도해 나가고 있다.

실제 국내 게임사들의 사례를 통해 이를 확인할 수 있다. 먼저 넥슨은 전통적인 탐지 분야에 AI 기술을 적극적으로 사용하고 있다. 게임 내 비정상적인 현상과 불법 프로그램 사용 등을 분류하고 욕설·광고성 채팅도 가려낸다. 이를 통해 게임 환경을 정비하는 데 주력하고 있다.

엔씨소프트는 AI 기술을 음성 합성에 접목하는 자연어처리NLP 기술을 게임 개발과 자사 지식재산권IP 및 콘텐츠 홍보 영상에 활용하고 있으며, 넷마블은 게임 서비스 관련 빅데이터를 수집·분석하여 사업 운영에 필요한 광고수익률, 잔존율, 매출 등 구체적인 수치를 예측하는 데 AI 기술을 적용하고 있다.

스마일게이트는 영화나 게임 등 엔터테인먼트 산업에 적용할 감정 표현과 소통에 특화된 AI 개발에 주력하고 있다. 엔터테인먼트 산업에 특화된 '스마일게이트AI' 설립과 버추얼virtual 유튜버 '세아' 등이 그 일환이다.

또 다른 4차산업혁명 핵심 키워드로는 가상현실VR 및 증강현실 AR과 같은 첨단기술이 있다. VR·AR 기술은 정부가 규제혁신 로드맵을 발표할 정도로 공을 들이고 있는 사업이다. 게임산업은 이에 맞춰 게임을 비롯해 산업안전, 교육, 의료, 군사, 건축 등 다양한 분야에서 활용될 수 있도록 융합기술 개발에 박차를 가하고 있다. 이밖에도 게임산업은 5G 통신 서비스가 상용화되면서 주목받고 있는 클라우드 게임 시장 공략을 위해 국내외 ICT 기업들과의 공동사업을 진행하는 등 미래를 준비해 나가고 있다.

게임산업의 역할이 더욱 중요해진 시점이다. 단순히 재미와 즐거움만을 제공하는 데 그쳐서는 안 된다. AI 기술과 VR·AR 콘텐츠 개발은 이제 게임산업에 빼놓을 수 없는 필수적인 영역이 됐다. 4차산업혁명이라는 새로운 시대를 선도하기 위해 게임산업의 기술 개발과 투자는 계속될 것이며, 이는 게임산업을 다시금 주목해야 하는 이유가 될 것이다.

최승우 csw2178@naver.com

· 한국게임산업협회 정책국장
· 게임물관리위원회 규제입증위원회 위원(현)
· 한국콘텐츠진흥원 게임인재원 교육운영위원회 위원(현)
· 한국e스포츠협회 e스포츠 공정위원회 위원·전력강화위원회 위원(현)

콘텐츠 산업 중심으로서의 게임

김치용

    21세기에 들어서면서 인터넷의 발달로 인하여 하드웨어와 소프트웨어는 빠른 속도로 진화하고 있다. 동시에 인터넷을 바탕으로 하는 콘텐츠는 더욱 다양화되고 있다. 여러 가지 콘텐츠들이 동시다발적으로 발전하게 되고, 서로 간 시너지가 발현된다. 우리는 다양한 콘텐츠의 홍수 속에서 살고 있다. 콘텐츠의 다양화는 콘텐츠의 소비 속도를 빠르게 증가시켰고, 그에 비해 제작비용 증가, 소재의 고갈 등 제작하는 입장에서는 난이도 또한 높아졌다. 이러한 상황에서 제작자들은 하나의 콘텐츠를 바탕으로 하는 파생 콘텐츠의 제작을 통해 그러한 단점들을 극복하는 방법을 찾아냈다. 이는 하나의 콘텐츠를 완성도 있게 만드는 것과 동시에 다양한 형태로의 확장을 위한 IPIntellectual Property 개발의 중요성을 높이는 계기가 되었다. 이번 장에서는 그 중심에 있는 게임의 역할과 중요성을 분석해 본다.

1. IP 산업의 중요성

IP 산업이란?

IP Intellectual Property는 현재 콘텐츠 산업에서 OSMU One Source Multi Use의 개념이 적용되는데 핵심적인 요소라고 할 수 있다. 이는 창구효과Window effect와는 다른 형태인데, 창구효과는 원본과 아무런 차이가 없는 똑같은 콘텐츠를 수직적으로 유통하는 개념이지만, OSMU는 독립된 플랫폼의 형태에 따라 가변적으로 변형된다는 차이점이 있다. 전통적인 콘텐츠 제작 강국이었던 미국과 일본을 중심으로 이 개념이 정립되었다. 미국에서는 Media Franchise, 일본은 Media Mix라는 표현으로 활용되고 있으며, 현재 콘텐츠 산업에서 가장 주목받고 있는 발전 형태로 볼 수 있다.

이미 우리는 많은 분야에서 IP가 활용된 다양한 사례들을 찾아볼 수 있다. 가장 쉽게 찾아볼 수 있는 IP는 디즈니의 캐릭터들이라고 할 수 있다. 〈미키마우스〉로 시작된 디즈니의 IP는 〈마블〉과 〈스타워즈〉 등 다양한 캐릭터가 활용된 상품들로 재탄생되고 있다. 이러한 IP들은 영화, 애니메이션, 만화(코믹스), 완구, 게임 등 다양한 분야에서 그 존재감을 뽐내고 있다.

이러한 IP를 활용하는 것에 가장 큰 장점은 콘텐츠 제작자들은 성공한 IP를 바탕으로 다른 분야로의 진출이 쉽고, 콘텐츠의 사용자들을 좀 더 낮은 진입장벽으로 흡수할 수 있다는 것이다. 그로 인해 상대적으로 상품에 대한 마케팅 비용은 감소할 수 있으며, 제작자들은 이미 성공한 콘텐츠를 소재로 하여 실패에 대한 리스크를 줄일 수 있다.

제작자들뿐 아니라 소비자들에게도 장점이 있다. 본인이 좋아하는 캐릭터나 스토리를 다른 분야의 콘텐츠로 즐길 수 있게 되었다는 점에서 win-win의 활용 방식으로 주목을 받고 있는 것이다. 특히 콘텐츠의 홍수라고 할 수 있는 현대 사회에서 유명 IP들이 가지는 독보적인 존재감은, 콘텐츠 간의 경쟁에서 우위를 점할 수 있다는 점에서 시장에서는 매우 중요한 부분으로 인식되고 있다.

[그림 1]

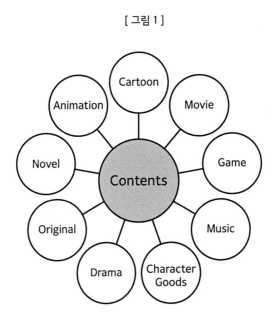

2. IP 산업의 특징과 효과

IP 산업의 특징

IP 산업이 가지는 가장 큰 장점은 확장성이라고 볼 수 있다. 만화와 영화, 게임은 각각 독립된 콘텐츠다. 하지만 이 독립된 콘텐츠를 묶어줄 수 있는 소재가 있다면, 그 소재를 좋아하는 사람들이 가지는 독립된 콘텐츠에 대한 기대감과 호감도가 다른 콘텐츠로 확대될 수 있다는 것이다.

현재 가장 인기 있는 IP인 마블의 슈퍼 히어로 캐릭터들을 예로 들어보자. 마블의 히어로 캐릭터들은 코믹스를 기반으로 하고 있지만, 2008년부터 실사 영화화되면서 많은 새로운 팬들을 유입시켰다. 이는 코믹스보다 훨씬 대중적인 영화라는 미디어의 영향력으로 인해 캐릭터의 인지도 또한 높아지는 계기가 되었다.

〈아이언맨〉을 시작으로 〈캡틴 아메리카〉, 〈토르〉, 〈블랙 팬서〉 등 다수의 캐릭터가 실사화되었고, 세계관이 확장되어 가며 더 많은 팬들을 만족시켰다. 이 과정에서 재미있는 현상이 생겼는데, 영화화된 캐릭터들에 대한 관심도가 매우 높아지면서 원작 코믹스의 판매량도 덩달아 늘어난 것이다. 국내에서도 일본 만화에 비해 인지도가 떨어지던 미국의 코믹스에 대한 관심이 높아지며, 마블 코믹스가 한글화되어 발매되는 현상으로까지 이어졌다.

기업들이 공개한 재무제표를 기반으로 판매예상치를 추정하는 사이트 코미크론comichron에 따르면, 2000년대 중반 이후 감소하던 마블 코믹스의 판매량이 2000년대 후반부터 다시 급격하게 늘어났다.

특히 국내에서는 2019년 마블의 영화 〈어벤져스 : 엔드게임〉이 개봉하면서 관련된 서적의 판매량이 300% 이상 상승하는 파급력도 보여주었다.

뿐만 아니라 마블의 슈퍼 히어로들의 IP는 Kidult Kid+Adult로 대표되는 성인 시장을 적극적으로 공략하고 있다. 특히, 남성들을 대상으로 하는 의류, 액세서리, 자동차용품, 전자 물품과 같은 제품들에서는 이미 상품으로서의 가치를 증명해 냈다. 이제 마블은 단순히 콘텐츠를 활용한 상품을 넘어서서, 하나의 브랜드로서 그 존재감을 드러내고 있는 것이다.

그와 동시에 이제는 상품이 아닌 다른 콘텐츠로도 확장하고 있다. 마블은 세계관을 확장하기 위한 드라마들을 제작하여 공개했고, 후속편들도 방영될 예정이다. 이로 인해 영화관을 넘어서서 TV에서도 마블의 캐릭터들을 자연스럽게 만나볼 수 있게 됐다. 영화와 같은 캐릭터들을 활용하면서 다른 세계관을 영상화시킨 애니메이션도 꾸준히 제작 중이며, 게임으로도 제작되어 모바일과 가정용 게임기로 출시되기도 했다.

이렇게 다양한 매체로 확장되면서 영화의 팬이 게임 콘텐츠를 구매하거나, 게임의 팬이 영화나 코믹스를 구매하게 되었다. 이렇게 독립된 콘텐츠 사이에서 구매자들이 활발하게 이동하면서, 산업의 성장에 시너지 효과를 일으키는 장점이 발생하게 되었다.

하나의 콘텐츠가 큰 성공을 거두면서 다른 콘텐츠를 부가적으로 성공시키는 선두 주자의 역할도 한다. 2014년 전 세계를 'Let it go' 열풍으로 몰아넣었던 〈겨울왕국〉의 성공은, 음반 시장에서도 큰 성공을 거둔 것은 물론 뮤지컬, 아이스쇼까지 콘텐츠가 확장되었다. 그러면서 겨울왕국의 주인공 '엘사'는 캐릭터 자체의 높은 매력을 바탕으로 아이들은 물론 청소년과 성인층에서도 연예인 못지않은 큰 인기를 얻게 되었다. 그러면서 '엘사'와 관련된 캐릭터 상품들이 줄지어 출시되었고, 어린 자녀가 있는 집에서는 어떤 것이든 엘사가 그려진 상품들을 쉽게 찾아볼 수 있게 되었다. 2019년 개봉된 〈겨울왕국2〉가 대성공을 거두게 되는 것은 당연한 수순이었다. 보장된 성공을 바탕으로 영화 개봉 전부터 수많은 콜라보레이션 상품들이 출시되었다. 〈겨울왕국2〉 개봉 이후, 국내 CGV의 극장 내 영화 굿즈 판매점인 씨네샵은 개봉 전에 비해 9.6배의 매출을 올리는 성과를 거두기도 했다.

IP 산업의 효과

이렇듯 잘 만들어진 콘텐츠 IP는 유사한 주변 산업은 물론 전혀 예상하지 못했던 것들까지 유행시키는 저력을 보여주고 있다. 이는 콘텐츠 자체에 대한 애정이 높은 사용자들이 그만큼 많다는 뜻이고, 해당 콘텐츠와 연관이 있는 모든 것들에도 애정을 쏟는다는 표현일 수도 있다. 1980년 호주의 밴드 AC/DC의 곡인 'Back in Black'은 영화 〈아이언맨〉의 주인공 토니 스타크가 즐겨 들었던 음악이라는 설정으로 등장한다. 영화에 간간이 나오는 정도이지만, 영화 개봉 이후 주목을 받으며 다시 한번 큰 인기를 얻기도 했다.

'Back in Black'은 발표 당시에는 AC/DC의 대표곡으로 큰 성공을 거두었지만, 30년이 지난 지금은 마블 시네마틱 유니버스의 주인공중 한 명인 토니 스타크를 대표하는 음악으로써 더 큰 인지도를 가지게 됐다. 이는 영화 속 토니 스타크라는 캐릭터에 애정을 가진 사람들이 캐릭터가 좋아하던 음악에 공감하고, 그 음악을 찾아 들으면서 간접적으로 감정을 공유하고 있다는 뜻이기도 하다.

이러한 사례에서도 볼 수 있듯이 콘텐츠에 대한 호감도의 형성은 콘텐츠의 수명을 늘리고, 시장을 넓히는 원동력이 된다. 그리고 과거의 콘텐츠를 재발견하는 계기가 되기도 하며, 리메이크, 리마스터 등 과거의 감성을 유지한 채 현재의 기술로 다시 만들어지는 소재로 활용되기도 한다.

이렇게 다양한 형태로 활용되는 것은 관련 산업에서도 환영할 만한 일이다. 소설을 베이스로 하는 IP가 영화가 되고, 드라마가 되며 또 게임이 되는 동안, 소설을 읽었던 독자들이 영화관을 찾고, 드라마를 보고, 게임을 즐긴다. 콘텐츠 플랫폼을 포괄하는 사용자층을 만들어 낼 수 있게 되는 것이다.

3. IP 산업에서 게임의 역할

IP 산업에서 게임의 양상

게임산업은 이러한 IP 산업의 중심에 있는 콘텐츠이다. 어떠한 미디어로 성공을 거두게 되던 그 IP가 활용된 게임이 출시되었는지 아니었는지를 확인해봐야 할 만큼, 성공한 IP들은 대부분 게임으로 제작되었다. 초창기 게임들은 조잡한 그래픽과 사운드로 인해 영화나 만화 속의 캐릭터들을 정확하게 묘사하기도 힘들었지만, 내가 좋아하는 캐릭터를 직접 조작해 볼 수 있다는 것만으로도 IP를 좋아하는 팬들에게는 충분히 구매의 메리트를 가진 소재로서 역할을 해왔다.

게임은 주로 다른 플랫폼에서 성공한 IP를 바탕으로 제작되는 경우가 대부분이었으며, 게임의 IP가 다른 형태의 미디어로 전환되기 시작한 것은 시간이 조금 지난 후부터였다. 가장 큰 이유로는 90년대까지 게임은 하드웨어의 한계로 인해 표현방식도 매우 조잡했고 게임의 볼륨 자체도 크게 만들어 낼 수 없었다. 거기에다가 '게임은 아이들이나 하는 것'이라는 인식으로 인해 대부분의 게임들은 단순한 스토리텔링으로만 제작되는 것이 일반적이었다. 권선징악을 기반으로 하는 심플한 갈등구조로 인해 스토리텔링과 캐릭터의 매력이 매우 중요한 영화나 만화, 애니메이션 같은 미디어에서는 그 활용도가 매우 떨어지는 양상이었다.

IP 산업에서 게임의 활용

게임을 기반으로 하는 IP 중 매우 유명한 것은 20세기에 가장 큰 성공을 거둔 IP로 1996년 닌텐도에서 휴대용 게임기인 Gameboy용으로 개발된 〈포켓몬스터〉 IP다. 〈포켓몬스터〉는 2018년 기준 프랜차이즈 수익이 약 900억 달러(한화 약 100조 원)로 압도적인 세계 1위를 달리고 있었고, 2020년 들어 1,000억 달러를 돌파했을 것으로 추정되고 있다.

재미있는 것은 〈포켓몬스터〉는 게임 콘텐츠를 기반으로 하는 콘텐츠임에도 불구하고 2018년 기준 900억 달러의 매출 중 모바일 게임인 〈포켓몬 GO〉를 포함한 게임 매출액은 200억 달러가 채 되지 않는다는 점이다. 오히려 〈포켓몬스터〉의 인기를 기반으로 하는 미디어 믹스 및 콜라보레이션에서 나오는 로열티 수익이 게임 수익에 4배에 이르는 모습을 보여준다. 〈포켓몬스터〉가 뭔지는 몰라도 '피카츄'는 어떻게 생겼는지 아는 사람들이 생길 정도로 캐릭터 자체로서도 높은 매력을 가지고 있다. 이를 바탕으로 만화, 애니메이션, 상품, 도서, 영화, 테마파크는 물론 은행과 증권에 이르기까지 다양한 산업에서 그 존재감을 보여주고 있다.

〈포켓몬스터〉는 게임뿐 아니라 애니메이션으로도 높은 인지도를 가지고 있으며, 2019년 현재 7개의 TV 시리즈와 22편의 극장용 애니메이션이 제작되었다. 2019년에는 미일 합작으로 할리우드에서 〈명탐정 피카츄〉라는 제목으로 제작, 개봉되어 전 세계 4억 3천만 달러가 넘는 수익을 거두기도 했다. 포켓몬스터는 일본, 한국, 중국 등 아시아는 물론 서구권에서도 높은 인지도를 가지고 성공한 게임 IP가 되었다.

2000년대 들어 게임 콘텐츠는 큰 변화를 맞게 된다. 3D 기술의 발달과 CD를 시작으로 하는 대용량 저장매체들이 등장하면서 게임의 볼륨은 기하급수적으로 커지게 되었고, 게임 캐릭터들에 대한 표현이 자유로워짐과 동시에 게임의 스토리텔링도 다양한 방법으로 시도되기 시작하였다. 동시에 80년대와 90년대를 거쳐 게이머들이 나이를 먹어가는 현상과 맞물려 게임 시장의 변화가 일어났다. 이제 게임은 단순히 어린이들을 대상으로 하는 것이 아니라 다양한 연령대의 게이머들을 대상으로 하는 것이 되었다. 그러면서 영화나 소설 못지않은 서사구조를 가진 게임들이 출시되기 시작하였고 영화나 만화, 애니메이션의 캐릭터들을 빌려 쓰던 게임들은 독자적인 콘텐츠 영역을 구축하며 성장해 나가기 시작하였다.

그렇게 성장한 게임 콘텐츠들을 다른 매체들에서도 주목하기 시작하였다. 소재의 고갈로 인해 갈수록 퀄리티가 떨어진다고 비난받던 할리우드에서 게임을 원작으로 하는 영화들이 제작되기 시작한 것이다. 하지만 그 시작은 매우 미미했다. 닌텐도에서 큰 성공을 거두었던 〈슈퍼마리오〉가 영화화되었지만, 원작에 대한 잘못된 해석과 게임은 어린아이들이나 하는 것이라는 편견에 기반한 아동용 영화로 제작되며 원작 팬들조차 외면하는 영화로 남기도 했다. 하지만 이후 2000년대 할리우드에서는 CG기술의 발달을 바탕으로 게임적 상상력을 더욱 풍부하게 표현해낼 수 있게 되면서, 게임의 IP를 바탕으로 원작의 특징을 잘 살린 영화들을 제작하기 시작하였다.

IP 산업에서 게임의 확장성

블리자드의 MMORPG인 〈World of Warcraft〉를 영화화한 〈워크래프트 : 전쟁의 서막〉은 전 세계에서 4억 3천만 달러의 수익을 거두었으며, 〈Resident Evil〉, 〈몬스터헌터〉, 〈사일런트 힐〉, 〈램페이지〉, 〈페르시아의 왕자〉, 〈슈퍼 소닉〉, 〈니드 포 스피드〉, 〈히트맨〉, 〈어쌔신 크리드〉 등 다수의 게임 소재의 영화들을 찾아볼 수 있다. 특히 어드벤쳐 게임 장르에서 독보적인 인기를 얻었던 〈Tomb Raider〉는 무려 2차례나 영화화되었다. 2001년 제작된

〈툼레이더〉는 배우 안젤리나 졸리가 주인공 '라라 크로포트'의 역할로 출연하여 큰 인기를 얻기도 했다.

하지만 게임의 영화화는 큰 단점을 가지고 있다. 게임은 최소 20시간에서 길게는 100시간이 넘게 진행되지만, 게임을 원작으로 하는 영화들은 게임이 가지는 긴 호흡의 스토리텔링을 소화할 수가 없다. 그로 인해 게임 원작의 영화들은 과거에 게임이 기술적 한계로 인해 영화의 캐릭터와 설정만 가져다 쓰던 상황이 역전되어, 게임의 캐릭터와 설정만 가져다 쓴 영화들이 등장하는 상황이 되어 버렸다.

최근에는 이러한 단점을 극복하기 위한 새로운 플랫폼이 주목받고 있다. 바로 넷플릭스와 디즈니플러스와 같은 OTTOver The Top 서비스를 기반으로 하는 드라마 콘텐츠가 그것이다. 게임을 원작으로 하는 영화들은 성공확률이 매우 떨어지는 한편, 게임을 기반으로 하는 TV판 애니메이션들은 큰 성공을 거두는 경우가 훨씬 많아졌다. 전 세계에서 가장 유명해진 IP인 〈포켓몬스터〉를 비롯하여 〈디지몬 시리즈〉, 〈소닉 더 헤지혹〉, 〈슈타인즈 게이트〉, 〈아이돌마스터〉, 〈캐슬바니아〉, 〈페이트 스테이 나이트〉, 〈프린세스 커넥트〉와 같은 작품들이 크게 흥행에 성공했다. 이는 짧은 호흡의 영화보다는, 길게 호흡을 가져가며 캐릭터의 매력과 설정을 충분히 어필하며 스토리를 풀어나가는 애니메이션이나 드라마가 게임을 원작으로 하는 영상 콘텐츠가 나아가야 할 방향이라고 볼 수 있다.

그러한 방향성에 맞춰 폴란드 개발사인 CDPR의 명작 RPG 〈위쳐〉, 너티 독의 〈더 라스트 오브 어스〉 등은 이미 드라마로 제작되었거나 방송이 예정되어 있다. 〈위쳐〉의 경우 폴란드의 유명한 소설을 바탕으로 하고 있다. 하지만 영화 속 인물들은 게임 내에 등장했던 모습들을 베이스로 제작이 되었으며, 드라마 중간에 게임에서 나왔던 모습들을 오마주 한 장면들을 쉽게 찾아볼 수 있다는 점에서 게임의 IP를 활용한 드라마라고 해도 과언이 아닐 것이다.

드라마 〈위쳐〉는 북미에서 같은 기간 방영된 스트리밍 시리즈에서 시청률 3위를 기록하며, 게임 원작 콘텐츠가 충분한 시간을 가지고 스토리를 전개할 수 있다면 시장에서 성공할 수 있음을 증명한 사례가 되었다. 이렇게 게임을 원작으로 하는 콘텐츠 확장은 게임을 즐기던 유저들을 극장으로, 또는 TV 앞으로 모여들게 하였다. 반대로 TV나 영화에서 IP를 접했던 사용자들을 게임으로 역유입하는 효과를 가져오고 있다.

일본의 몇몇 콘텐츠들은 제작 단계부터 이러한 콘텐츠의 확장에 목표를 두고 제작되고 있다. 가장 대표적이며 큰 성공을 거둔 콘텐츠는 2010년 출판사인 아스키 미디어 웍스, 음반 회사 란티스, 애니메이션 제작사 선라이즈가 협업으로 출범시킨 〈러브라이브! School idol Project〉이다.

〈러브라이브〉 프로젝트는 출범부터 콘텐츠 확장을 목표로 만들어진 만큼 동시다발적인 콘텐츠 진행으로 큰 인기를 얻었다. 출판사에서는 캐릭터의 설정을 만들어 코믹스를 출판하였고, 그와 동시에 음반회사는 성우들을 기용하고 음반을 발매하였다. 그리고 애니메이션 회사는 그렇게 제작된 캐릭터와 성우들로 애니메이션을 제작하였다.

이러한 동시다발적 콘텐츠에 성우들은 애니메이션 속 음악들로 라이브 공연과 라디오 방송을 진행하였으며, 그와 동시에 드라마CD도 제작되었다. 물론 모바일을 플랫폼으로 활용하는 게임들도 지속적으로 출시되고 있다. 그리고 다양한 캐릭터 굿즈의 출시와 더불어 편의점, 피자 프랜차이즈들과 콜라보레이션을 진행하는 등 콘텐츠가 정상 궤도에 올라선 2016년에는 일본에서만 80억 엔이 넘는 매출을 이루어 내는 성과를 거두기도 하였다. 〈러브라이브〉의 모바일 게임은 라이선스만 제공하여 제작되었으므로 매출 집계에서 빠졌는데, 부시로드에서 제작되어 서비스된 〈러브라이브 스쿨 아이돌 페스티벌〉은 2017년 88억 엔의 매출을 올리며 2016년 〈러브라이브〉 프로젝트 전체에서 올린 매출보다 높은 매출액을 기록했다.

〈러브라이브〉의 사례에서 볼 수 있듯, 좋은 IP를 통한 콘텐츠의 확장은 긍정적인 시너지를 발휘할 경우 엄청난 영향력을 보여준다. 그리고 그 영향력에서 가장 높은 파괴력을 보여주는 것은 바로 게임 콘텐츠라는 점도 주목해 봐야 한다. 다양한 콘텐츠 속에서 게임이 가지는 영향력이 매우 높은 것을 확인해 볼 수 있는 부분이다.

4. 왜 게임이 유난히 중요한가?

IP 산업 핵심 콘텐츠로서 게임의 중요성

게임 콘텐츠가 이렇게 미디어 프랜차이즈에서 높은 비중을 차지하게 되는 원인이 무엇인지 살펴볼 필요가 있다. 이는 콘텐츠의 특성에서 비롯된 부분이 아주 크다. 영화나 드라마, 애니메이션이나 만화와 같은 콘텐츠와 게임 콘텐츠는 결정적인 차이점이 존재하는데 그것은 게임이 가지는 유니크한 매력, 바로 상호작용Interactive 요소이다.

상호작용은 유저에게 게임에 대한 몰입도를 높이는데 가장 큰 역할을 한다. 영화나 드라마와 같이 화면을 통해 일방적으로 정보를 전달하는 콘텐츠가 아니라 유저가 직접 콘텐츠 속 캐릭터를 움직이면서 그 상황을 경험하며, 캐릭터의 감정을 공유하고 세계관과 교감하여 콘텐츠 몰입감을 높이게 하는 것이다. TV 속 또는 영화 속 캐릭터를 내가 직접 움직일 수 있다는 점은 단순히 캐릭터를 조작하는 것을 뛰어넘는 경험이다. 캐릭터의 행동을 직접 결정하고, 그것을 활용해서 영화나 드라마와 다른 행동을 할 수 있게 하면서 내가 원하는 형태로 게임 속 세상을 경험할 수 있다. 다른 콘텐츠와는 달리, 게임은 유저에게 IP 속 캐릭터가 가지는 힘을 간접적으로나마 경험할 수 있게 해주는 유일한 콘텐츠인 것이다.

유저는 게임 속에서 세상을 구하는 영웅이 될 수도 있고 범죄와 싸우는 정의로운 경찰이 될 수도 있다. 강력한 격투가가 될 수도 있고, 괴물과 싸우는 사냥꾼이 될 수도 있다. 또한 거대한 로봇의 파일럿이 될 수도, 전 세계에서 가장 유명한 스포츠 스타나 변호사도 될 수 있으며, 직접 아이돌 가수가 될 수도 있고, 그 아이돌 가수의 매니저가 될 수도 있다. 심지어 때로는 악당이나 범죄자가 될 수도 있는 것이 바로 게임이라는 콘텐츠이다.

IP 산업에서 게임의 미래

최근의 게임은 훌륭한 스토리텔링과 매력적인 캐릭터를 바탕으로 이전의 부정적인 인식이 많이 바뀌고 있다. 이러한 인식의 변화와 함께 향후 게임은 영화나 소설과 어깨를 나란히 하는 콘텐츠로 성장할 수 있을 것으로 기대된다.

게임 콘텐츠는 게임의 IP가 다른 콘텐츠로 파생되기도 하고, 반대로 다른 콘텐츠의 IP가 게임화되기도 하면서, 콘텐츠 산업에서 빠지지 않는 중요한 부분을 차지하고 있다. 게임이라는 콘텐츠의 인식 변화와 산업에서의 중요도를 보면, 시간이 지날수록 게임의 활용도는 더욱 늘어나게 될 것이다. 이제 콘텐츠 산업은 이전과는 달리 '따로 또 같이'의 개념이 더욱 강조하고 있다. 이러한 상황에서 우리는 다른 콘텐츠 산업들과 더 높은 시너지를 일으킬 수 있도록, 게임산업을 더욱 주목하고 육성해야 할 것이다.

김치용 kimchee@deu.ac.kr

· 동의대학교 게임공학과 교수(ICT공과대학장)
· 게임물관리위원회 기술심의특별위원(현)
· 한국멀티미디어학회장(전)
· <융복합적사고와 실천>, <포스트휴먼의 이해> 등 저·역서 8권

코로나19 비대면기의
e-Commerce와 게임의 융합

차재필

게임의 시대가 열리고 있다. 단순 오락용으로서 아케이드 Arcade 게임을 넘어 인터넷 게임으로 청소년들의 관심을 촉발하던 게임이 새로운 시대를 맞이하고 있다. 특히 2007년 스마트폰 보급을 기점으로 사용자의 성별이나 연령과 관계없이 보편화 되었다. 엔터테인먼트 기능을 넘어 교육, 의료뿐 아니라 비즈니스 마케팅 등 다양한 분야에서 활용되고 있다. 이 장에서는 다양한 분야에서 게임의 활용사례를 살펴보고자 한다. 특히 코로나로 인한 비대면 시대에 게임이 유통에 활용되는 것을 e-Commerce와 게임의 융합이라는 이름으로 살펴보고자 한다.

1. 오락을 넘어 교육과 질병 치료에도 활용되는 게임들

먼저 교육 분야에서의 게임 활용을 보자. 학습과정에 게임 또는 게임적 요소를 활용하는 게이미피케이션Gamification 기법을 활용하여 학습 참가자가 좀 더 몰입하고 쉽게 과정을 이해할 수 있도록 도와줌으로써 교육 이수율을 높이고 있다.

예를 들어, 아스트라 제네카AstraZeneca 는 〈Go To Jupiter〉라는 이름의 이러닝e-Learning 게임을 통해 자사의 새로운 의약품에 대한 교육을 진행하였다. 이 게임은 퀴즈를 풀고 미니게임을 하면서 새로운 약품의 효능에 대해 학습할 수 있도록 설계되었다. 500여 명의 의약품 판매 에이전트를 대상으로 이를 적용하여 실시한 교육에서 97%가 참여했고, 이들 중 무려 99%가 교육을 이수하였다.[5]

구글도 자사 직원들의 출장경비 처리시스템에 게임을 활용하였다. 이는 게임적 요소를 이용하여 직원들이 출장경비를 최대한 지침에 맞게 사용하도록 하고, 불필요한 지출과 도덕적 해이를 최소화 하기 위함이다. 이를 통해 절약된 출장비용은 직원의 급여로 돌려주거나 기부를 할 수 있게 함으로써 프로그램 참여에 대한 인센티브를 더욱 강화했다. 구글은 이러한 게임적 요소를 가미한 프로그램을 활용해, 단 6개월 만에 자사 직원들의 100%가 지침에 맞게 출장경비를 사용하도록 만드는 성과를 냈다.[6]

- - - - - - - - - - - - - - -

5   YuKaichou, 「A Comprehensive List of 90+ Gamification Cases with ROI Stats」, YuKaichou.com

6   Mario Herger, 『Enterprise Gamification Workshop』, CA: San Francisco, 2012.6.

사실 교육 분야에 활용되는 게임의 사례는 너무나 많다. 최근에는 놀랍게도 게임이 의료분야에서도 두각을 나타내며 치료제로 쓰이기도 한다. 미국의 페어 테라퓨틱스Pear Therapeutics사가 개발한 〈리셋reSET®〉은 게임을 활용한 치료용 앱으로 알코올, 마약 등 약물 중독 치료를 위해 사용된다. 기존의 전통적 방식의 치료와 〈리셋〉 앱 치료를 병행하는 환자와 비교를 해보니, 〈리셋〉을 사용한 환자가 기존 환자군(29.8%)에 비해 2배 정도 높은(58.1%) 금욕유지 비율을 보이면서 치료 효과를 입증하였다. 심지어 2017년에는 미국 FDA Food and Drug Administration에서 이를 치료제로 승인하였다.[7]

또 다른 사례로는 미국 아킬리 인터랙티브사Akili Interactive의 〈이보 EVO〉라는 게임이 있다. 〈이보〉는 테블릿 PC용 게임으로 ADHD(아동 주의력 결핍장애) 아동에게 효과를 보였다. 〈이보〉 앱을 ADHD 아동 20명에게 하루 25분씩 4주 동안 이용하게 한 결과 그들 중 7명은 ADHD 증상이 사라졌으며, 이 효과가 이후 9개월간이나 유지되었다.[8] 이와 같이 게임은 이제 단순 오락적인 기능을 넘어서 교육과 질병 치료에도 활용되고 있다.

7　Bio Economy Report Issue, 「디지털 의료 (Digital Medicine)- 헬스케어의 경계를 확장하다」, 2018.9.13

8　정보통신신문, 「놀이인 듯 아닌 듯…게이미피케이션이 뜬다」, 2020.4.14. / 의학신문, 「美 아킬리 디지털치료용 앱 도입」, 2019.3.11.

2. e-Commerce와 게임

게임은 교육, 의료분야뿐만 아니라 e-Commerce 분야를 비롯한 소매유통업계에서도 활발하게 활용되고 있다. 전통적인 오프라인 유통 분야에서도 터치 스크린 위주의 키오스크Kiosk 형태나 또는 오락실의 게임기 형태로 게임을 활용하고자 하는 시도들도 많이 있다.

하지만 게임의 전자적 특성상 기본적으로 PC나 스마트기기에서 온라인으로 활용되고 있는 경우가 대부분이다. 최근에는 스마트폰 앱을 통한 모바일 쇼핑의 확산으로 인해, 게임의 접목이 더욱 용이해 지면서 e-Commerce의 하나의 기본적인 옵션으로 자리 잡았다.

게임이 마케팅 기법으로 활용되는 이유는?

기업들은 왜 게임을 도입하고 있을까? 이유는 간단하다. e-Commerce 시장은 국내외를 막론하고 경쟁이 치열하기 때문이다. 최근 코로나19 팬데믹Pandemic은 전 세계의 온라인 시장을 급진적으로 성장시켰고, 기존 전통 오프라인 중심의 기업들은 너도나도 온라인 시장으로 뛰어들고 있다.

이러한 환경변화는 경쟁을 심화시켜, 쇼핑 사이트나 앱에 고객들을 끌어모으거나 장시간 머무르게 하는 것을 더욱 어렵게 만든다. 그러므로 각 기업들은 고객 유치를 위한 차별화된 서비스가 필요하며, 이를 구현하기 위해 대규모 시설투자나 혁신적인 기술 개선을 요구받게 되었다.

하지만 대부분의 기업은 이러한 대규모 투자를 위한 자금이 충분하지 않거나, 자금이 충분하다 하더라도 투자를 통한 효과를 보기까지 기다릴 시간이 없다. 그렇기 때문에 사실상 현재 기업들은 가격할인이나 할인쿠폰의 발행 이외에는 마땅한 대안이 없는 상황이다. 이렇다 보니 우리나라와 같이 경쟁이 심한 e-Commerce 시장에서는 대부분의 기업들이 흑자를 내기 힘든 상황이 연출된다.

그렇다면 대규모 시설투자나 기술적인 혁신 없이 가장 효율적으로 차별화된 서비스를 제공할 수 있는 방법은 무엇일까? 그 대안이 될 수 있는 방안 중의 하나가 바로 게임이다. 게임은 대규모 자본투입 없이 효율적으로 단시간 내에 고객을 유치, 유지 시킬 수 있는 가장 현실적인 대안이기 때문이다.

현재 e-Commerce 사용자의 주요 고객연령인 30-40대들은 80년대 전자오락실, 90년대 PC방 시절을 거쳐 2000년대 피쳐폰 시절의 모바일 게임과 현재의 스마트폰 게임을 접해본 세대들로서, 게임에 대한 거부감이 없다. 또한 20대는 태어날 때부터 게임을 접한 디지털 네이티브Digital Native들로 남녀를 불문하고 게임의 전문가들이다. 따라서, 게임은 이들을 손쉽게 유혹할 수 있고 이러한 추세는 향후에도 계속 확산될 것으로 보인다.

3. e-Commerce 분야의 게임 도입 사례

그렇다면 이러한 게임 또는 게임적 요소를 활용하는 게이미피케이션Gamificaion의 사례에는 어떠한 것들이 있는지 대표적 사례들을 살펴보도록 하자.

중국 Pinduoduo 盘多多

2015년 창업한 중국의 PinDuoDuo 盘多多라는 e-Commerce 업체는 지방도시 공략, 공동구매, 게임성 등을 무기로 성장하고 있으며, 특히 플랫폼 내에 다양한 게임적 요소들을 앞세워 이용자들을 흡수하고 있는 것으로 유명하다. 해당 업체가 도입한 게임적 요소로는 공동구매 시 사용자가 직접 구매자를 모객할 수 있도록 하여 사용자 참여도를 높이는 방법, 2시간 이내에 써야만 하는 할인쿠폰 룰렛게임, 복주머니 뽑기 게임, 후기 포인트 제공, 가격할인 도전게임, 가상농장 게임 등이 있다.

그중에서 특히 유명한 것은 게임에서 수확한 과일을 실제 과일로 보내주는 농장게임이다. 쇼핑과 관계없이 오직 이 게임만을 하기 위해 접속하는 사용자 수만 매일 1,100만 명에 달한다고 한다.[9] 이렇듯 PinDuoDuo는 다양한 게임들을 제공하고, 게임을 통해 일정 고객을 확보하고 있으며, 이들을 사이트에 최대한 머물게 하는 데 이를 이용하고 있다.

그 결과 PinDuoDuo는 알리바바와Alibaba 징둥닷컴JD.com의 양강체제 시장을 흔드는 신흥 강자로 무섭게 성장하였다. 창업 3년만인 2018년에 미국 나스닥NASDAQ에 상장하였고 현재는 2위였던 징둥을 밀어내고 중국시장 2위로 자리매김하였다. 아직 매출액에서

---

9 TTimes, 「소셜커머스의 약점을 소셜미디어로 뒤집은 핀둬둬」, 2020.7.15.

는 PinDuoDuo가 알리바바나 징둥에 비해 많이 뒤처지지만, 시가
총액과 가입 이후 실제 활동을 하는 액티브 유저Active user 수는 이
미 2위였던 징둥닷컴을 한참 앞서고 있다. 액티브 유저 수만으로
봤을 때는 이미 알리바바와 비슷한 규모로 성장[10]하였고, 이런 추세
면 곧 추월할 수 있을 것으로 예상된다.

[표 1] 중국 대표 e-Commerce 업체[11]

	알리바바(Alibaba)	징둥(JD)	핀둬둬 (PinDuoDuo)
창업연도	1999	2004	2015
매출액 (2020,2Q)	1,538억 위안	2,011억 위안	122억 위안
이용자수 (Activeuser, 2020, 3Q)	7.4	4.2	6.9
시가총액 (2021.1월)	6,170억불	1,408억불	2,209억불

미국 HSN.com 사례

미국 TV홈쇼핑 채널의 웹 사이트인 HSN.com은 자사 홈페이지
에서 게임을 60여 가지나 제공하고 있다. 웹사이트에 온 고객들이
쇼핑 방송시간을 기다리거나 라이브 쇼핑방송을 시청하는 동안 게

---

10   2020년 액티브 유저수 : 알리바바 2분기 7.4억명, 판둬둬 3분기 7.3억명

11   조선일보, 「이번엔 과로사...폭풍우 속의 중국 빅테크기업」, 2021.1.11.

임을 하며 기다리거나 방송과 게임을 동시에 즐길 수 있게 하기 위함이다. 이는 시간이 맞지 않거나 자칫 지루하여 채널을 돌리기 쉬운 홈쇼핑 채널 이용자의 특성을 잘 파악한 대안이다. 고객들이 지겨운 대기시간을 게임으로 극복하고 사이트에 계속 머무르면서 원하는 제품의 구매를 할 수 있도록 배려한다. 더욱 많은 고객을 유치할 수 있는 참신한 아이디어다.

HSN.com는 단순히 게임들의 가지 수만 많이 구비 한 것이 아니다. 각 게임별로 이용자들의 주간, 일간 순위를 보여 줌으로써 이용자들 간의 경쟁을 유도한다. 또 적절한 게임 미션을 달성하게 되면 $250 상당의 구매쿠폰을 제공하고 이 포인트를 모아서 사용할 수 있는 쇼핑몰을 따로 운영한다. 서로 이야기들을 나눌 수 있는 커뮤니티 사이트까지 동시에 제공함으로써 고객들의 참여와 몰입을 유도하고 있다.[12]

미국 나이키 퓨얼밴드Fuel band

e-Commerce와 약간의 거리가 있긴 하지만, 유명 브랜드의 게임 활용사례도 소개하고자 한다. 나이키는 2012년 1월에 게임적 요소를 가미한 웨어러블 기기인 퓨얼밴드Fuelband를 런칭했다. 퓨얼밴드는 스포츠용 웨어러블 기기로서 내장된 센서를 이용하여 이용자의 움직임을 모니터링하고 이용자의 운동습관 파악 및 운동목표를 달성할 수 있도록 도와준다.

----
12 HSN.com 홈페이지

이 기기는 시간, 거리, 칼로리 소비량, 걸음 수뿐만 아니라 정해진 운동 알고리즘의 목표에 따라 '나이키 퓨얼NikeFuel' 포인트를 부여하는 게임기능을 가지고 있다. 또한, 게임 속 캐릭터나 다른 사람들과 경쟁을 할 수 있는 기능도 있어 재미와 승부욕을 자극시켜 지겹고 힘든 운동을 체계적이고 재미있게 지속할 수 있도록 해주었다.[13]

그 결과 2012년 500만 명 이었던 사용자는 불과 1년만인 2013년에 1,100만 명에 달하게 되었다. 더욱 놀라운 것은 당시 퓨얼밴드를 지원하는 앱은 아이폰iPhone 버전만 있었고 안드로이드Android 버전은 없었다는 점이다.[14]

4. e-Commerce와 게임의 미래

그렇다면 여기에서 '과연 e-Commerce에 게임 또는 게이미피케이션Gamificaion의 도입 추세가 향후에도 지속될 것인가?' 라는 의문이 생긴다. 이에 대한 해답을 얻기 위해서는 우선적으로 '과연 e-Commerce 시장의 경쟁이 계속될 것인가?' 에 대한 답이 필요할 것이다. 지금과 같은 치열한 경쟁이 없다면 게임과 같은 도구 활용의 필요성도 사라질 것이기 때문이다. 시장의 경쟁은 당분간 계속될 수밖에 없을 것으로 보인다. 그렇게 보는 근거에는 아래 2가지가 있다.

---

13 Wikipedia, 「Nike+ FuelBand」, 2021.6.1.

14 YuKaichou, 「Top 10 Marketing Gamification Cases You Won't Forget」, YuKaichou.com

지속적인 신규 기업들의 등장

e-Commerce의 성장은 필연적으로 해당 분야의 진입과 경쟁을 더욱 촉진 시킨다. 현재도 e-Commerce 분야는 과당경쟁으로 많은 기업이 적자를 감수하고 있다. 그럼에도 불구하고 새로운 기업들이 새벽배송, 음식배달, 숙박예약, 패션 등 다양한 전문분야를 개척하며 계속 새로운 도전을 하고 있고, 기존 유통기업들의 존재를 무색하게 할 정도로 성공적으로 사업을 성장시키고 있다. 이러한 사례들을 종합해 본다면 온라인 전체 시장의 성장이 정체되지 않는 한, 새로운 기업들이 계속 진입할 것으로 보인다.

[표 2] 신흥 온라인 강자

국내(기업가치, 2021년 기준)	국외(기업가치, 2021년 기준)
배달의 민족 : 음식배달(9조 원[15])	Shopify : 쇼핑몰 솔루션 제공업체(183조 원[16])
야놀자 : 숙박예약(13조 원[17])	Doordash : 미국 음식배달(58조 원[18])
무신사 : 패션 전문(3.5조 원[19])	PanDuoDuo : 중국2위 오픈마켓(171조 원[20])
마켓컬리 : 새벽배송(3조 원[21])	StockX : 스니커즈 전문 재판매 샵(4.2조 원[22])

---

15 테크엠, 「코로나 시대 필수품 배달 앱, 몸값도 껑충...배민 기업가치 1년새 '2배'」, 2020.12.30.

16 NYSE: SHOP, 2021.6.

17 조선비즈, 「눈 높아진 IPO 후보들… "비상장사 몸값 너무 비싸다"」, 2021.4.29.

18 NYSE: DASH, 2021.6.

19 인베스트조선, 「무신사, 2022년 IPO 전망...기업가치 3.5兆 거론」, 2021.5.24.

20 NASDAQ: PDD, 2021.6.

21 한국일보, 「쿠팡에 자극받은 마켓컬리, 미국행 위해 바꾼 '세 가지'」, 2021.4.27.

22 WSJ, 「Online marketplace StockX valued at $3.8 billion, lets some employees sell shares」, 2021.4.7.

오프라인 기업들의 온라인 시장 진입

또한, 이러한 상황에 위기를 느낀 기존 오프라인 중심의 전통적인 유통기업들도 사활을 걸고 온라인 분야에 진입 및 투자를 강화하고 있다. 그 예로 오프라인의 강자 이마트는 온라인 기업인 이베이코리아를 최근 인수하였다. 유통시장 추세 자체가 오프라인 중심에서 온라인으로 전환 중이었고, 최근 팬데믹이 이를 가속화 시켰기 때문이다. 따라서 e-Commerce 분야의 경쟁자들은 당분간은 늘어날 수밖에 없다.

5. e-Commerce 시장은 계속 성장할까?

그렇다면 여기에서 또 다른 의문이 제기된다. 과연 e-Commerce 시장은 계속 성장을 할 수 있을 것인가? 성장을 한다면, 언제까지 성장을 이어갈 수 있을 것인가? 우선 e-Commerce 분야의 성장은 자명해 보인다. 그 이유는 단기적인 이유와 장기적인 이유가 있을 수 있는데, 자세한 내용은 다음과 같다.

코로나 사태의 장기화로 인한 생활패턴의 변화

단기적으로는 최근 코로나 사태가 장기화되면서 비대면 접촉이 대세로 자리 잡기 시작했다는 것이다. 백신의 보급에도 불구하고 지속적인 변종 바이러스의 등장으로 인해 완벽히 예전으로 돌아가기는 어려울 수도 있다. 전 세계 사람들이 비접촉 기반의 생활패턴 변화는

바이러스가 사라진 이후에도 당분간은 지속될 것으로 예상된다.[23]

이러한 추세를 반영하여, 주요 IT기업들은 재택근무를 팬데믹 이후에도 지속한다고 한다. 예를 들어 트위터Twitter는 2020년 5월에 전 직원을 대상으로 영구 재택근무를 허용하기로 하였다.[24] 구글 Google은 2020년 12월 재택근무를 2021년 9월까지 연장하고, 복귀 후에도 주 3일 정도만 출근하게 할 것이라고 한다.[25] 이런 변화를 보면 사람들이 쇼핑을 온라인으로만 하게 되는 추세는 더욱 확산될 가능성이 크다.

유행의 글로벌화

최근 문화적, 패션 트렌드 등은 인터넷 매체의 보급 확산으로 인하여 지역적, 국가적인 트렌드에서 점점 글로벌한 트렌드로 변화하고 있다. 과거 텍스트 위주의 인터넷 매체들이 언어적인 한계로 인해 지역적으로 분화되어 있던 시절과 달리, 현재는 텍스트가 없는 동영상 콘텐츠가 주가 되다 보니 언어의 의미가 많이 약해진 탓도 있을 것이다.

예를 들어 유튜브Youtube, 틱톡Tiktok 등의 인터넷 매체를 통해 음악, 뮤직비디오 등이 전 세계 동시에 유행하고 있다. 이에 따라 패션

---

23 ING, 「Corona crisis - trends that could impact your business」, 2020.6.2.

24 조선비즈, 「트위터 "원한다면 영원히 재택 근무 하세요"… '무용지물'된 실리콘밸리 호화 사옥 경쟁」, 2020.5.13.

25 조선일보, 「구글, 재택근무 연장하고 새로운 근무체계 실험」, 2020.12.15.

영역도 전 세계적으로 비슷하게 유행하는 경향도 생기고 있다.[26] 또한, 네트워크 환경의 개선, 팬데믹 등으로 OTT 시장이 급속하게 성장함에 따라 TV 드라마나 영화 콘텐츠들이 전 세계 동시에 런칭되고, 유행하는 경향도 발생하였다.[27] 이러한 변화는 장기적으로는 인터넷 SNS 매체 등을 통해 트렌드가 글로벌화되고 소비 패턴도 비슷해지면서 e-Commerce가 국경에 관계없이 이루어질 가능성이 높아질 것을 의미한다.

인터넷과 스마트폰 보급률의 확산

전 세계인구 중 아직까지 인터넷과 스마트폰의 혜택을 보지 못하는 인구는 놀랍게도 절반이나 된다. 전 세계 인터넷 보급률은 2019년 기준으로 51.4%[28]에 그치고 있고, 스마트폰의 보급률도 45%[29]밖에 되지 않는다. 따라서, 인터넷과 스마트폰 보급이 확산되면 e-Commerce도 자연스럽게 늘어날 수밖에 없을 것이다.

----

26 타카하시 요시에, 「한국의 스트리트 패션, 일본에 잇따라 상륙!」, KOTRA 도쿄무역관, 2020.2.25.

27 YTN, 「넷플릭스 김민영 총괄 "韓 콘텐츠, 일시적 유행 넘어 글로벌 대중문화"」, 2021.2.25.

28 Statista, 「Percentage of global population accessing the internet from 2005 to 2019, by market maturity」, 2021.

29 Statista, 「Global smartphone penetration rate as share of population from 2016 to 2020」, 2021.

글로벌 중산층의 지속적 증가[30]

2020년 기준 전 세계 인구 중 중산층 비율은 54%라고 한다. 중산층이 이미 너무 많은 것 아닌가? 하는 의문이 들 수 있고 이미 양극화가 확대되고 있어 줄어들지 않을까 하는 의구심도 든다. 하지만 다행히도 향후 중산층 비율은 지속해서 늘어날 전망이다.

쇼핑몰 솔루션 기업인 Quickbooks에 의하면 중국, 인도 등 아시아 지역에서 중산층 인구의 폭발적 증가로 인해 전 세계 중산층 비율이 향후 10년간 지속 상승하게 될 것이라 봤다. 이에 따라 전 세계 중산층 인구 비율은 2025년에는 60%, 2030년에는 약 65%에 이를 것으로 예상되고 있다. 이렇게 중산층 인구가 늘어나게 된다면 구매 여력도 상승하게 될 것이며, 결국 e-Commerce 분야의 성장도 이에 맞게 자연스레 이루어질 것으로 예상한다.

6. 마무리

이상에서 보았듯이 게임은 이제 게임 본연의 기능인 엔터테인먼트 기능을 넘어서 교육을 비롯한 의료분야까지 진출하였고 심지어 FDA 승인까지 받은 치료제로 활용되고 있다.

비즈니스 분야도 예외는 아니다. 게임은 여러 분야에서 사용되지만 특히 e-Commerce 분야에서 활발하게 사용되고 있다. 그 배경은 경

---

30 Quickbooks, 「Global impact and predictions for the future of fashion」, 2021.

쟁이 치열한 e-Commerce 분야에서는 자사 사이트나 앱에 고객 유치를 위한 도구가 마땅히 없기 때문이다. 단기적으로는 가격할인, 장기적으로는 대규모 시설투자 또는 기술혁신 이외에는 대안이 거의 없지만 게임은 이러한 환경에서 많은 자금과 시간을 투자하지 않고 고객 접점과 유치 시간을 늘릴 수 있는 최고의 대안 중 하나이다.

그렇다면 이러한 추세는 미래에도 계속될 것인가? 이에 대한 해답은 과연 e-Commerce 시장이 계속 성장할 것인가에 달려있다. e-Commerce 시장은 기존 오프라인 기업들이 지속적으로 진입하고 있고 신규로 진입하여 성과를 내는 기업들도 많다. 또한, 글로벌 팬데믹으로 인해 온라인 산업의 성장이 더욱 탄력을 받고 있고 인터넷 매체들을 통해 문화적 소비나 유행이 글로벌화 되어가고 있기 때문에 이러한 성장동력과 유행이 국경 간 e-Commerce를 더욱 촉진시킬 것이다.

한편, 현재 전 세계 절반 수준인 인터넷과 스마트폰의 보급률, 중산층 인구를 감안하다면, 향후 보급률이 확산되고 소비력을 갖춘 전 세계 중산층 인구가 늘어남에 따라 e-Commerce 분야도 덩달아 성장할 수밖에 없는 상황이고 5G, AR 등 게임 기술 및 관련 기기가 발달하게 되면 이는 더욱 다양한 방향으로 확산될 것이다. 따라서, e-Commerce 분야에서 게임의 도입과 활용은 현재 필연적이며, e-Commerce 시장의 성장이 계속하는 한 이러한 게임의 활용도 지속 성장할 것으로 예상된다.

차재필 paulcha75@gmail.com

· 이베이코리아 대외협력 팀장
· 한국인터넷기업협회 정책실장(전)
· 한국지능정보사회진흥원 책임연구원(전)

2

게임의 문화학과
청소년 창의교육

누가, 왜 게임을 하는가?
게임의 문화심리학

이장주

　　혁신적인 컴퓨팅 성능과 인터넷을 기반으로 한 네트워크 기술의 혁신은 4차산업혁명이라는 이름으로 산업의 질서와 구조뿐 아니라 생활문화에도 파급효과를 가져왔다. 기술과 문화를 연결하는 접점에 게임이 위치하고 있다. 문화심리학은 남녀노소에게 일상화된 게임이, 그것을 이용하는 사람들에게 내면화되는 방식으로 마음속 깊이 영향을 미치고 있다고 해석한다.

　이런 경험들의 반복은 심리적인 영향뿐 아니라 신경망으로도 연결되어 온라인과 오프라인이 통합된 현실을 만들어냈다. 백화점에 입점해있던 구찌, 샤넬, 루이비통, 버버리와 같은 브랜드들은 게임과 게임 캐릭터의 의상과 액세서리 착용 방식으로 협업을 하여 게임을 하는 고객들에게 어필하고 있으며, 벤츠, BMW, 포르쉐 등의 유명 자동차 브랜드들도 유사한 협업 마케팅을 하고 있다. 더욱이 비대면 사회를 촉발한 포스트코로나 시대에 게임은 미래 우리사회의 가치와 의미 생성 및 작동방식이 어떤 방향으로 흘러갈지 알려주는 나침반 기능을 수행하고 있다.

1. 문화심리학으로 바라본 게임의 의미

문화심리학은 문화가 인간의 심리에 어떤 영향을 주는지에 대해 연구하는 심리학의 한 분야다(S. J. Heine, 2011). 기존의 심리학이 환경의 영향을 강조하였다면, 문화심리학은 인간이 만들어 놓은 인위적 환경, 즉 문화의 중요성을 강조한다. 예를 들어 배를 가지고 있는 사람들은 바다를 떠올리며 자신이 갈 수 있는 섬이나 항구 등을 생각할 수 있지만, 배가 없는 사람은 물놀이나 그냥 늘 있어 왔던 환경의 일부로 여기는 경우가 많다. 이렇듯 배라는 인위적 기술은 그냥 기술에 그치는 것이 아니라 그것을 사용하는 사람들의 가치관과 욕구에 큰 영향을 미친다.

이런 가치관과 욕구는 새로운 발명품들을 만들어내는 방식을 통해 자연의 그것과 차이 나는 방식의 독특한 길을 만들었다. 그렇게 탄생한 것이 인터넷과 컴퓨터, 스마트폰이며 이들 도구를 바탕으로 전 세계적으로 확산된 또 다른 기술이 바로 게임이다.

비고츠키Vygotsky는 자아가 엄마의 자궁 안과 같은 진공상태에서 나온 것이 아니라 이미 태어나기 전부터 존재하는 역사문화로부터 자아가 유입되었다는 주장을 한다(M. Cole, etc. 1978). 참고로 이들을 '역사문화학파'라고 부르는데, 역사와 문화가 다르면 서로 다른 문화가 내면화된 자아를 가지게 된다고 설명한다. 우리가 '움직인다'고 말할 때 달리기를 하는 것보다 자동차를 타고 움직이는 것을 더 먼저 떠올리는 것이나, '메일'이라고 말할 때 봉투와 우표를 붙인 편지가 아닌 이메일을 떠올리는 것은 대표적인 내면화internalization의 사례들이다.

결국 내면화란 일상적으로 많이 사용하는 기술들은 그 자체로 인간 내면의 심리의 작동방식에 영향을 주는 사례들이라고 할 수 있다. 4차산업혁명의 바람을 일으킨 스마트폰은 더 이상 전화기가 아니다. 스마트폰을 통해 유통되는 애플리케이션의 매출 80% 이상이 게임에서 나온다는 점에서 오히려 게임기에 가깝다. 게임을 통해 사람들은 소통하고 어울리는 시대가 스마트폰이라는 문화적 혁신을 통해 탄생한 것이다.

내면화는 단순히 외부의 문화를 유입하는 차원에 머물지 않는다. 가치의 문제와 밀접하게 연관된다. 예를 들면, 글을 아는 것과 모르는 것은 말을 적을 줄 아는 사람과 모르는 사람 정도로 구분하지는 않는다. 과거에 글을 아는 사람, 식자識者는 그 사람의 정치·경제적인 지위를 넘어 인격의 정도까지 내포하는 중요한 상징이었다.

자동차는 그저 사람의 발을 대체하는 도구가 아니었으며, 아이폰 또한 그냥 전화기의 한 종류가 아님은 구구절절 말이 필요 없는 상식이다. 자동차의 가격과 스마트폰의 가격이 천차만별인 이유는 그 성능의 차이에서 있는 것이 아니라, 그것이 다른 사람에게 어떤 상징으로 보이느냐 정도가 더 핵심요인이 된다. 세상이 진보하면 할 수록 도구의 표면적 기능manifest function보다 이런 문화적 상징으로서 잠재적 기능latent function이 더 중요해진다(R. K. Merton, etc. 1968). 돈을 벌거나 권력을 잡으려면 도구의 잠재적 기능인 문화적 기호작용sign-action을 더 잘 이해해야 한다(C. S. Peirce, 1974).

자동차를 타던 사람들이 자동차가 없는 세상으로 돌아가기 어렵듯, 태어나면서부터 게임을 접한 인류는 게임이 없던 시절로 돌아가기 어렵다. 더군다나 인공지능AI나 융합현실MR과 같은 혁신적인 기술들은 늘 게임과 함께 발전하고 확산되고 있다. 이런 맥락에서 게임은 현재의 사람들에게 어떤 영향을 미쳤고, 앞으로 게임은 어떤 새로운 미래를 열어갈지에 대해서 문화심리학적 관점으로 살펴보고자 한다.

2. 게임, 신경을 온라인에 연결시키다

온라인 속 캐릭터의 경험은 가짜가 아니다

오랫동안 아껴오던 물건을 잃어버리면 마치 자신의 분신을 잃은 듯 상실감을 느끼게 된다. 최근 연구에 의하면, 사귀던 사람이나 가족을 잃은 사람들은 실제로 신체에 상처를 입은 것과 동일한 고통을 느낀다는 연구 결과도 있다. 이런 연구가 시사하는 바는 사람의 신경이 신체 내부에만 국한되는 것이 아니라, 사회문화적 환경으로 확산될 수 있다는 것이다. 그렇다면 게임을 오랫동안 하는 사람들은 게임을 하지 않는 사람과 다른 신경구조와 작동방식을 가질 수도 있을까? 연구 결과들은 그럴 가능성이 높다고 답을 한다(J. C. Rosser, etc. 2007).

　문화적 경험 변화는 우리의 몸의 변화에까지 영향을 미친다. 대표적인 실험이 1998년 네이처지를 통해 알려진 고무손 실험the rubber hand illusion 이다. 실험 내용은 비교적 간단하다. 실험 참가자에게 자신의 한 손은 보이지 않게 가리고, 가짜 고무손을 그 사람의 손인 것처럼 탁자 위에 올려놓는다(M. Botvinick, 1998).

　　감춰진 손과 고무손을 동시에 부드러운 붓으로 쓰다듬기 시작한다. 동기화가 진행되는 과정이다. 그 후 자신의 손을 가리키라는 지시에 실험 참가자는 진짜 자기 손이 아니라 고무손을 가리켰다. 그리고 가짜 고무손을 바늘로 찌르려고 하자 화들짝 놀랐다. 마치 자신의 손을 찌르기라도 하는 듯이 말이다.

　　기능적자기공명영상fMRI를 통한 연구에서, 고무손에 대한 위협은 실제 신체를 담당하는 뇌 부위를 활성화시키는 것으로 나타났다. 고무손이 자신의 신경망에 포함되었다는 것을 의미한다. 이 실험은 사람의 신경이 몸 안에서만 작동한다는 고정관념을 깨뜨리고 몸 밖으로 확장될 수 있다는 것을 알려준 기념비적인 연구로 평가된다.

　고무손 착각 실험 이후, 이런 현상은 감각적 착각 이상의 것을 의미한다는 후속 연구들이 이어졌다. 대표적으로 2003년 사이언스에 발표된 논문은 사이버상의 사회적 따돌림(왕따)가 은유적 표현이 아닌 신체적 고통과 동일한 결과를 가져온다는 것을 밝혀냈다. 미국 UCLA 아이젠버거Eisenberger 교수팀은 '사이버볼Cyberball'이라는 게임을 통해 따돌림을 당하는 상황을 만들었다(N. I. Eisenberger,

2003). 연구자들은 사이버볼 참여자가 다른 방에서 참여하고 있는 피험자라고 알려줬지만 실제로는 사람이 아니라 프로그램상의 가상 인물들이었다. 사회적 따돌림을 당하는 조건의 피험자는 처음 몇 차례 패스를 받은 뒤부터는 공을 받지 못하고 다른 참여자들끼리 공을 주고받는 것을 구경만 하는 왕따를 경험하게 설계되었다.

게임 속에서 왕따를 당한 사람의 fMRI 영상을 분석한 결과, 전두대상피질이 활성화된 반면, 전전두엽피질의 활동은 위축되었다. 신체적인 고통을 당할 때와 같은 반응이 사이버볼에서도 나타난 것이다. 흔히 따돌림이나 타인으로부터 실망을 느낄 때, 마음이 아프다고 하는 표현은 그냥 은유적 표현이 아니라는 것이 실험을 통해 증명된 것이다.

메타버스에서 사는 게이머들

온라인 게임 속까지 신경이 확장될 수 있다면, 게임 캐릭터의 특성이 게이머들에게 영향을 줄 수도 있을 것이다. 미국 스탠퍼드대 팀 연구에 의하면, 게임 속 캐릭터의 크기는 심리적인 효과의 차이를 보였다(N. Yee, etc. 2007). 연구에서 아바타의 키가 큰 집단, 평균 집단, 작은 집단 등 세 집단으로 나누었다. 그리고 돈을 분배하는 협상게임을 한 결과, 큰 아바타 집단이 협상을 유리하게 완수하였으나 키가 작은 아바타 집단은 불공정한 협상을 받아들인 경우가 2배가 높았다. 가상현실 속의 아바타는 그냥 그래픽 덩어리가 아닌 협상의 자신감에 영향을 주는 실체적 효과를 발휘했던 것이다. 이런 효과를 연구자들은 프로테우스 효과The Proteus effect라고 명명하였다. 참고로 프로테우스란 그리스 신화에 나오는 바다의 신 중 하나로 자신을 찾아온 이들을 만나기 싫어서 모습을 자주 바꾸었다고 한다. 가상공간에서 자신의 모습을 바꿀 수 있었던 것이 마치 프로테우스를 연상시킨다고 해서 붙여진 이름이다.

신경은 가소성이 있어서 사용하지 않으면 퇴화하고 사용할수록 예민해진다. 최근 조사[31]에 의하면, 전 세계 게이머들은 주당 평균 6시간 20분을 즐기며, 한꺼번에 몰아서 게임을 이용하는 빈지-게이밍 binge-gaming 평균시간은 4시간 36분이었다. 일상적으로 게임을 하는 이들에게 마우스를 통해 느끼는 타격감은 그냥 헛소리가 아니고, 게임상에서 내 캐릭터가 공격을 받을 때 아프다는 표현은 진짜로 아픈 것이다. 하물며 유모차에서부터 스마트폰에 동기화가 되고, 코로나19로 초등학교 1학년 때부터 줌으로 온라인 수업으로 학교생활을 시작하고, 아바타를 통해서 입학식과 졸업식에 참여 요즘 청소년들에게 게임을 위시한 온라인 활동을 현실도피라고 나무라는 일이 오히려 현실도피인 상황이 된 것이다. 이제 현실은 오프라인 현실 하나가 아닌 오프라인 현실과 융합된 온라인 현실, 즉 메타버스metaverse라는 명칭의 현실이 자연스럽게 공존하는 양상이다.

메타버스Metaverse

메타버스란 가상·초월meta과 세계·우주 universe의 합성어로, 3차원 가상 세계를 뜻한다. 보다 구체적으로는, 정치, 경제, 사회, 문화의 전반적인 측면에서 현실과 비현실 모두 공

---

31 라임라이트 네트웍스, 「2020 전세계 온라인 게임 현황(SoOG: State of Online Gaming)」

128

존할 수 있는 융합세계라는 의미로 폭넓게 사용되고 있다. 이 용어는 닐 스티븐슨의 소설 '스토우 크래쉬'에서 등장한 이래, 2020년 10월 엔비디아 창립자 젠슨 황이 '메타버스가 오고 있다'라는 연설을 통해 널리 알려지는 계기가 되었다.

3. 구찌와 루이비통이 게임 캐릭터에 옷을 입힌 이유

백화점에서 나와 게임 속으로 들어간 명품 브랜드들

명품은 기술적으로 뛰어나고, 미적으로 아름답다. 누구나 갖고 싶어 하지만 아무나 가질 수 없다. 이런 이유로 명품은 오랫동안 그 것을 가지고 있는 사람이 어떤 사람인지를 알려주는 기호의 역할을 수행하였고, 백화점이라는 제한된 공간에서 전시 및 판매되는 것이 일반적인 유통 관행이었다.

하지만 최근 이런 명품들이 백화점을 떠나서 게임 속으로 진출하는 경향이 보편화되고 있다. 대표적으로 2019년 인기게임 〈리그 오브 레전드LoL〉 월드챔피언십(일명 롤드컵) 후원사가 루이비통이었다. 2019년 10월 롤드컵 우승팀인 중국의 펀플러스피닉스FPX는 루이비통 커버에 담겨진 우승컵을 받게 됐다. 그리고 루이비통과 〈리그 오브 레전드〉 개발사인 라이엇은 '키아나'라는 게임 속 캐릭터의 의상과 액세서리에 루이비통을 입혔다. 동시에 루이비통 매장에는 키아나가 착용하는 바지와 같은 의상이나 귀걸이, 장갑, 부츠와 같은 장신구 등의 라이업으로 구성된 키아나 프레스티지 에디션을 출시하는 공동마케팅을 펼쳤다.

바지가 2,130달러, 신발이 1,320달러, 상대적으로 저렴한 귀걸이가 660달러였다. 여기 나온 상품들을 다 구매하기 위해서는 1만달러, 우리나라 돈으로 1,100만 원이 넘는 가격이지만, 출시 1시간도 되지 않아서 모두 매진이 되었다.

젊은 층을 공략하고자 하는 구찌도 크게 다르지 않다. 구찌는 2019년부터 〈구찌 비〉, 〈구찌 에이스〉 등 간단한 아케이드 게임을 개발한 경험을 바탕으로 2020년 6월 〈테니스 클래시〉라는 게임을 출시했다. 이 게임 속에는 남녀용 슈트와 티셔츠 등 총 4가지 게임 캐릭터용 패션 아이템이 있는데, 게임머니로 구매해 자신의 아바타에 입힐 수 있도록 하였다. 동시에 온라인 구매 사이트로 갈 수 있도록 연결해 현실에서도 똑같은 디자인의 옷과 운동화를 살 수 있도록 했다. 게임 안팎에서 구찌로 대동단결할 수 있게 만든 것이다. 게임 아이템은 남성 캐릭터 기준으로 트레이닝복 세트와 운동화까지 보석 2,500개(약 1만 2,500원)를 지불해야 하지만, 이와 똑같은 실제 옷을 사려면 500만 원이 넘는 비용이 필요하다.

또 다른 명품 브랜드 버버리는 2020년 7월 온라인 게임 〈B 서프〉를 출시하였다. 이 게임은 여러 사람이 참여하는 파도타기(서핑) 레이싱 게임이다. 〈B 서프〉 속에는 버버리의 여름 신상품을 입은 캐릭터가 등장한다. 그래서 게임을 하려면 서프보드와 함께 장신구를 선택할 수 있다. 물론 이런 서프보드와 장신구들은 실제 버버리의 'TB 서머 모노그램' 컬렉션에 있는 것들이다. 참고로 캐릭터가 착용하고 있는 모자를 실물로 구매하려면 55만 원이 필요하다. 이 게임이 버버리의 첫 번째 게임은 아니었다. 2019년 〈B 바운스〉를 출시하였고, 2020년 1월 전작의 확장판 격인 〈랫베리〉를 내놓은 경험을 바탕으로 세 번째 게임으로 등장한 것이 〈B 서프〉다.

샤넬은 홍대 앞, 가로수길 등 젊은 층이 많이 몰리는 상권에 팝업 스토어를 열면서 아케이드 게임기 등을 배치한다. 젊은이들이 게임을 즐기고 제품을 자연스럽게 체험할 수 있도록 유도하려는 전략이다. 발렌티노와 마크 제이콥스와 같은 브랜드들도 2020년 봄여름 시즌 컬렉션을 인기게임 〈모여봐요 동물의 숲〉에 공개한 바 있다.

게임대회를 후원하는 벤츠, BMW, 게임 속으로 들어간 포르쉐

자동차 유명브랜드들도 앞선 명품 브랜드들의 전략과 유사한 길을 걷고 있다. 벤츠는 2018년 중국 LoL 프로리그LPL 공식 파트너로 e스포츠계에 본격 진출했고, 그해 중국 명문 게임단 RNG를 후원하였다. 이런 경험을 바탕으로 2020년 LoL 월드 챔피언십 스폰서로 후원의 범위를 넓혔다. 이런 후원은 주요 경기에 벤츠의 로고를 노출하는 것은 물론, 경기에 참여하는 선수단에게 이동수단으로 벤츠를 제공하는 등의 내용으로 다년간 계약이 체결된 것으로 보도되었다. 벤츠는 우리나라 공식 딜러 한성자동차를 통해 프로게임단 젠지e스포츠를 후원하는 방식으로 우리나라 e스포츠 시장에도 관심을 기울이고 있다.

또 다른 고급자동차 브랜드 BMW도 e스포츠에 관심을 두기는 마찬가지다. 우리나라 프로게임단 T1과 2020년 스폰서 파트너십을 맺고 선수들의 활동에 이용되는 공식차량 지원 및 다양한 이벤트 등을 통해 협업을 진행하고 있다. 2021년 포르쉐는 넥슨과 파트너

쉽을 맺고 포르쉐를 모티브로 제작한 카트를 〈카트라이더〉에 출시하였다. 새롭게 출시되는 카트의 모델은 포르쉐의 첫 전기 스포츠카를 모티브로 하였다.

명품 패션과 자동차 등의 브랜드들을 게임을 통해 자주 노출시키고, 이를 통해 자연스럽게 구매를 유도하려는 전략은 젊은 층을 공략하는 보편적인 수단이 되고 있음을 생생하게 보여주는 사례라고 할 것이다. 이런 변화가 의미하는 바는 분명하다. 더 이상 게임은 값싸게 즐기는 아이들의 놀이터 수준이 아니라, 4차산업혁명 시대에 신흥 주류세력이 모이는 근거지로 부상했다는 점이다.

4. 정치·경제에서 부상하는 새로운 세력: 게이머 집단

게임 속에서 선거운동, 미국 대통령을 만들다

2020년 미국 대통령 선거에서 승리한 바이든 대통령 후보는 트럼프 대통령과 다르게 게임을 통한 선거운동을 펼쳤다. 바이든 후보 측은 코로나19 기간 인기게임인 〈모여봐요 동물의 숲Animal Crossing New Horizons〉을 이용해서 선거유세를 하였다. 바이든 캠프는 2020년 9월 지지 팻말 4종을 공개한 데 이어 10월에는 게임 속에다 '바이든 섬'을 개장하였다. '바이든 섬'에서는 검은 썬글라스를 낀 바이든 후보의 아바타와 선거 홍보물, 가상 사무실 등을 둘러볼 수 있도록 꾸몄다. 그리고 이곳을 방문한 것을 기념하여 게임 속 장면을 사진 찍을 수 있도록 하였고, 이를 SNS에 공유하도록 유도

하는 방식으로 비대면 선거 캠페인을 진행했다. 물론 닌텐도 스위치를 보유하지 않은 유권자들을 위해 바이든 섬을 투어하는 영상을 트위치 스트리밍 플랫폼을 통해 제공하기도 하였다.

이런 선거운동은 주요 방송사를 통한 선거운동보다 비대면 시대, 게임이 대중문화로 자리 잡은 시대에 더 적합한 방법이 될 수 있음을 보여주었다. 시대가 바뀌고, 유권자들의 라이프스타일이 게임 속으로 들어감에 따라 선거에 나선 후보들도 유권자를 만나기 위해 게임 속으로 들어오는 것은 너무 당연한 흐름이 된 것이다.

게임 속에서 BTS의 콘서트가 열리다

2020년 8월 21일 발매된 BTS의 신곡 '다이너마이트'는 한 달 후 빌보드 핫100 정상에 올랐다. 이에 대한 경제적 파급효과 분석한 결과 1조 7천억 원 이라는 어마어마한 효과가 발생했다고 문화체육관광부는 밝혔다. 그런데 특이한 점은 '다이너마이트' 안무 버전 뮤직비디오를 2020년 9월 26일에 〈포트나이트〉라는 게임에서 최초로 공개했다는 사실이다. 이제 게임은 게이머들만 모여서 즐기는 폐쇄된 공간이 아닌, 세계적으로 영향력 있는 가수가 자신들의 뮤직비디오를 공개하기 위해 찾는 주요한 핫플레이스가 된 것이다.

사실 〈포트나이트〉는 배틀로얄 장르의 게임이다. 참고로 배틀로얄이란 수많은 사람이 전투에 참여해서 마지막까지 살아남은 플레이어나 팀이 승리하는 방식의 게임이다. BTS가 뮤직비디오를 공개한 곳은 배틀로얄 모드가 아닌 파티로얄 모드였다. 게임 속에서 전투만 하기에 지루하거나 전투를 좋아하지 않는 이용자들이 친구나 다른 플레이어들과 함께 여가를 즐기고 영화를 관람할 수 있도록 만들어진 게임 내 공간이 콘서트장으로 활용된 것이다. 포트나이트를 이용하는 가수는 방탄소년단이 처음은 아니다. 코로나19로 오프라인 공연이 불가능해지자 미국 유명 레퍼 트리비스 스캇은 2020년 4월 24일~26일까지 〈포트나이트〉에서 캐릭터들이 참가하는 인게임 콘서트 '아스트로노미컬아스트로노미컬Astronomical'을 개최하였다. 이 콘서트에는 신곡 'The Scott'의 최초 공개를 하기도 하였는데, 이때 무려 1,230만 명이 참가자와 2,000만 달러의 수익을 기록하기도 했다.

관광정책, 게이머들을 주목하다

오프라인에서도 게이머들을 유치하고자 하는 전략이 중요하게 부상하고 있다. 예를 들면, 라스베거스 럭소LUXOR 호텔은 라스베이거스 카지노 주 고객이던 '베이비붐 세대' 대신, 베이비붐 세대가 낳은 '밀레니얼 세대Millennial Generation'를 잡기 위해 애썼다. 럭소 카지노가 3성급 호텔인 만큼 라스베이거스에 다른 4, 5성급 호텔과는 차별화 전략이 필요했던 것이다. 그런 고민 끝에 라스베거스의 다른 호텔들에 없는 고급 PC방 겸 게임대회를 중계할 수 있는 시설을 갖춘 e스포츠 아레나ESPORTS ARENA LAS VEGAS를 설립하여 운영하게 되었다. 젊은이들을 관광객으로 유치하는 데 게임 만한 것이 없다는 것이다.

중국 하이난성海南省 정부는 게이머들을 정부 정책으로 삼은 사례다. 하이난 성은 우리나라의 제주도와 같은 관광을 주요 수입원으로 삼는 섬 지형의 지역이다. 하이난 성은 2019년 '하이 6조海六条'를 발표하였는데, 주요 내용은 1억 위안의 자금과 인력지원, 세금감면, 출입국, e스포츠 경기 심사 및 방송 등 6가지 분야에 대한 정책 지원 등 내용을 담았다. 게임을 좋아하는 전 세계 선수와 팬들이 하이난에 와서 경기를 열고 즐기라는 의미로 요약할 수 있다.

이제 게임은 정치, 경제에서 빼놓을 수 없는 매체이자 공간이 되어가고 있다. 이런 변화는 게임을 하는 주축 세력들이 청소년에서 성인으로 세대가 바뀌었다는 것은 물론, 이들이 세상의 정치, 경제, 사회, 문화를 이끌어가는 주류라는 점을 의미한다. 더 이상 게임은 짬 시간을 내서 잠깐씩 즐기는 여가의 한 종류가 아니라, 일상 속에 존재하면서 정보를 얻고 나의 취향과 기호를 드러내는 상징공간으로 자리 잡은 것이다.

5. 미래가 궁금하다면 게임 속을 자세히 봐야 한다

기술의 진보는 현실의 세계를 온라인 공간까지 확장 시켰다. 공간뿐 아니라 신경망들까지 연결시킨 새로운 현실이 만들어진 것이다. 온라인과 오프라인을 나누는 것 자체가 의미가 없는 시대는 이미 도래하였다. 누구도 예기치 못한 코로나19는 온라인기반 비대면 활동을 사회활동의 표준으로 만들었다. 이제 온라인 활동이 오프라인의 보조적인 기능을 넘어 정치, 경제, 사회, 문화 전반에 걸쳐 영향력이 확대되고 있다는 것을 게임은 분명하게 보여준다. 그렇기에

게임을 오프라인 생활에 영향을 미치는 것을 질병이나 잘못된 습관으로 보는 관점은 구시대적일 수밖에 없다.

'순천자는 흥하고, 역천자는 망한다順天者興 逆天者亡'라는 오래된 동양의 경구가 있다. 이제 게임은 좋든 싫든 이 시대의 순리가 되었다. 그렇기에 미래가 궁금하다면 게임 속에서 게이머들이 어떤 것에 관심을 가지고 어떤 방식으로 소통하는지를 살펴보고 참여해야만 한다. 이처럼 게임이 포스트코로나와 4차산업혁명이라는 시대의 문법이자 삶의 양식이란 것을 문화심리학은 다시 한번 우리에게 확인시켜주고 있다.

이장주 zzazan01@daum.net
· 이락디지털문화연구소 소장
· 게임문화재단 이사(현)
· 한국게임정책자율기구 이사(현)
· <게임세대 내 아이와 소통하는 법> 등 다수 저서와 논문

최근 청소년들의 게임문화, 어떻게 이해할 것인가?

이창호

청소년들의 게임문화가 바뀌고 있다. 영상이나 이미지에 익숙한 현재의 청소년들에게 짧은 시간에 즐길 수 있는 모바일 게임은 단연 인기다. 유튜브의 등장과 확산은 청소년들의 게임몰입을 더욱 촉진 시켰다. 유튜브는 청소년들이 게임전략을 이해하고 새로운 게임을 접할 수 있는 주요 채널이 되고 있다.

본 장은 청소년들의 게임 이용에 관한 실증 조사자료를 바탕으로 이들의 게임세계를 들여다보고 있다. 이를 통해 청소년 게임문화를 이해할 수 있는 여러 구조적 요인, 가령 입시 위주의 교육환경, 놀이공간의 부족, 자녀의 게임 이용에 대한 부모의 무관심 등을 제시하고 있다. 청소년문화에서 게임은 이제 가장 중요한 놀이문화로 자리 잡았다. 부모의 적절한 지도와 개입이 병행된다면 청소년게임문화는 더욱 성숙되리라 본다.

1. 게임에 빠진 청소년들

청소년들이 게임에 빠져 있다는 것은 어제오늘의 이야기는 아니다. 특히 최근 코로나19가 발생한 이후 아이들의 게임 이용이 더욱 심해진 것 같다. 필자 역시 초등학생 6학년 아들이 있는데, 다음은 아이와 게임에 관해 대화한 내용이다.

질문 : 좋아하는 게임은 뭔가요?

대답 : 마인크래프트, 클래시로얄, 브롤스타즈, 배틀그라운드, 오버워치, 카트라이더 즐겨요.

질문 : 게임을 하면 뭐가 좋은가요?

대답 : 우선 즐겁고 재미있어요. 또한 과제를 수행하게 되면 여러 보상이 있어 좋아요.

스킬이 향상되거나 좋은 아이템을 얻으면 능력이 강화되기 때문에 기분이 좋아져요.

많은 게임이 여러 사람과 하게 돼 있어요. 서로 경쟁이 되니까 상대방을 이기고 싶어서

더 열심히 하게 돼요.

질문 : 게임이 본인에게 어떤 존재인 것 같아요?

대답 : 스트레스를 해소할 수 있는 고마운 존재에요.

질문 : 유튜브 게임채널도 많이 보나요?

대답 : 예. 외국채널은 MrBeast Gaming (구독자 1,350만 명) 많이 봐요.

국내의 경우 도티 TV, 잠뜰 TV, 보겸 TV, 밍모 봐요.

게임요령과 전략, 게임수행에 필요한 다양한 정보를 얻을 수 있어서 좋아요. 여러 게임을

소개하는 영상도 보는데 재미있어요.

질문 : 코로나19가 발생한 이후 더 게임을 하게 됐나요?

대답 : 예. 집에만 있으니까 학교공부나 학원숙제를 해 놓고 나면 특별히 할 게 없어 게임

만 하게 되는 것 같아요.

질문 : 부모가 게임을 못하게 하면 어떤 기분이 들어요?

대답 : 짜증이 나요.

필자가 최근 청소년을 대상으로 진행한 연구를 돌이켜보면, 위 대화 내용은 팬데믹 시대의 요즘 청소년들의 일상을 잘 보여주고 있다. 아울러 유튜브가 확산되면서 청소년의 게임문화도 바뀌고 있다는 것을 암시해주고 있다.

잘 알려져 있듯이, 청소년들에게 게임은 일상생활의 일부이며, 친구와 소통할 수 있는 주된 대화 주제이기도 하다. 또한 부모의 감시를 벗어나서 또래들과 함께 교류하고 시간을 보내는 매체이기도 하다. 학교수업이 끝난 후 하교할 때 아이들이 공터나 놀이터에서 장난치고 노는 장면보다는, 몇몇이 옹기종기 모여서 스마트폰으로 게임을 즐기는 모습을 이제는 더 흔히 볼 수 있다.

최근 경기도 중학생들을 대상으로 조사한 결과는 흥미롭다. 학생들은 취미로 핸드폰 보기(31.0%)를 가장 많이 선택하였고, 게임하기(20.5%)가 뒤를 이었다(조윤정 외, 2020). 반면, 노래나 춤은 10.5%, 운동 및 신체활동은 8.1%에 그쳤다. 바깥에서 노는 오프라인 활동보다는 온라인 활동이 압도적으로 높게 나타난 것이다. 지금 청소년들에게 온라인공간이 더 소중하고 중요하다고 볼 수 있다. 이들은 오프라인 활동에서보다 온라인 활동을 통해 자신의 정체성을 만들고 강화한다.

교육열이 강한 우리 사회의 특성상 청소년들은 공부시간 외에 틈나는 대로 게임을 이용하고 있다. 그들은 이동하는 차 안이나 학원 수업하기 전 틈틈이 스마트폰을 이용해 게임을 즐기고 있다(김아미외, 2018). 방과 후에도 학원에서 많은 시간을 보내기 때문에 짬짬이 게임을 하는 경향이 강하다. 이 때문에 틈나는 시간을 활용하여 몇 분 내로 할 수 있는 모바일 게임이 인기가 좋다. 특히 근래 들어 유튜브는 청소년들이 새로운 게임을 접하고 게임전략을 배울 수 있는 통로가 되고 있다. 유튜브 세대인 청소년들에게 유튜브를 통해 생중계되는 게임 장면이나 게임전략은 호기심을 충분히 끌만 하다.

2. 유튜브가 바꾼 게임문화

게임세대인 요즈음의 청소년들은 게임을 기반으로 놀이와 여가활동을 하며 그들만의 독특한 문화적 감수성을 형성해가고 있다(전경란, 2020). 이들은 디지털기기 환경에서 태어나고 자라 어렸을 때부터 게임을 접하고 배워온 세대이기도 하다. 그렇다보니 집 밖에서 노는 것 못지 않게 집에서 게임을 하는 것이 중요한 놀이문화가 되었다.

교사들 또한 게임이 학생들에게 미치는 영향이 크다고 인식하고 있다. 한국언론진흥재단이 초, 중, 고 교사 및 미디어교육 강사들을 대상으로 조사한 바에 의하면, 학생들의 생각과 문화에 미치는 미디어로 초, 중, 고 할 것 없이 게임이 가장 많이 꼽혔다(정현선, 김아미, 2017). 두 번째로 꼽힌 것은 초등의 경우 유튜브, 중·고등학생은 TV 오락물로 나타났다. 즉 게임이 청소년문화를 대표하며 가장 큰 영향을 미치고 있는 것이다.

한국콘텐츠진흥원(2019)의 조사에 따르면, 초등학생의 36.3%가 거의 매일 게임을 하는 것으로 조사됐고, 가장 많이 이용하는 게임 기기는 스마트폰(76.0%)으로 나타났다. 콘솔게임은 3.8%에 불과하였다. 초등학생들이 가장 많이 이용하는 게임 장르는 〈클래시 로얄〉, 〈브롤스타즈〉와 같은 실시간전략게임RTS과 〈배틀그라운드〉, 〈오버워치〉와 같은 슈팅게임이었다.

이들의 주중 하루평균 게임 이용시간은 1시간 미만이 가장 많았고, 주말의 경우 1시간 이상~2시간 미만이 가장 높은 비율을 차지하였다. 이러한 결과는 중요한 시사점을 던져주고 있다. 먼저, 초등학생들이 즐기는 게임은 스마트폰을 이용한 모바일 게임이 주를 이뤘다. 즉, 기존의 PC 기반의 게임에서 스마트폰 게임으로 게임의 양상이 이동하였다고 볼 수 있다. 이 때문에 〈브롤스타즈〉와 같은 몇 분 내외의 짧은 게임이 초등학생들에게 인기를 끌고 있는 것이다.

한국정보화진흥원의 조사에서도 10~19세 청소년들이 게임을 이용하는 기기는 스마트미디어가 83.0%로 압도적이었으며, PC는 17.0%에 불과했다(과학기술정보통신부, 한국정보화진흥원, 2019). 이들이 주로 이용하는 게임장르는 퍼즐(21.9%)이 가장 많았으며 RPG(13.8%), 웹보드게임(12.4%), 액션/슈팅(10.9%), 전략시뮬레이션(9.0%) 순이었다.

한국청소년정책연구원(2020a)이 초등학생 고학년을 대상으로 조사한 결과 스마트폰 사용기능 가운데 유튜브(34.7%)와 게임(30.2%)이 가장 많이 선택됐다. 많은 청소년들이 스마트폰을 통해 게임을 즐기고 있는 것이다. 성별로 보면 여학생이 채팅을 많이 하는 반면, 남학생들은 게임을 하는 경우가 많았다. 경제수준 별로 살펴보면 하위권일수록 게임을 하는 비율이 약간 더 높았다.

유튜브를 하는 경우에도 게임을 주제로 한 경우가 가장 많았다. 한 달에 20번 이상 시청한 주제를 살펴보았을 때 게임이 31.3%로 압도적으로 높았다. 유튜브를 시청하고 있지만, 사실은 새로운 게임전략을 배우며 게임의 세계로 빠지고 있는 것이다. 이어 음악/댄스, 연예인, 만화/애니메이션이 뒤를 이었다. 교육이나 시사적인 주제를 다루는 유튜브를 보는 학생들의 비율은 2% 수준에 머물렀다.

[표 1] 최근 한달 스마트폰 이용 기능 - 1순위

(단위 : %)

	전체	전체		학년별			경제수준			
		남	여	초4	초5	초6	상위	중상위	중하위	하위
사례수(명)	2,252	1,112	1,130	652	712	887	458	606	693	211
전화 통화	5.3	4.7	5.9	8.0	5.0	3.6	5.7	5.7	3.4	6.8
카카오톡/ 채팅	11.0	8.0	14.0	8.4	11.7	12.4	11.3	11.2	10.2	10.2
게임	30.2	42.8	17.7	38.2	32.4	22.6	27.2	26.0	34.8	30.4
유튜브	34.7	33.3	36.1	31.0	31.2	40.3	33.2	37.3	35.8	32.4
틱톡	3.7	0.4	6.8	4.6	3.2	3.3	4.0	2.5	3.5	5.5
음악듣기	4.0	2.3	5.7	2.3	5.5	4.0	6.2	5.1	2.3	4.3
사진/ 동영상 촬영	0.5	0.3	0.6	0.6	0.6	0.3	0.5	0.1	0.6	1.0
TV 시청	1.9	2.0	1.9	2.5	2.0	1.4	2.2	1.4	2.4	1.0
SNS (유투브/ 틱톡 제외)	2.6	1.1	4.1	0.7	1.3	5.0	2.9	3.0	2.0	2.9
시간보기/ 알람	0.4	0.4	0.3	0.4	0.4	0.3	0.6	0.7	0.2	0.0
인터넷이용 (포털사이트, 웹서핑 등)	2.9	2.3	3.4	1.8	3.6	3.0	3.1	3.7	2.3	3.0
문자 메시지	0.6	0.8	0.4	0.4	0.9	0.5	0.6	0.9	0.6	0.0
기타 (그 외 기능 활용)	2.3	1.7	2.9	1.2	2.1	3.2	2.5	2.4	2.1	2.5

[표 2] 유튜브 주제별 이용빈도

※ 한달에 20번 이상 시청한 비율을 표시함

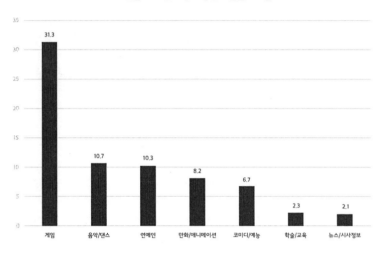

유튜브가 인기를 끌면서 게임유튜버가 청소년들의 관심을 끌고 있다. 대표적인 게임유튜브 채널인 〈도티 TV〉의 경우 구독자가 245만 명에 이른다. 이 채널은 아이들에게 인기가 있는 〈로블록스〉, 〈마인크래프트〉 등의 게임기술을 제공해 조회수가 높다. 아이들은 스포츠경기를 TV로 보듯이 남이 하는 게임을 유튜브로 즐긴다. 구독자가 194만명에 달하는 〈짬뜰 TV〉의 경우도 청소년들에게 인기가 많은 대표적인 게임 크리에이터다. 주로 〈마인크래프트〉 게임 장면을 소개하면서 인기를 끌었는데, 유튜브에 올려놓은 동영상만 무려 2,500여개에 이른다. 〈양띵 유튜브〉 또한 171만명 가량의 구독자를 가지고 있다. 그는 초등학생들 사이에서 대통령, 일명 '초통령'으로 불린다. 이 세 게임유튜브 채널 모두 성인이 운영하고 있지만, 어린이

들의 취향을 공략해서인지 초등학생들에게 유독 인기가 많다.

게임을 매개로 사람들 사이의 승부를 겨루는 e스포츠 또한 최근 가파르게 성장하고 있다. 10대들이 e스포츠를 시청하는 미디어 플랫폼은 유튜브가 91.9%로 가장 많았고, 트위치 TV(44.9%), 아프리카 TV(20.7%), 페이스북(15.7%), 네이버(14.6%)가 뒤를 이었다(한국콘텐츠진흥원, 2020). 이들이 주로 시청하는 종목은 리그 오브 레전드 (67.2%), 오버워치(48.2%), 배틀그라운드(36.4%)였다. 유튜브 플랫폼의 확산으로 청소년들의 게임문화도 확연히 바뀌고 있다.

3. 또래들과 즐기는 게임

청소년기는 부모로부터 벗어나 또래들과 함께 어울리는 시기여서, 이들의 게임문화에 미치는 친구의 영향력은 크다. 대표적으로 이들은 또래들과 함께 PC방을 이용한다. 청소년들에게 게임은 친구들과 일상적인 소통을 나누는 공간이다. 그들은 게임 안에서 공동의 미션을 수행하면서 동질감을 형성한다(정재엽, 박형성, 안세희, 2020).

한국콘텐츠진흥원(2020)이 주 1회 이상 PC방을 이용하는 사람들을 대상으로 조사한 결과, 10대의 경우 월평균 PC방 이용 횟수가 4회 36.7%, 5~8회 35.3%, 9회 이상 28.0%로 나타났다. 특히 9회 이상 이용한다고 답한 비율의 경우 다른 연령대에 비해 가장 높은 것으로 드러났다.

청소년들이 PC방을 찾는 이유는 친구/동료와 어울리기 위해 (67.3%), PC 성능이 좋아서(64.5%), 패키지게임을 이용할 수 있어서 (23.1%), 시간을 때우기 위해(21.4%), 아이템 획득 등 프리미엄이 있어서(11.2%), 집/학교에서는 게임 이용을 못하게 해서(8.0%), 월정액 게임을 이용할 수 있어서(1.3%) 순이었다. 많은 청소년이 친구와 함께 어울려 시간을 보내기 위해 PC방을 찾고 있는 것이다. 이 비율은 다른 연령대에 비해 가장 높아 또래 관계에 있어 PC방 문화는 떼려야 뗄 수 없는 관계가 돼버렸다.

[표 3] PC방을 찾는 이유

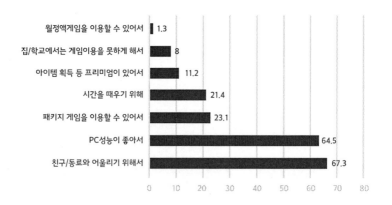

청소년들이 PC 게임을 즐기는 이유는 재미(54.0%)와 스트레스해소(40.9%)가 가장 많았다. 또한 지인이나 친구들과 게임을 하고 싶어서(35.1%)가 세 번째로 높게 나타나 또래와의 관계가 게임 이용에 중요하게 작용했다. 이어 시간을 때우기 위해(32.5%), 다양한 종

류의 게임을 즐기기 위해(20.3%), 게임친구와 경쟁하는 재미가 있어서(9.0%), 다른 사람에게 나의 캐릭터를 자랑하기 위해 (2.6%), 기록 경신을 위해(1.3%), 금전적 수익이 되기 때문에(0.7%) 순이었다. 오프라인 세계에서는 공부를 잘하거나 운동을 잘하는 아이들이 주변 친구들로부터 인정을 받고 긍정적인 관계를 형성하는 것처럼, 게임 세계에서는 게임이 그 역할을 대신하고 있다. 게임은 아이들이 또래와 어울리며 스트레스를 해소하는 새로운 공간이 된 셈이다.

2016년 출시돼 당시 인기를 끌었던 〈포켓몬 GO〉라는 모바일 게임이 있다. 이 게임을 하는 주요 동기 중의 하나도 친구관계 유지였다(Yang & Liu, 2017). 포켓몬을 잡기 위해 친구와 함께 시간을 보내고 같이 어울릴 수 있다는 점이 청소년기 게이머들이 이 게임을 즐기는 주요 동기였다.

모바일 게임이 확산되면서 혼자서도 즐기는 게임이 많이 출시됐지만, 여전히 청소년들은 친구들과 함께 어울리면서 게임을 즐기고 있다. 흥미나 성취욕구 못지않게 친구들과의 관계를 유지하는 것이 게임을 즐기는 중요한 동기가 되고 있는 것이다.

4. 게임에 뛰어든 여학생들

게임은 한동안 남학생의 전유물이라는 인식이 있었다. 실제 여러 통계조사에서도 남학생이 여학생보다 게임을 더 많이 하는 것으로 나타나고 있다. 하지만 스마트폰의 확산으로 모바일 게임이 증가하면서 게임를 즐기는 여학생들도 늘어나고 있다.

한국청소년정책연구원(2020b)이 초등학생 20명과 그들의 부모 20명을 인터뷰한 결과 여학생들이 게임을 즐기는 경우가 분명 있었다. 다음은 부모가 들려준 이야기다.

초등학교 1학년 때 딸에게 스마트폰을 사줬다. 집에서 먼 거리인 학교를 다녀 스쿨버스를 타야 해서 연락할 필요성 때문에 그렇게 했다. 저희 딸은 게임, 유튜브를 많이 보고 SNS나 틱톡은 거의 하지 않는다. 게임의 경우 마인크래프트, 피아노 어드벤처, 쿠키런이 기억난다. 초등학교 3학년 때부터 게임에 빠진 것 같다. (초등학교 5학년 여자아이 어머니)

저희 딸은 평일에는 거의 안 하는데 주말에는 제가 돌봐 주지 못해서 거의 하루 종일 하다시피 한다. 어몽어스에 빠져서 거의 남자애들만큼 게임에 엄청 빠져 있다. 그래서 평일에는 유튜브로 자기가 촬영하는 것에 하루에 1시간 정도 한다고 하면, 주말에는 제가 없으면 게임을 아침부터 저녁까지 하루 종일 하는 것 같다. 할머니집에 가 있으면 제가 제재를 못하고 할머니도 제재를 못하니까 하루 종일 한다고 볼 수 있다. 그런 점에서는 걱정이 많이 된다. 친구들이 유치원 때부터 다 남자애들이다 보니까 학교 갈 때부터 대화가 게임으로 시작해서 게임으로 끝나는 것 같다. (초등학교 2학년 여자아이 어머니)

초등학생 4학년~6학년 학생들이 온라인 게임이나 모바일 게임을 처음 시작한 시기는 초등학교 2학년(23.9%)과 3학년(25.4%)에 집중됐다(한국청소년정책연구원, 2020a). 남학생에 비해 여학생들의 경우 초등학교 입학 전과 초등학교 1학년 때 게임을 처음 시작했다고 응답한 비율이 적었다. 즉 남학생들이 여학생에 비해 비교적 일찍 게임을 시작한다고 볼 수 있다. 가정에서 적절히 미디어 이용을 지도

할 경우 초등학교 입학 전에 게임을 시작하는 비율이 적은 것도 눈에 띈다.

[표 4] 온라인/모바일 게임을 처음 시작한 시기

	사례수(명)	초등학교 입학 전	초등학교 1학년	초등학교 2학년	초등학교 3학년	초등학교 4학년	초등학교 5학년	초등학교 6학년
전체	(2,170)	14.9	17.9	23.9	25.4	11.7	4.9	1.3
성별								
남	(1,244)	17.6	20.4	23.9	24.2	9.8	3.6	0.5
여	(926)	11.3	14.6	24.0	26.9	14.3	6.6	2.3
학년별								
초4	(641)	16.6	28.3	32.6	22.5	0.0	0.0	0.0
초5	(679)	13.7	15.2	26.1	31.5	13.5	0.0	0.0
초6	(850)	14.5	12.2	15.6	22.7	19.2	12.5	3.2
경제 수준								
상위권	(452)	16.3	16.5	20.6	25.4	14.9	4.8	1.5
중상위권	(560)	10.7	18.7	27.5	23.3	12.6	5.5	1.7
중하위권	(673)	15.5	16.4	24.3	28.6	9.7	4.6	0.9
하위권	(207)	13.4	19.4	26.6	25.7	10.3	3.2	1.4
미디어이용 가정지도								
적절	(774)	13.2	17.0	23.2	25.2	13.8	6.1	1.5
보통	(938)	13.9	17.0	25.6	28.4	10.0	3.7	1.4
부적절	(210)	19.5	16.6	24.4	20.5	12.8	5.3	0.9
지역규모								
대도시	(849)	15.0	15.0	23.4	27.4	12.6	5.6	0.9
중소도시	(1,198)	14.6	18.9	24.8	24.7	11.3	4.3	1.3
읍면지역	(123)	16.4	28.8	19.1	17.6	9.6	5.5	3.0

비록 전체 연령대를 대상으로 조사한 결과이긴 하지만, 한국콘텐츠진흥원(2020)의 「게임 이용자 실태조사」도 여성들의 높은 게임참가율을 보여주고 있다. 전체 게임 이용자 가운데 모바일 게임 이용률은 91.1%로 높게 나타났다. 성별로 보면 남성 86.6%, 여성 96.2%로 드러나 여성이 오히려 모바일 게임을 더 많이 하는 것으로 조사됐다. 1주일에 6~7일 모바일 게임을 이용한다고 답한 경우, 남성은 45.7%, 여성은 43.3%로 나타나 큰 차이가 없었다. 안드로이드 기준 모바일 게임 유저도 남성 50.3%, 여성 49.7%로 거의 동일하였다(이준환, 2019). 특히 이용자들에게 슈팅게임이 인기를 끌었는데 이러한 현상은 성별로도 큰 차이가 없었다. 즉, 남녀 모두 비슷한 종류의 게임을 선호하는 현상이 나타나고 있는 것이다.

예전에는 게임이 남학생들이 주로 즐기는 놀이문화였지만, 현재는 손쉽게 빠른 시간에 즐길 수 있는 모바일 게임의 성장으로 게임이 남녀 모두가 즐기는 놀이가 되었다.

5. 부모의 게임 통제

게임은 청소년들에게 인기가 많지만, 부모의 입장은 다르다. 무엇보다도 부모는 게임의 유해성, 폭력성, 과몰입으로 비롯된 자녀의 정서적 문제를 우려한다(정재엽, 박형성, 안세희, 2020). 혹시라도 폭력적인 게임에 노출돼 난폭해지면 어떻게 될지 늘 노심초사한다. 따라서 어떤 식으로든 자녀의 게임 이용을 통제하려고 한다. 반면,

아이들은 부모가 자신들이 게임에 몰입하는 이유를 충분히 이해하지 못하고 있다고 생각한다(정재엽, 박형성, 안세희, 2020). 이러한 입장 차이 때문에 가정에서 자녀의 게임 이용과 관련한 갈등이 빈번히 발생하고 있다.

한국청소년정책연구원(2020a)의 조사에 의하면 부모가 아이들의 게임에 대해 어떤 태도를 가지는지를 알 수 있다. 많은 부모들이 평소 자녀가 얼마나 게임을 하는지 확인하고, 부적절하거나 폭력적인 게임은 되도록 허용하지 않는다. 특히 평소 자녀와 함께 게임을 즐기는 경우는 많지 않았고, 어떤 게임이 유익한지 알려주는 경우도 적었다. 게임이 일상화된 상황에서 무조건 못하게 하는 부모는 많지 않지만, 게임 이용시간을 정해 놓거나 자녀에게 해로운 게임은 규제하는 경향이 강하다.

[표 5] 게임에 대한 부모의 중재 방식

※ 각 문항은 5점 척도(1=전혀 그렇지 않다 ~ 5= 매우 그렇다)로 구성됨

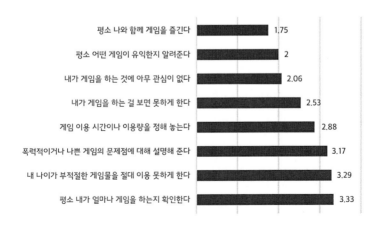

한국콘텐츠진흥원(2020)의 조사에서도 취학 자녀가 있는 부모들은 자녀의 게임 이용에 대한 대응방법으로 학업에 지장을 주지 않는 범위 내에서 허락하는 것(51.6%)을 가장 많이 꼽았다. 정해진 시간 내에서만 하게 한다는 대답도 43.0%에 달했다. 게임하는 것에 대해 그다지 신경 쓰지 않는다고 답한 비율은 3.9%에 그쳤다. 이러한 결과대로라면 많은 부모들이 자녀의 게임 이용에 신경을 많이 쓰고 있다는 것을 알 수 있다. 여전히 부모들은 자녀의 게임 이용이 학업을 방해하고 공부할 시간을 빼앗는다고 여긴다. 따라서 부모들은 학업에 지장을 주지 않는 선에서 자녀의 게임 이용을 통제하려고 하는 것이다. 이 때문에 학교숙제를 하거나 학원 공부를 끝내는 조건으로 게임을 허용하기도 한다.

청소년에게 게임이 일상화된 상황에서 게임을 못하도록 막기는 현실적으로 어렵다. 이 때문에 많은 부모들이 규칙을 정해 일정한 시간과 장소에서만 게임을 하도록 허용하고 있는 상황이다. 게임이 청소년들에게 인기를 끌수록, 게임에 대한 부모와 자녀의 신경전은 향후에도 지속될 것으로 보인다.

6. 청소년 게임몰입의 맥락 이해하기

게임은 이제 청소년들에게 가장 중요한 놀이문화이자 취미가 되었다. 특히 유튜브의 등장으로 게임에 관심을 가지는 청소년들이 점차 늘고 있다. 가정에서 청소년들이 게임을 못하도록 하는 것이

능사는 아닌 시대가 된 것이다. 하지만, 게임을 바라보는 부모와 자녀의 시각차는 여전히 크다. 아직도 많은 부모들이 게임을 학습에 방해되는 장애물로 생각하고 있다. 그래서인지 자녀가 어떤 게임을 하는지, 그 게임의 특성은 무엇인지를 잘 알지 못하고 있다.

자녀의 게임문화를 이해하기 위해서라도 부모는 최소한 자녀가 어떤 게임을 즐겨 이용하는지 알 필요가 있다. 또한, 요즘 청소년들에게 무슨 게임이 인기를 끄는지도 알고 있어야 자녀와 원만히 대화를 할 수 있다. 자녀가 좋아하는 게임이 뭔지 충분히 파악한 후 아이와 게임에 관해 이야기한다면 부모와 자녀의 소통은 더욱 원활해질 것이다.

한국언론진흥재단(2020)이 만 3세~9세 어린이 보호자를 대상으로 조사한 바에 의하면 부모가 아이에게 미디어를 허락하는 가장 큰 이유는 아이의 스트레스 해소와 보호자의 휴식이었다. 요즘 부모의 편의 때문에 자녀의 미디어 이용이 방치되는 경우를 주위에서 흔하게 볼 수 있다. 이러한 상황이 지속된다면 아이들은 계속해서 미디어에 의존하게 되고, 중독의 위험에 빠질 가능성이 크다. 부모의 적절한 지도와 개입은 이 때문에 꼭 필요하다.

예전에 싱가포르를 업무차 방문한 적이 있는데, 부모에게 게임을 가르치는 프로그램이 매우 인상적이고 흥미로웠다. 부모가 게임을 직접 체험하고 알아야 자녀에게 게임의 문제점에 대해 충분히 설명할 수 있다는 취지에서 이 같은 프로그램이 마련됐다는 것이다. 지금이라도 자녀가 좋아하는 게임을 배워 아이와 함께 게임을 해보자. 부모의 적절한 지도와 중재가 있어야 아이가 지나치게 게임에 몰두하는 것을 막을 수 있다는 것을 명심할 필요가 있다. 자제력이 부족한 청소년들의 경우 부모가 아무런 신경을 안 쓰면 게임에 중독되기 쉽다. 너무 방치하지는 말자는 것이다.

필자는 몇 년 전에 한국과 중국의 게임 이용실태를 비교한 적이 있다. 전 세계적으로 두 국가 청소년들의 게임중독이 심한 것은 흥미로운 점이다. 이러한 원인 중의 하나는 양 국가에서 공통적으로 나타나는 입시 위주의 교육과 지나친 학구열이다. 좋은 대학을 나와야 출세할 수 있다는 사고에 사로잡힌 부모들은 자녀의 교육에 많은 신경을 쓰게 되고, 학원비 등 사교육비를 많이 지출하게 된다. 입시 위주의 교육환경에서 자란 청소년들은 학년이 올라갈수록 과중한 학업 스트레스에 시달릴 수밖에 없다. 또한, 학업성적 등의 이유로 부모와의 갈등도 빈번히 겪을 수밖에 없다. 학생들은 게임을 통해 이러한 스트레스를 해소하는 것이다. 실제로 국내 청소년을 대상으로 한 연구에 따르면, 학교생활 과정에서 비롯된 스트레스와 가족 간의 관계에서 나타난 스트레스는 청소년의 온라인 게임중독과 사이버불링을 더욱 심화시키는 것으로 분석됐다(강상준, 양혜정, 2020).

미국이나 캐나다 등 선진국들과 달리 청소년들이 마음껏 뛰어놀고 여가를 즐길 수 있는 공간이 부족한 것도 청소년들이 게임에 몰입하는 주요 원인 중 하나다. 마땅한 여가활동 시설이 부족하다 보니 방과 후 스포츠활동이나 클럽활동이 상대적으로 활성화되지 못하고 있다. 이런 환경에서 자란 청소년들은 바깥 활동보다는 온라인 활동에 더 많은 시간을 쏟을 수밖에 없는 실정이다. 특히 코로나19

라는 팬데믹 상황은 청소년들이 게임에 더 몰입할 수밖에 없는 구조적 환경을 만들었다. 이러한 환경적 요인 외에도 부모와의 애착결핍이나 사회적 지지의 결여 등 청소년의 게임중독을 설명하는 요인들은 다양하다.

이처럼 청소년들의 게임과 관련된 다양한 사회구조적, 가정적 요인들이 존재한다. 이런 요인들을 고려하지 않고 청소년들의 게임문화를 논할 수는 없다. 결국 올바른 게임문화의 정립은 청소년들이 게임에 몰입할 수밖에 없는 환경을 이해하는 데서부터 출발한다고 볼 수 있다. 이와 더불어 디지털 시대의 환경에 부응하는 부모의 적절한 개입과 가정지도가 이뤄져야 한다.

이창호 ifsc334@nypi.re.kr

· 한국청소년정책연구원 선임연구위원
· 한국방송학회 영상미디어교육연구회장(현)
· <청소년에게 게임을 허하라> 등 다수 저서와 논문

부모들이 게임에 대해 걱정하는 것들

김지연

이 장에서는 디지털 게임의 부정적인 측면에 대해 이야기할 때 가장 대표적으로 언급되는 선정성과 폭력성에 대해 다루었다. 디지털 게임의 선정성과 폭력성은 많은 부모와 교사들이 가장 우려하는 것 중 하나임에도 불구하고, 그 내용과 종류, 그것이 미치는 영향에 대해 정확하게 이해하고 있지 못한 경우가 많다. 따라서 이 장에서는 디지털 게임의 선정성과 폭력성의 구체적인 내용과 종류를 다양한 사례들을 통해 살펴보고, 디지털 게임의 선정성과 폭력성이 작동하는 방식과 그것이 아동·청소년들을 포함한 게임 사용자들에게 미치는 영향에 대한 과학적인 연구 결과들을 설명하였다. 이를 통해 디지털 게임의 선정성과 폭력성으로부터 게임 사용자들을 효과적으로 보호할 수 있는 방법이 무엇인지를 함께 모색해보고자 한다.

1. 게임은 왜 그렇게 선정적이고 폭력적인가?

디지털 게임이 등장한 이후로, 선정성과 폭력성은 언제나 우려의 대상이었다. 특히, 디지털 게임이 아동·청소년들의 가장 주요한 여가활동으로 자리 잡은 이후로, 선정적이고 폭력적인 게임 콘텐츠는 중요한 사회적 문제로 부각되었다.

사실 미디어 콘텐츠의 선정성과 폭력성은 인터넷과 디지털 게임이 등장하기 전에도 항상 존재했던 문제이다. 인터넷과 디지털 게임 이전에는 TV 프로그램이나 영화, 음악과 같은 미디어 콘텐츠의 선정성과 폭력성이 문제가 되었고, 그보다 더 이전에는 소설이나 그림 등에 담긴 선정성과 폭력성이 문제가 되었다. 심리학자 Freud에 의하면, 성과 공격성(폭력)은 에로스Eros와 타나토스Thanatos로 지칭되는 인간의 본능적인 추동이다.

즉 사람들에게 성과 폭력은 근본적이고 가장 자극적인 관심사이다. 따라서 미디어 콘텐츠가 가지는 선정성과 폭력성은 어떻게 보면 아주 당연한 특성이라고도 할 수 있을 것이다. 특히 아동·청소년들은 미디어 콘텐츠의 선정성과 폭력성에 매료되기 쉽다. 선정적이고 폭력적인 미디어 콘텐츠는 충동적이고 자극 추구적인 아동·청소년들에게 매력적인 동시에, 미성년인 자신들에게 허락되지 않는 특별한 것들이며, 자신들이 선망하는 어른들의 전유물로 여겨지기 때문이다.

반면 어른들, 즉 기성세대들은 인터넷이나 디지털 게임과 같은 새롭고 낯선 기술들로 인해 발생하게 될 변화와 문제들에 대해 막연한 두려움을 가진다. 게다가 그러한 변화와 문제들이 보호해야 할 아동·청소년들에게 부정적인 영향을 미칠 가능성이 있다면, 기성세대들의 우려는 커질 수밖에 없다. 그동안 문제가 제기되었던 선정적이고 폭력적인 여러 게임 콘텐츠 사례들은, 기성세대들의 이러한 두려움과 우려가 일면 타당하다는 것을 보여 준다.

선정적이고 폭력적인 게임 : GTA의 사례

선정적이고 폭력적인 게임의 대표 격으로 여겨지는 사례는 〈Grand Theft Auto〉, 줄여서 〈GTA〉 시리즈다. 〈GTA〉는 게임 사용자가 범죄자가 되어 여러 미션을 달성해가는 일종의 범죄 액션 어드벤처 게임이다. 〈GTA〉 시리즈가 선정적이고 폭력적인 게임의 대명사가 된 것은 게임의 세계관과 게임 속 활동의 내용 때문이다. 〈Doom〉이나 〈Call of Duty〉와 같이, 〈GTA〉 시리즈보다 훨씬 잔혹하고 자극적인 장면을 사실적인 그래픽과 음향으로 생생하게 묘사한 게임은 많다.

그러나 그러한 게임들 대부분에서 공격의 대상이 되는 것은 좀비나 몬스터와 같은 가상의 존재이거나, 공격할 명분이 있는 적군이나 악인이다. 반면, 〈GTA〉 시리즈는 이러한 명분이나 사회적 규범에서 벗어나 일반 시민이나 경찰도 공격의 대상이 될 수 있다. 심지어 게임 사용자는 차량 절도, 은행 강도, 경찰이나 군대에 대한 공격 등 사회적으로 용인될 수 없는 행동을 게임 미션으로 수행해야 한다. 뿐만 아니라 시리즈 곳곳에서 특정 인종이나 집단의 사람들을 비하하는 표현이 등장하거나, 성폭력이나 성매매를 시사하는 장면들이 여과 없이 묘사되기도 한다.

물론 〈GTA〉는 아동·청소년을 대상으로 한 게임이 아니다. 또한 게임의 개발 의도가 사용자들에게 가상 세계에서 아무런 제약 없이 무엇이든지 할 수 있는 자유를 경험할 수 있도록 한다는 것이고, 게임의 배경과 내용도 사회 풍자적인 측면이 강하기 때문에 〈GTA〉 시리즈를 무조건 '나쁜' 게임으로 판단 내릴 수는 없다. 그럼에도 불구하고 게임 사용자들이 사회적 통념에서 벗어난 수준의 선정성과 폭력성에 노출될 수 있다는 측면에서 〈GTA〉 시리즈는 분명 논란의 여지가 있다.

대표적인 사례로 〈GTA〉 시리즈를 설명하였지만, 선정적이고 폭력적인 게임은 수없이 많고, 이러한 게임들이 많은 게임 사용자들에게 인기를 끌고 있는 것이 사실이다. 그렇다면 선정적이고 폭력적인 게임 콘텐츠들이 계속 생산되는 이유는 무엇일까?

왜 게임은 더 선정적이고 폭력적이게 되는가?

디지털 게임의 선정성과 폭력성이 점차 심화되고 있는 이유는 우선적으로 게임산업 내 경쟁이 점점 치열해지고 있기 때문이다. 2019년 전 세계 게임 시장 규모는 1,864억 9,100만 달러이고, 국내 게임 시장 규모도 15조 5,750억 원에 달한다. 또한 2019년 기준 국내 게임 제작 및 배급 업체는 900여 개가 넘으며, 2019년 한 해 동안 국내에서 제작 완료된 게임 건수는 458건이었다(한국콘텐츠진흥원, 2020). 해외에서 제작된 게임까지 포함하면 결국 하루에도 여러 편의 게임이 발매되며, 그중 소비자의 선택을 받은 일부의 게임을 제외한 나머지 게임들은 발매 사실조차 알려지지 못하고 사라지게 된다.

이렇듯 치열한 경쟁 상황 속에서 새롭게 개발, 출시되는 게임들의 일차적인 목표는 게임 콘텐츠의 품질을 향상시키거나 게임 내용의 의미와 가치를 추구하는 것이 아닌, 우선적으로 소비자의 눈에 띄고 관심을 끄는 것이 된다. 이러한 이유로 디지털 게임의 선정성과 폭력성은 점차 심화 되고, 게임 제품에 대한 광고는 더 자극적으로 과장되는 것이다. 선정적이고 폭력적인 게임 콘텐츠가 사용자들에게 인기를 끄는 이유도 마찬가지이다. 수많은 게임 중에서 몇 개만을 선택해야 하는 소비자의 관점에서, 게임 사용자들은 자연스럽게 좀 더 자극적인 게임 콘텐츠에 눈을 돌릴 수밖에 없다.

선정적이고 폭력적인 게임 콘텐츠가 증가하는 두 번째 이유는 여전히 게임 세계가 남성 중심의 세계라는 점이다. 실제 게임 이용률을 보면 남성이 73.6%, 여성이 67.3%로 10년 전과 비교했을 때 그 격차는 꾸준히 줄어들고 있으며, PC 게임 이용률은 남성이 53.3%, 여성이 29.5%로 아직 차이가 있다. 하지만 모바일 게임 이용률은 남성이 63.7%, 여성이 64.7%로 오히려 여성이 앞선다(한국콘텐츠진흥원, 2020). 이렇듯 여성 게임 사용자의 수가 급격히 증가하고 있음에도, 여전히 게임은 남성 개발자에 의해 남성 게임 사용자들을 위해 만들어진다(Martins et al., 2009).

실제 게임산업 종사자의 성별 분포를 보면, 남성이 70.3%, 여성이 29.7%로 남성 종사자가 여성 종사자에 비해 압도적으로 높다(한국콘텐츠진흥원, 2020). 또한 여전히 게임은 남성들의 놀이 문화라는 고정관념이 존재하고 있다. 때문에 게임의 내용과 설정은 전형적인 남성성을 추구하거나, 실제 그렇지 않더라도 남성 게임 사용자들에게 쉽게 소구할 수 있을 거라 여겨지는 선정적이거나 또는 남성적인 이미지를 추구하는 콘텐츠들이 계속 생산되게 된다.

선정적이고 폭력적인 게임 콘텐츠가 증가하고 이러한 게임 콘텐츠가 인기를 끄는 세 번째 이유는, 게임 콘텐츠가 가진 매체적 특성 때문이다. 디지털 게임 세계는 온라인 공간에 존재하는 가상의 세계로, 다른 온라인 공간들과 마찬가지로 익명성과 행동에 대한 탈억제 현상을 특징으로 한다(수브라맨얌, 슈마헬, 2014). 게임 사용자들은 익명성을 통해 자신의 연령, 성별, 지위 등과 상관없이 자유롭게 자신을 표현할 수 있으며, 사회적 규범에서 벗어나 그동안 드러내지 못했던 욕구를 보다 쉽게 표출하고 해소할 수 있다. 또한 게임 세계는 놀이 공간이기 때문에, 다른 온라인 공간에 비해 행동에 대한 탈억제가 좀 더 쉽게 일어난다. 이러한 게임 콘텐츠의 매체적 특성은 게임의 선정성과 폭력성을 강화시키는 역할을 한다.

이렇듯 게임산업의 경쟁이 심화되는 것과 동시에, 게임 문화의 특성과 게임 콘텐츠의 매체적 특성 때문에 디지털 게임의 선정성과 폭력성은 심화되고 있고, 이는 앞으로도 계속될 가능성이 높다. 지금부터는 디지털 게임의 선정성과 폭력성에 대해 좀 더 구체적으로 알아보고, 디지털 게임의 선정성과 폭력성이 아동·청소년들에게 어떤 영향을 미치는지에 대해 살펴보고자 한다.

2. 게임 콘텐츠의 선정성

게임 캐릭터의 선정성

게임 콘텐츠의 선정성은 캐릭터와 스토리의 측면으로 구분하여 살펴볼 필요가 있다. 캐릭터를 통한 선정성은 주로 여성 캐릭터 디자인에서 드러난다. 게임에서 여성 캐릭터를 디자인할 때, 캐릭터의 신체에 대한 시각적 묘사에 집중하는 경우가 많다. 즉 여성 캐릭터는 노골적으로 성적인 맥락으로 보이도록 디자인되고, 게임 안에서의 역할이나 능력치 등의 특성이 잘 드러나지 않거나 그와는 전혀 상관없는 외모로 디자인되는 경우가 많다.

이와 관련한 대표적인 사례가 지금은 서비스가 종료된 〈서든어택 2〉의 여성 캐릭터들이다. 넥슨이 개발한 FPS 게임 〈서든어택 2〉는 개발 당시 많은 관심을 받았지만, 노골적인 선정성과 부족한 완성도로 인해 출시 약 3개월 만에 서비스가 종료되었다. 〈서든어택 2〉에서 문제가 되었던 것은 여성 캐릭터들의 특정 신체 부위가 강조된 외모와 전투에 어울리지 않는 수영복 형태의 복장, 그리고 캐릭터가 사망했을 때 보여지는 선정적인 포즈와 표정 등이다.

또 다른 예로 모바일 게임 〈소녀전선〉의 사례가 있다. 〈소녀전선〉은 출시 당시 경미한 수준의 선정성으로 12세 이용가 등급을 받았지만, 출시 뒤 게임 사용자들이 '666 제조식'이라는 검열해제 코드를 실행할 경우 캐릭터의 복장이 속옷이 노출된 형태로 바뀌는 등, 선정적이고 자극적인 캐릭터 일러스트로 인해 등급이 재조정되었다. 그 외에도 선정성이 전혀 없어야 할 아동용 게임에서조차도 많은 여성 캐릭터들이 선정적이고 성적인 이미지로 디자인되는 경우가 많다.

디지털 게임에서 여성 캐릭터들이 선정적이고 성적인 이미지로 그려지는 것은 남성 중심의 게임 문화에서 게임 사용자들의 흥미와 관심을 이끌어내기 위한 목적도 있지만, 오히려 사회적으로 정형화된 여성과 남성에 대한 이미지와 고정관념을 반영한 것일 수도 있다. 실제 많은 디지털 게임에서 여성은 성적으로 묘사되거나 수동적이고 보호가 필요한 대상으로 그려지는 반면, 남성은 주도적이고 핵심적인 역할을 하며, 공격적인 모습으로 묘사된다(Fox & Bailenson, 2009). 그리고 게임 사용자들은 여성과 남성에 대한 이러한 고정관념에 근거하여 각 성별의 캐릭터들에 대한 인식을 형성한다(Dill & Thill, 2007).

그러나 최근에는 게임 캐릭터들이 고정화된 성 이미지로 디자인되는 것에 대한 비판이 활발히 제기되고 있으며, 노년의 여성 저격수라는 설정으로 디자인된 〈오버워치〉의 '아나' 캐릭터와 같이 실제 많은 게임 캐릭터들이 성별에 따른 고정된 이미지가 아닌 다양한 개성과 특성을 지닌 모습으로 디자인되고 있다.

게임 스토리와 광고의 선정성

게임 콘텐츠의 선정성은 캐릭터를 통해서도 나타나지만, 게임의 스토리와 설정에서 더 두드러지게 나타난다. 선정적인 스토리와 설정으로 문제가 된 게임은 매우 많다. 모바일 RPG 게임 〈왕이 되는 자〉는 2018년과 2019년에 국내 매출 상위 20위 안에 든 인기 있는 게임이다. 〈왕이 되는 자〉는 일부다처제 RPG 게임이라는 컨셉과 함께 선정적이고 가학적인 콘텐츠와 자극적으로 과장된 광고로 인해 문제가 되었다. 2020년 9월에 출시된 모바일 게임 〈아이들 프린세스〉도 선정적이고 비윤리적인 스토리와 설정으로 큰 논란이 되었다. 〈아이들 프린세스〉는 게임 사용자와 캐릭터를 부녀 관계로 설정하고, 다양한 정령 캐릭터를 수집, 육성하는 RPG 장르의 게임인데, 아동성범죄를 연상하게 하는 게임 내용과 캐릭터들의 과도한 노출 등이 문제가 되어 게임 사용자들에게 많은 비난과 항의를 받았다.

게임 캐릭터와 스토리의 선정성 문제와 함께 최근 사회적 문제로 부각된 것이 바로 선정적이고 자극적인 게임 광고이다. 많은 게임 광고들에서 여성을 성적 도구로 대상화하거나 여성에 대한 가학적이고 비윤리적인 행위를 당연시하는 모습 등이 무분별하게 그려지고 있으며, 더욱 큰 문제는 이러한 게임 광고들이 유튜브 등의 채널을 통해 아동·청소년들에게 무방비하게 노출되고 있다는 것이다. 이러한 문제는 초등학교 5학년 학생이 청와대 국민청원게시판에 관련 청원을 올릴 만큼 심각한 사회적 문제가 되고 있다.

선정적인 게임 콘텐츠의 영향

이렇듯 디지털 게임의 선정성 문제는 점차 심화, 확대되고 있지만, 선정적인 게임 콘텐츠가 게임 사용자에게 미치는 영향에 대한 과학적이고 체계적인 연구는 의외로 많지 않다. 연구의 수는 많지 않지만, 선정적인 게임 콘텐츠의 영향에 대한 연구들은 선정적인 여성 캐릭터 디자인이 성에 대한 남성들의 사고에 영향을 미칠 수 있고, 여성을 인격체가 아닌 성적 도구로 보도록 촉진하며, 이러한 영향은 여성에 대한 부정적인 고정관념을 증폭시킬 수 있다는 점을 공통적으로 시사하고 있다(Yao, Mahood, & Linz, 2010).

3. 게임 콘텐츠의 폭력성

폭력적인 게임 콘텐츠에 대한 우려

폭력적인 게임 콘텐츠에 대한 사람들의 두려움과 우려를 보여주었던 가장 대표적인 사례는 2007년 4월에 발생한 버지니아 공대 총기난사 사건이다. 이 사건은 범인인 조승희가 자신이 재학하던 버지니아 공대에서 학생과 교수들을 대상으로 총기를 난사하여 범인 포함 총 33명의 사망자와 29명의 부상자가 발생한 비극적인 사건이다. 주목할 점은 사건이 발생한 직후 수많은 전문가와 언론이 이 사건의 원인으로 폭력적인 게임을 꼽았다는 것이다. 대표적으로 FPS 게임 〈카운터스트라이크〉가 사건의 원인으로 추측되면서 큰 비난을 받았다. 그러나 조사 결과 조승희가 〈카운터스트라이크〉와 같은 게임들을 즐기지 않았다는 사실이 밝혀지면서, 사건의 원인으로 폭력적인 게임을 지적했던 목소리는 점차 줄어들게 되었다.

이 사례는 소위 게임세대가 보이는 공격성에 대해 얼마나 많은 사람이 쉽게 게임 탓을 하는지를 보여 준 예이다. 디지털 게임의 상당수가 잔혹하고 폭력적인 내용을 담고 있는 것은 사실이다. 그러나 폭력적인 게임 콘텐츠로부터 아동·청소년들을 보호하고 아동·청소년들의 공격행동을 예방하기 위해서는, 그 원인을 성급히 결론 내리기보다는 공격성 발달의 원인과 결과, 그리고 이에 폭력적인 게임 콘텐츠가 어떤 영향을 미치는지를 냉철하고 객관적인 시각을 가지고 세심하게 분석할 필요가 있다.

결론부터 말하자면 폭력적인 게임 콘텐츠는 폭력적인 행동을 야기하는 공격적 사고 및 신념과 관련성이 있다. 그러나 이러한 관련성이 곧 폭력적인 게임이 아동·청소년의 공격성 발달의 원인이라는 것을 의미하지는 않는다. 왜냐하면 공격성의 발달과 발현은 단일 원인에 의한 것이 아닌, 개인적 특성과 환경적 영향, 상황과 맥락이 복합적으로 상호작용한 결과이기 때문이다. 그럼에도 불구하고 폭력적인 게임 콘텐츠와 아동·청소년의 공격성의 관련성은 폭력적인 미디어 콘텐츠에 대한 우려를 가지게 한다.

폭력적인 미디어 콘텐츠에 대한 우려는 디지털 게임에만 국한된 것이 아니다. 폭력적인 미디어 콘텐츠와 그것이 아동·청소년들에게 미치는 잠재적인 영향에 대한 논쟁은 오랜 역사를 가지고 있다. 인터넷과 디지털 게임이 등장하기 이전에는 TV 프로그램과 영화, 음악 등의 전통적인 미디어 콘텐츠가 아동·청소년들의 공격성의 원인으로 꼽혔고, 그보다 이전에는 책이나 그림 등이 문제가 되었다.

폭력적인 미디어 콘텐츠의 부정적인 영향에 대한 우려는 계속 있어왔지만, 디지털 기술의 발달로 인해 사용자들이 폭력적인 콘텐츠를 접할 수 있는 미디어의 종류가 증가하였고, 폭력적인 콘텐츠에 대해 더 쉽고 빠르게 접근할 수 있게 되었으며, 콘텐츠를 경험하는 방식도 TV 시청과 같은 일방향적인 경험이 아닌 직접적으로 폭력 행위를 하거나 경험할 수 있는 양방향적이고 체험적인 측면이 강화되었기 때문에, 폭력적인 미디어 콘텐츠의 영향은 더 심각해졌을 가능성이 있다.

게임 콘텐츠의 폭력성의 종류

게임 콘텐츠의 폭력성은 개발자에 의해 제공된 게임 콘텐츠 자체가 가지고 있는 폭력성을 의미한다. 흔히 폭력적인 게임 콘텐츠라고 지칭되는 부분으로, 이는 게임 내용적인 측면, 표현적인 측면, 게임 행위의 측면으로 나누어 생각해볼 수 있다. 첫 번째로, 게임 내용적인 측면에서의 폭력성은 폭력적인 게임 주제와 스토리, 게임의 배경 설정 등에서의 폭력성을 의미한다. 예를 들어, 민간인 학살이 미션으로 주어지는 〈Call of Duty-MW〉의 노 러시안 미션이나 앞서 언급했던 〈Grand Theft Auto〉 시리즈의 세계관과 배경 설정 등이 이에 해당된다.

두 번째로, 표현적인 측면에서의 폭력성은 게임 안에서 공격행동이 이루어졌을 때 이를 시각적, 청각적으로 생생하고 사실적으로 묘사하는 것을 의미한다. 예를 들어, FPS 장르의 게임에서 상대편을 저격했을 때 혈흔이나 훼손된 신체를 사실적으로 표현하거나 공격 당시의 소리를 생생한 음향 효과로 표현하는 것 등이다.

세 번째, 게임 행위의 측면에서의 폭력성은 게임을 플레이하기 위해 필수적인 게임 활동이 폭력적인 특성을 띠는 것을 의미한다. 예를 들어, FPS 게임에서 상대편을 저격한다든지, RPG 게임에서 레벨을 올리기 위해 실제 동물과 유사한 모습의 몬스터를 사냥하는 경우 등을 의미한다. 이와 같이 게임 콘텐츠 자체가 가지는 폭력성은 아케이드 게임이나 콘솔 게임과 같이, 프로그램과 게임 사용자 간의 대결로 게임이 진행되는 싱글플레이어 게임에서도 존재했던 폭력성이라 할 수 있다.

폭력적인 게임 콘텐츠의 영향

폭력적인 게임 콘텐츠가 게임 사용자에게 미치는 영향에 대해서는 다양한 관점에서 비교적 많은 연구가 수행되었다. 이러한 연구들에 따르면, 폭력적인 게임 콘텐츠를 사용하는 것은 공격행동과 공격적 인지(공격적이고 적대적인 사고), 공격적 정서(분노와 좌절 등), 단기적인 생리적 각성(심박 수나 혈압 상승)을 증가시키는 동시에, 다른 사람들에 대한 도움행동을 감소시킨다고 한다(Anderson, Gentile, & Buckley, 2007; Anderson, 2004).

폭력적인 게임 콘텐츠에 대한 대부분의 연구들은 TV 프로그램이나 영화와 같은 미디어 콘텐츠에 대한 기존의 연구들의 연장선에서 이루어졌다. TV 프로그램이나 영화로 대표되는 전통적인 미디어 콘텐츠의 영향을 설명하는 가장 대표적인 이론은 미디어 효과 모델 Media Effect Model이다.

미디어 효과 모델은 미디어 콘텐츠가 사용자에게 일방적으로 영향력을 미치며, 사용자들은 미디어 콘텐츠의 영향을 일방적으로 받게 되는 수동적인 수용자라고 전제한다. 이러한 미디어 효과 모델을 지지한 실험이 바로 '보보인형 실험'이다.

보보인형 실험은 심리학자인 Bandura에 의해 시행된 실험으로, 실험에서 Bandura와 동료 연구자들은 보보인형이라 불리는 인형을 발로 차고 때리는 성인의 모습을 담은 영상을 제작한 뒤, 3-6세 아동들에게 해당 영상을 보여주고, 영상에 등장한 보보인형을 아동들에게 줬을 때 아동들이 어떤 반응을 보이는지를 관찰하였다 (Bandura, Ross, & Ross, 1963).

그 결과, 상당수의 아동은 영상에서 보았던 것처럼 보보인형을 발로 차고 때리는 등 높은 수준의 공격행동을 보였다. Bandura는 이러한 실험 결과를 토대로 아동·청소년들은 대중매체를 통해 폭력적인 행동을 관찰하고 학습할 수 있으며, 폭력적인 미디어 콘텐츠는 아동·청소년들의 공격성 발달에 영향을 미친다고 주장하였다.

물론 Bandura의 연구는 연구 결과를 해석하는 데 있어 논란의 여지가 있고, Feshbach와 Singer(1971)의 연구와 같은 반대되는 연구 결과에 의해 반박되기도 하였다. 그러나 Huesmann의 장기종단 연구를 포함하여 이후에 시행된 여러 연구들에 의해 아동기에 폭력적인 미디어 콘텐츠에 많이 노출될 경우 후기 아동기, 청소년기, 성인 초기 전환기에 공격성이 촉진될 수 있다는 것이 확인되었고, 적어도 폭력적인 TV 프로그램은 어린 아동들에게 강력하게 영향을 미치는 것으로 알려졌다(Huesmann, et al., 2003).

폭력적인 미디어 콘텐츠가 실생활에서의 공격성 발현에 미치는 영향을 설명하는 또 다른 이론은 Anderson과 Bushman의 일반 공격 모델General Aggression Model 이다(Anderson & Bushman, 2002). 이 이론은 미디어 콘텐츠를 통해 폭력을 목격했을 때 실생활에서의 공격성이 증가하게 되는 요인을 세 가지로 설명하고 있다.

첫 번째 요인은 상황변수들이 갖는 집합효과collective effect이다. 미디어 콘텐츠를 통해 폭력을 목격했을 때 작동하는 여러 상황변수들은 서로 다른 심리적 과정을 통해 공격성에 영향을 미친다. 폭력적인 미디어 콘텐츠는 공격행동을 하는 방법을 알려주고, 사용자들은 관찰과 모방을 통해 이를 학습하게 된다. 그리고 학습한 공격행동을 실제 행했을 때 심리적 이득이나 물리적인 보상이 발생한다면 그 공격행동은 계속 유지되고, 더욱 강화되게 된다.

두 번째 요인은 점화효과priming effect이다. 점화효과란 우리가 특정 자극이나 정보를 받아들일 때 이미 활성화된 인지적 범주로 해당 자극과 정보를 해석하고 판단하게 되는 현상을 의미한다. 즉 폭력적인 게임 콘텐츠를 사용했을 때 우리는 공격적인 인지적 범주를 활성화하게 된다. 이후 어떤 정보나 자극을 접하게 되었을 때 해당 정보와 자극이 공격성과 크게 관련이 없더라도, 폭력적인 게임 콘텐츠를 통해 이미 활성화된 공격적인 인지적 범주로 그 정보와 자극을 공격적으로 해석하게 된다는 것이다.

세 번째 요인은 높은 생리적 각성 수준과 공격적 반응 성향이다. 폭력적이고 자극적인 게임 콘텐츠에 의해 유발된 자극은 게임 사용자의 공격적 반응 성향과 생리적 각성 수준을 높이게 되고, 이러한 경험이 반복되면 폭력적 자극에 대한 민감성이 높아져 폭력적이지 않은 자극에도 정서적으로 과잉 반응을 하거나 공격적 반응을 보이는 경향성이 높아진다는 것이다.

이와 같이 많은 연구들이 폭력적인 게임 콘텐츠가 미치는 부정적인 영향에 대해 이야기하고 있지만, 이와 반대되는 결과를 제시하는 연구들도 많다. 대표적으로 Ferguson 등의 연구에서는 폭력적인 게임 콘텐츠와 공격적인 사고와 행동 간에 연관성이 발견되지 않았다(Ferguson & Reuda, 2010; Ferguson et al., 2008; Williams & Skoric, 2005). 이렇게 일관되지 않은 연구 결과들을 고려했을 때, 폭력적인 게임 콘텐츠와 공격성 간의 관계에 대해서는 좀 더 신중하게 판단할 필요가 있다.

4. 게임의 또 다른 폭력성 : 폭력적인 상호작용

인터넷과 디지털 기술의 발달로 MMORPG나 MOBA 장르의 게임들과 같이 사용자 간의 경쟁과 협력, 상호작용 등이 게임 플레이에서 큰 비중을 차지하는 게임들이 등장하면서, 디지털 게임의 폭력성은 좀 더 복잡한 양상으로 작동하고 있다. 즉 게임 콘텐츠의 폭력성뿐만 아니라 예전의 아케이드 게임이나 콘솔 게임과 같은 싱글플레이어 게임에서는 존재하지 않았던 게임 사용자 간 상호작용에 의한 폭력성이 새롭게 나타나게 된 것이다.

폭력적인 상호작용의 유형

게임 사용자 간 상호작용에 의한 폭력성은 게임 안팎에서 다양한 형태로 발생한다. 그 종류를 살펴보면, 우선 가장 대표적인 형태가 플레이어 킬링/플레이어 킬러PK이다. PK는 게임 안에서 플레이어가 다른 플레이어에게 가하는 폭력으로 정의될 수 있는데, 〈리니지〉와 같은 전통적인 MMORPG 게임에서 매우 흔하게 나타났던 형태이다.

이와 관련하여 PK 킬링이라는 또 다른 형태의 공격행동이 있는데, PK 킬링은 PK를 행한 게임 사용자에 대한 보복이나 제재로 가해지는 공격행동이다. 트롤링Trolling은 PK보다 좀 더 다양한 형태로 일어나는 공격행동으로, 다른 게임 사용자들을 괴롭히기 위해 의도적으로 게임 활동을 방해하거나 도발하는 행동 등을 의미한다.

지금까지 설명한 PK, PK 킬링, 트롤링 등이 게임 캐릭터를 이용하여 행해지는 폭력성이라면, 채팅창이나 보이스 채팅을 통해 이루어지는 욕설이나 비하 발언과 같은 언어폭력, 성차별적 언행이나 성희롱 등의 게임 내 성폭력, 특정 게임 사용자를 개인적으로, 또는 집단적으로 괴롭히는 게임 내 사이버불링cyber bullying, 그리고 다른 사용자의 캐릭터나 아이템 절도 등은 게임 안팎에서 벌어지는 또 다른 형태의 폭력성이다.

폭력적인 상호작용이 미치는 영향

앞서 설명하였듯이 관련 연구 결과들이 일관되지 않고 개인의 다양성과 맥락의 효과를 고려하지 못했다는 한계점 때문에 폭력적인 게임 콘텐츠가 공격성에 미치는 부정적인 영향에 대해서는 쉽게 결론을 내릴 수 없다. 하지만 부정적이고 폭력적인 상호작용의 부정적인 영향은 매우 분명하며, 그 효과가 클 것으로 예상된다. 폭력적인 게임 콘텐츠의 부정적인 영향과 게임 사용자 간의 폭력적인 상호작용의 영향을 직접적으로 비교하는 것은 적절하지 않겠지만, 우리의 일상적인 경험들을 생각해봤을 때 상식적인 수준에서 어떤 영향이 더 직접적이고 클 것인지는 예상해볼 수 있다. 예를 들어, 많은 전쟁 영화들은 전쟁의 참혹함을 표현하기 위해 매우 잔혹하고 폭력적인 장면들을 사실적으로 그린다. 그러나 대부분의 관객들은 전쟁 영화를 본 뒤 전쟁의 참상에 대한 두려움이나 슬픔 등의 감정을 느끼지, 공격적인 생각과 폭력적인 행동이 촉발되지는 않는다. 반면, 길을 걷다 낯선 사람에게 예상치 못하게 폭행을 당하거나 모욕을 당했다면 우리는 큰 충격을 받을 것이며, 그 효과는 매우 클 것이다.

디지털 게임 안팎에서 벌어지는 폭력적인 상호작용과 그 영향에 대한 연구들은 매우 적지만, 이와 관련된 몇 가지 의미 있는 연구결과들이 있다. Adachi와 Willoughby는 게임 안에서 발생하는 공격행동의 주요 원인이 게임 콘텐츠의 폭력성이 아닌 게임이 가지는 경쟁체계 때문이라고 주장한다(Adachi & Willoughby, 2011). 이들의 주장은 Anderson과 Morrow(1995)의 실험에 의해 일부 검증되었다.

이 연구에서는 액션게임인 〈슈퍼마리오 브라더스〉를 대상으로, 게임을 플레이할 때 다른 실험 참가자들과 경쟁하는 상황과 협력하는 상황, 두 가지 다른 상황에서 실험 참가자들이 보인 공격행동을 측정하였다.

그 결과 경쟁 조건의 실험 참가자들이 협력 조건의 실험 참가자들에 비해 게임을 플레이할 때 공격행동을 더 많이 보였다. 이 실험에서 사용된 〈슈퍼마리오 브라더스〉는 폭력적인 특성이 약한 게임이기 때문에, 이 실험 결과는 게임 콘텐츠의 폭력성보다는 게임을 플레이할 때 경험하게 되는 경쟁 상황이 게임 사용자의 공격성의 원인이 된다는 결론을 내릴 수 있게 해준다.

한편, Schmierbach(2010)는 폭력성을 가지고 있는 FPS 게임 〈헤일로〉를 대상으로 게임의 경쟁체계와 게임 사용자의 공격성의 관련성을 연구하였다. Schmierbach는 Anderson과 Morrow의 실험과 유사하게 솔로모드, 경쟁모드, 협력모드에서 각각 게임을 플레이한 실험 참가자들의 공격적 인지 수준(공격적이고 적대적인 사고의 수준)을 측정하였고, 그 결과 경쟁 상황에서 게임을 플레이한 참가자의 공격적 인지 수준이 가장 높은 반면, 협력 모드에서 게임을 플레이한 실험 참가자의 공격적 인지 수준이 가장 낮았다.

또 다른 연구들에서는 폭력적인 미디어 콘텐츠가 아닌 온라인 공간에서의 좌절 경험과 온라인 활동의 리셋reset 가능성이 사용자들의 공격성을 촉발한다고 주장한다. Barker 등이 주장한 좌절-공격 가설frustration-aggression hypothesis은 좌절 경험이 분노를 유발하고, 그 분노가 공격적인 행동을 일으킨다고 본다(Barker, Dembo, & Lewin, 1941). 더불어 로그아웃이나 탈퇴 등을 통해 온라인 공간과 활동을 언제든지 쉽게 중단하고 새로 시작할 수 있다는 온라인 활동의 리셋 가능성은 게임 사용자들이 더 쉽게 부적절하고 공격적인 행동을 할 수 있게 하는 원인이 된다.

즉 이러한 연구들은 다른 사용자들과 상호작용하며 게임을 이용하는 동안 사용자들이 경험하는 좌절과 더 쉽고 빈번하게 나타나는 폭력적인 상호작용이 폭력적인 미디어 콘텐츠보다 더 중요한 공격성의 원인이 될 수 있다고 주장한다. 이러한 연구 결과들은 디지털 게임에서 경험되는 폭력적인 상호작용과 그 영향에 대해 충분히 설명해주고 있지는 않지만, 적어도 폭력적인 게임 콘텐츠만큼 게임에서의 폭력적인 상호작용도 우리가 주의 깊게 들여다보고 연구해야 할 연구주제임을 알려준다.

5. 게임의 선정성과 폭력성에서 우리를 보호하는 법

디지털 게임에 대한 균형 잡힌 관점

부모나 교사뿐만 아니라, 우리 사회 전반에서 디지털 게임의 선정성과 폭력성에 대해 우려하는 것은 어떻게 보면 매우 당연한 일이고, 또 필요한 일이다. 안타까운 점은 디지털 게임에 대해 갖는 우려에 비해 기성세대들이 디지털 게임과 게임 문화에 대해 알고 있는 것이 많지 않다는 것이다. 특히 아동·청소년을 자녀로 둔 부모들에게 자녀의 게임 이용 및 이와 관련된 자녀와의 갈등은 너무도 어렵고 중요한 문제지만, 실제 자녀가 이용하는 게임이 무엇인지, 게임 안에서 어떤 활동을 하며 무엇을 경험하는지, 그리고 게임 이용에 어떤 위험과 이득이 있는지에 대해 정확히 알고 있는 부모는 많지 않다.

선정성과 폭력성과 같은 디지털 게임의 부정적인 영향으로부터 우리를 효과적으로 보호하기 위해서는 우선적으로 디지털 게임에 대해 잘 알고, 게임 경험과 그 영향에 대해 이해할 수 있어야 한다. 그리고 이를 통해 디지털 게임에 대해 객관적이고 균형 잡힌 관점을 가져야 한다. 디지털 게임에 대한 균형 잡힌 관점이란, 디지털 게임을 이용함으로써 얻게 되는 이득과 위험, 양쪽을 모두 잘 이해하고 디지털 게임과 게임 문화에 대한 구체적이고 통합적인 관점을 갖는 것을 의미한다.

디지털 게임의 선정과 폭력성을 균형 잡힌 관점에서 이해하는 데 있어 몇 가지 고려해야 할 문제들이 있다. 그 첫 번째는 선정적이고 폭력적인 게임 콘텐츠가 모든 사람들에게 동일한 영향을 미치는가에 대한 것이다. 실제 게임 콘텐츠의 영향은 개인의 특성에 따라, 환경적 영향에 따라, 그리고 개인이 처한 상황과 맥락에 따라 아주 다르게 작동한다. 예를 들어, 다른 사람에 비해 좀 더 공격적인 기질 특성을 가진 사람들은 다른 사용자들에 비해 폭력적인 게임 콘텐츠의 영향을 훨씬 많이 받는다(Slater, et al., 2003).

또한 개인이 겪는 모든 주관적인 경험은 그 경험을 어떻게 정의하고 해석할 것인지에 따라 효과가 달라진다. 예를 들어, MMORPG 게임 〈리니지〉에서 불특정 다수의 게임 사용자에 대한 PK가 문제가 되었는데, 당시 PK를 당한 게임 사용자들 중 일부는 PK 경험을 폭력의 피해자가 된 매우 불쾌한 경험으로 인식했던 반면, 또 다른 게임 사용자들은 새롭고 재미있는 경험으로 받아들였다. 이와 같은 맥락에서 선정적이고 폭력적인 게임 콘텐츠는 모든 게임 사용자들에게 반드시 동일한 경험으로 인식되는 것이 아니며, 어떤 게임 콘텐츠가 선정적이고 폭력적으로 보이더라도 그것이 실제 게임 사용자에게 그렇게 받아들여지고 부정적인 효과를 발휘할 것인지는 다른 문제이다.

디지털 게임에 대한 균형 잡힌 관점을 갖기 위해서는 게임 사용자에 대한 환경적 영향과 사회적 맥락도 고려할 필요가 있다. 실험실에서 이루어지는 많은 게임 연구들은 게임 사용자들의 사회적 맥락을 충분히 반영하지 못한다는 한계가 있다. 실험실에서와 달리 아동·청소년들이 실제 게임을 이용할 때는 혼자보다는 또래 친구들과 같이 게임을 플레이하는 경우가 대다수이며, 심지어 부모와 함께 게임을 플레이하는 경우도 있다. 이러한 경우 선정적이고 폭력적인 게임 콘텐츠의 부정적인 영향은 감소하거나 상쇄될 수 있으며, 설사 게임 세계 안에서 부정적인 경험을 하더라도 효과적인 대처를 통해 오히려 배움과 성장의 기회로 삼을 수도 있다. 이러한 측면들을 고려했을 때 디지털 게임의 선정성과 폭력성이 작동하는 방식은 단순하지 않으며, 개인에 따라, 환경에 따라, 상황과 맥락에 따라 그 영향은 달라질 수 있다.

두 번째로 생각해볼 문제는 부모와 교사, 그리고 우리 기성세대들이 자기중심적인 관점에서 아동·청소년들의 게임 이용을 바라보고 있지 않은지에 대한 문제이다. 선정적이고 폭력적인 게임 콘텐츠에 대한 우려의 목소리는 대부분 앞서 설명한 미디어 효과 모델이나 일반 공격 모델을 근거로 한다. 그런데 앞서 설명했듯이 많은 연구들에서 미디어 효과 모델이나 일반 공격 모델과는 상반된 연구 결과들이 나타나고 있다. 미디어가 사용자에게 미치는 영향을 설명하는 또 다른 이론인 대중매체 이용과 충족 이론(Blumler & Katz, 1974)에 근거한 연구들에서는 폭력적인 미디어 콘텐츠로 인해 사용자의 공격성이 증가했다는 증거는 발견되지 않고, 공격적인 성향이 높은 사용자들은 그렇지 않은 사용자들에 비해 폭력적인 미디어 콘텐츠를 더 많이 이용한다는 사실이 확인되었다. 즉 폭력적인 미디어 콘텐츠가 사용자들의 공격성을 촉진하는 것이 아니라, 공격적인 성향을 가진 사용자들이 자신의 욕구를 충족하기 위해 폭력적인 미디어 콘텐츠를 적극적으로 이용한다는 주장이다. 한편, 선정적이고 폭력적인 미디어 콘텐츠가 오히려 긍정적인 효과를 발휘할 수 있다고 주장하는 연구도 있다. Feshbach와 Singer(1971)는 폭력적인 미디어 콘텐츠를 이용하는 것은 오히려 카타르시스를 통해 폭력적인 욕구를 해소할 수 있도록 해줌으로써 실생활에서의 사람들의 공격성을 감소시킬 수 있다는 카타르시스 이론을 주장하였다.

MMORPG 장르의 게임들과 같이 게임 사용자 간 상호작용이 강조된 경우, 이러한 게임 특성이 게임의 선정성과 폭력성을 감소시킨다는 주장도 있다. 최근 개발된 게임들은 게임 사용자 간의 협력과 공동체 활동을 기반으로 게임 활동이 구성된 경우가 많으며, 경험치가 축적되고 캐릭터 레벨이 올라갈수록 보다 복잡한 공동 활동과 게임 사용자 간 협력을 요구하는 게임 설정도 보편화 되었다. 많은 연구자들은 집단을 기반으로 한 게임 내 협력적인 문화가 디지털 게임의 폭력적인 측면과 그 영향을 상쇄시킬 수 있다고 주장한다.

또한 문화적 관점에서 디지털 게임을 연구하는 연구자들은 디지털 게임은 인터랙티브 디지털 미디어라는 측면에서 TV 프로그램이나 영화와 같은 전통적인 미디어와 전혀 다른 속성을 가지고 있다고 주장한다. Greenfield(1984)는 인터랙티브 디지털 환경에서의 디지털 미디어 경험을 설명하기 위해 공동 구성 모델Co-construction model을 제안했다.

이 이론에 따르면 사용자가 일방적으로 영향을 받는 수동적인 시청자의 역할을 하게 되는 TV나 영화와 다르게, 인터랙티브 디지털 환경에서 사용자들은 자신이 경험하는 디지털 환경을 공동으로 구성하는 주체가 된다. 예를 들어, 디지털 게임 사용자들은 피드백을 통해 자신이 플레이하는 게임의 내용이나 설정을 수정하도록 게임 운영사에 요구하기도 하고, 오픈소스나 모딩을 통해 새로운 게임 세계를 창조하기도 한다. 또한 레이싱 게임인 〈카트라이더〉에서 역주행을 하는 게임 사용자처럼, 게임 개발자가 의도하지 않은 자기만의 방식으로 게임의 속성과 내용, 게임 활동을 재구성하기도 한다. 이렇게 사용자에 의해 공동 구성되는 인터랙티브 디지털 환경에서는 디지털 게임의 선정성과 폭력성이 모든 사용자들에게 동일하게 정의되지 않는다. 즉 어떤 게임 콘텐츠가 선정적이고 폭력적인 콘텐츠가 될 것인지는 게임 사용자의 인식과 활동, 경험에 의해 결정된다.

이렇듯 디지털 게임의 선정성과 폭력성을 이해하고 설명하는 이론은 매우 다양함에도 불구하고, 디지털 게임에 대한 기성세대의 시각은 여전히 전통적인 미디어 효과 모델에 편중되어 있다. 디지털 게임을 바라보는 균형 잡힌 관점을 갖기 위해서는 우선 나 자신이 어떤 관점에서 디지털 게임을 이해하고 있는지를 점검하고, 게임에 대한 고정관념이나 편견으로 인해 잘못 이해하고 있는 부분은 없는지, 객관적인 사실보다 아동·청소년들에 대한 기대와 욕심에 근거해서 디지털 게임을 바라보고 있는 것은 아닌지를 되돌아볼 필요가 있다.

디지털 게임에 대한 객관적이고 균형 잡힌 관점을 가지기 위해서는 디지털 게임에 대한 공부가 필요하다. 이는 아동·청소년을 포함한 게임 사용자들에게도 해당되지만, 이들을 보호하고 교육해야 할 부모와 교사에게도 필수적이다. 디지털 게임은 다양화되고 있고, 기술적으로도 끊임없이 진화하고 있다. 텍스트 기반이었던 게임은 어느새 그래픽 기반의 2D 게임에서 3D 게임으로 진화하였고, 현재는 VR 게임이 큰 인기를 끌고 있다. 지금까지의 게임에 대해 충분히 잘 알고 이해하더라도 디지털 게임의 발달에 따라 새로운 지식을 배우고 게임 활용 역량, 즉 게임 리터러시를 끊임없이 높일 필요가 있다.

게임의 선정성과 폭력성의 영향으로부터 우리를 보호하는 방법

디지털 게임과 관련된 문제가 발생했을 때 게임 탓만 하거나, 무조건적으로 게임 이용을 규제하는 것은 게임과 관련된 부정적인 문제들을 해결하는 데 도움이 되지 않는다. 디지털 게임은 다른 미디어들과 마찬가지로 어떻게 사용하는지에 따라 긍정적인 역할을 하기도 하고, 부정적인 영향을 미치기도 한다.

아동·청소년들이 디지털 미디어를 사용하면서 보내는 시간이 너무 많다고 해서 그들이 예전에 비해 더 위험해졌다고 말하기는 어렵다. 중요한 것은 게임을 포함한 온라인 공간이 얼마나 위험한 공간인지가 아니라, 아동·청소년들이 온라인과 오프라인에서 자신의 안전을 스스로 지킬 수 있도록 해주는 것이다. 디지털 게임의 선정성과 폭력성으로부터 우리를 보호하기 위해 활용할 수 있는 네 가지도구는 교육, 기술, 사회 규범, 법률이다(팰프리, 가서, 2010).

첫째, 교육은 디지털 게임을 이용하면서 우리가 겪을 수 있는 위험과 얻을 수 있는 이득이 무엇인지를 정확히 알고 이해하는 것이다. 디지털 게임을 이용하면서 게임 사용자들이 겪을 수 있는 위험 중의 하나는 준비가 안 된 상태에서 유해한 콘텐츠에 노출되면서 받게 되는 정신적 피해다. 물론 오프라인에도 동일한 위험은 존재하지만, 온라인 공간에서는 연령에 상관없이 모든 사용자들이 선정적이고 폭력적인 콘텐츠에 보다 쉽게 접근할 수 있으며, 대부분의 경우 어른의 감독이나 보호 없이 스마트폰이나 노트북과 같은 개인화된 미디어를 통해 그러한 콘텐츠에 노출될 수 있다는 점에서 차이가 있다.

또 다른 차이점은 오프라인에서는 야한 책이나 폭력적인 비디오를 대여, 구입하는 등의 의도적인 행동을 통해 선정적이고 폭력적인 콘텐츠를 접하게 되는 경우가 대부분이라면, 온라인에서는 사용자의 의도와 상관없이 선정적이고 폭력적인 콘텐츠에 강제로 노출되는 경우가 다수 있다는 점이다. 앞서 이야기했듯이, 이러한 위험으로부터 아동·청소년들을 보호하기 위해서는 부모와 교사들이 실제로 온라인 공간에서 어떤 일들이 벌어지고 있는지를 정확히 알고, 실질적인 디지털 미디어 활용능력, 즉 디지털 미디어 리터러시 역량을 키워야 한다. 그리고 이를 바탕으로 아동·청소년들에게 온라인과 오프라인 공간에서 안전하게 생활하는 데 필요한 기술들을 가르치고 지도해야 한다.

두 번째, 기술적 조치들이다. 특정 사이트에 대한 차단 프로그램과 같이 아동·청소년들을 선정적이고 폭력적인 미디어 콘텐츠로부터 보호하기 위해 사용할 수 있는 비교적 간단한 기술적 조치들이 있다. 그리고 개선할 점이 있지만, 게임을 선택하는 데 있어 최소한의 안전장치로 활용할 수 있는 게임 등급 분류 제도도 있다. 이러한 기술적인 또는 시스템적인 조치들은 비록 완벽하지는 않더라도 선정적이고 폭력적인 미디어 콘텐츠로부터 아동·청소년들을 보호하는 가장 기본적인 방법이다.

세 번째는 건강하고 안전한 디지털 게임 이용을 위한 사회적 규범을 마련하고 건전한 게임 문화를 조성하는 것이다. 디지털 게임을 사용하면서 아동·청소년들이 직면하게 될 위험을 최소화하려면 게임 이용과 관련된 바람직한 사회 규범을 마련하고 이를 아동·청소년을 포함한 게임 사용자들과 공유하는 것이 매우 중요하다. 다행스러운 점은 게임 사용자들이 자신을 보호할 수 있는 방법을 스스로 개발하고 있으며, 이러한 방법들을 서로 공유하고 있다는 점이다. 예를 들어, 게임 안에서 성희롱을 당했을 때의 행동 요령을 서로 알려 주거나 비매너 게임 사용자에 대한 정보를 게임 커뮤니티를 통해 공유해 추가 피해를 막는 등의 방식이다.

네 번째는 디지털 게임의 선정성과 폭력성으로부터 우리를 보호할 수 있는 실질적이고 효과적인 법률의 제정과 적용이다. 여기에서 이야기하는 법률의 제정과 적용은 셧다운제와 같이 게임 이용을 규제하거나 제한하는 방식을 의미하는 것이 아니다. 그보다는 디지털 게임 내에서 발생할 수 있는 위험을 사전에 예방하고, 피해가 발생했을 때 가해자를 적절하게 처벌하며, 피해자를 효과적으로 구제할 수 있는 법률의 제정과 적용을 의미한다. 예를 들어, 2016년경부터 국내에서 〈오버워치〉와 〈리그 오브 레전드〉를 중심으로 제기되었던 게임 내 성폭력 문제는 적용할 수 있는 법률의 부재와 게임 운영사의 안일한 대처로 인해 여전히 해결되지 않고 있는 문제이다.

6. 관심을 인정하고 다가가는 법

디지털 게임의 선정성과 폭력성으로부터 아동·청소년들을 보호하는 방법에 대해 교육, 기술, 사회 규범, 법률의 측면에서 살펴봤지만, 무엇보다 중요한 것은 부모와 교사, 그리고 우리 기성세대가 아동·청소년들에게 문제가 생겼을 때 믿고 의논할 수 있는 대상이 되어야 한다는 것이다.

아동·청소년들이 스스로 선정적이고 폭력적인 미디어 콘텐츠를 멀리할 것을 기대하거나, 디지털 미디어의 위험으로부터 아동·청소년들을 완벽하게 보호할 수 있다고 믿는 것은 사실 비현실적인 믿음이다. 오프라인에서도 그러하듯이, 아동·청소년들은 언제든 유해한 미디어 콘텐츠와 위험한 사회적 상호작용에 노출될 수 있다.

따라서 우리는 아동·청소년들이 그러한 것들에 의해 피해를 입었을 때 두려움이나 걱정 없이 편하게 의논하고 도움을 요청할 수 있는 분위기를 조성해주어야 한다. 이를 위해서는 우선 아동·청소년들이 이용하는 디지털 게임이나 온라인 활동에 대해 무조건적으로 거부하거나 부정적으로 평가하는 태도를 버리고, 아동·청소년들이 좋아하는 것들에 관심을 가지고 인정해줄 필요가 있다. 왜냐하면 사람들은 자신이 좋아하는 것들에 대해 나쁘게 평가하는 사람과 해당 주제를 이야기하길 원하지 않기 때문이다.

또한 앞서 언급했듯이, 부모와 교사, 기성세대들은 디지털 게임과 문화에 대해 적어도 아동·청소년만큼, 더 나아가 그들보다 더 잘 알고 활용할 수 있어야 한다. 그래야 아동·청소년들이 믿고 따를 수 있는 안내자의 역할을 할 수 있을 것이며, 선정적이고 폭력적인 게임 콘텐츠와 위험한 사회적 상호작용으로부터 아동·청소년들을 효과적으로 보호할 수 있을 것이다.

김지연 jeeyeonkim@iscu.ac.kr

· 서울사이버대학교 상담심리학과 교수
· 위즈덤센터 연구위원(전)
· <디지털 시대의 청소년 읽기>, "디지털 게임에서의 성적 괴롭힘 피해 경험에 대한 질적 연구 : 근거이론을 적용하여" 등 다수 저서와 논문

게임 DIY:
게임을 만듦으로
배울 수 있는 것들

이동훈

'게임 DIY'는 게임 개발 경험이 없는 비전문가 개인에 의한 게임 창작 활동이다. 본 글에서는 '게임이라는 제품'이 산업에 미치는 경제적 가치나 '게임하기'로 파생되는 다양한 사회문제에 대한 논의 대신, '게임 만들기'라는 창작 활동과 관련된 여러 사안을 살펴봄으로써, 이를 통해 우리가 배울 수 있는 것들을 고찰한다. 주요 내용을 요약하면 다음과 같다. 먼저 아마추어 게임 창작자들의 제작 사례, 재미를 넘어 게임이 사용되는 다양한 용례, 그리고 교육과 기술의 측면에서 게임이 가지는 가치를 살펴봄으로써 게임 제작자가 아닌 일반인이 게임을 만들어야 하는 이유에 대해 고찰한다. 다음으로 게임을 창작하는 데 필요한 기술 이해를 위하여 절차적 수사학이라 불리는 게임만이 가진 고유한 매체적 특징과 게임을 구성하는 다양한 테크놀로지를 살펴본다. 마지막으로 초보자가 쉽고 빠르게 게임 창작에 입문하는 데 필요한 실용적인 지침을 제시한다.

1. '게임 DIY'의 의미

우리가 사용하는 물건을 스스로 제작하는 것을 일컬어 'DIY Do It Yourself'라고 한다. 협의적으로 DIY는 반제품 상태의 제품을 구매해 직접 조립하거나 제작하도록 가공된 DIY 상품을 의미한다(시사상식사전, 2020). 광의적 의미에서는 소비자가 자신이 원하는 형태로 물건을 스스로 만드는 모든 창작 및 제작 활동이다.

위키피디아 Wikipedia의 정의에 따르면 DIY는 서브컬쳐의 문화적 전통과 맥을 같이 한다. 예를 들어 대형 음반제작사를 거치지 않고, 밴드가 직접 음악을 레코딩하고, 음반을 제작하여 저가의 공연을 통해 관중과 직접 소통하는 1970대 펑크 운동 Punk Movement, 가정용 복사기를 통해 특정 주제에 대한 글과 사진을 소규모 자가 출판하는 진 Zine의 등장 등이 서브컬쳐로서의 DIY 활동 또는 DIY 운동이라 볼 수 있다(Wikipedia, 2020).

사실 우리는 이미 많은 것을 DIY하고 있다. 최근 메이커 운동을 통해 전 세계적으로 이루어지는 아날로그 기반의 다양한 창작 활동에 많은 사람들이 참여하고 있다. 인터넷 환경상에서 블로그나 SNS를 통한 글쓰기, 일상생활 속에서의 낙서, 사진 찍기, 동영상 촬영 및 배포 등의 활동 역시 미디어 프로슈머 prosumer로서 자신의 생각을 표현하는 훌륭한 DIY 활동이다.

그렇다면 아주 복잡한 제작 공정과 전문 지식, 그리고 많은 인력과 시간이 투입되어야 한다고 알려진 비디오게임의 창작 또한 DIY가 가능할까? 다시 말해 게임 창작에 관해 아무런 지식이 없는 일반인이 게임을 만들 수 있을까? 위키피디아에서는 서브컬처로서 DIY의 활동 내에 게임을 '독립 게임 개발Independent game development', '게임 모딩game modding'이라 규정하고 있다(Wikipedia, 2020). 게임 DIY의 범주를 이 두 가지로 한정 지은 것에 대해서는 심도 있는 고찰이 필요하다. 하지만 이와 별개로 비전문가인 소비자에 의해서도 창작이 가능한 매체로 게임을 포함하고 있음은 분명하다.

본 글에서는 '게임이라는 제품'이 산업에 미치는 경제적 가치나 '게임하기'로 파생되는 다양한 사회문제를 논의하지 않는다. 대신 '게임 만들기'라는 창작 활동과 관련된 여러 사안을 살펴봄으로써, 이를 통해 우리가 배울 수 있는 것들을 고찰한다. 더불어 일반인이 게임 창작에 입문하기 위해 필요한 실용적인 정보를 제시하고자 한다.

2. 필요로서의 게임 DIY : 우리는 왜 게임을 만들어야 하는가?

게임을 만드는 일반적인 이유는 게임물이라는 구체적인 제품을 생산하여 판매 또는 배포를 통해 수익을 창출하기 위함이다. 그렇다면 게임 제작자가 아닌 일반인이 왜 게임을 만들어야 하는가? 우리가 게임 만들기에 관심을 두어야 할 이유는 무엇일까?

게임 만들기의 즐거움
: 이미 많은 Z세대는 게임을 DIY하고 있다

많은 Z세대가 자발적으로 비디오게임을 적극적인 창작의 형태로 소비하고 있다. 특히 이미 존재하는 게임을 변용하는 창작 행위는 오래전부터 플레이어들 사이에 있어 온 유희 활동이었다. 자기 나름에 맞게 게임상에 존재하는 파라미터를 변용하는 핵HACK, 플레이어 스스로 완성된 게임을 수정해서 새로운 게임으로 만드는 모드MOD, 상용 게임에 포함된 툴킷을 이용해 영화나 애니메이션을 만드는 머시니마MACHINIMA 등이 대표적인 예이다. 이러한 기존 작품의 변용은 원 창작자의 작품을 기반으로 한 이차 창작 활동으로, 순수 창작물로서의 독창성은 없다고 생각할 수 있다. 하지만 현대 미술에서는 기존의 디지털 게임의 개입과 기술적 변형의 시도를 예술 실천의 한 유형으로 보고 그 가치를 인정하고 있다.[32]

이에 반해 자작게임으로 불리는 순수한 게임 창작은 게임개발자 지망생과 하드코어 플레이어들에 의해 주도되었다. 특징으로는 첫째, 게임 개발 기술을 전문적으로 배우지 않고 독학에 의해 만들어진다. 둘째, 주로 청소년층에 의해 주도된다. 셋째, 플래시Adobe Flash나 RPG메이커와 같은 비교적 손쉬운 저작도구를 이용해 개발된다. 마지막으로 만들어진 창작물은 인터넷 카페 등을 통해 유통된다. 이러한 창작물은 주로 간단한 게임 메커니즘을 구현한 모작

---

32 그 예로 백남준아트센터와 독일의 카를스루에 미디어아트센터가 공동 기획한 <뉴 게임플레이> 전시에서는 "해킹/테크놀로지의 변형" 섹션을 통해 '아날로그' 해커로서의 백남준이 시도한 기술적 개입에 주목하며, 이와 함께 기존의 디지털 게임에 개입하거나 기술적 변형을 시도한 다양한 게임 작업들을 선보였다(백남준아트센터, 2016).

이 다수를 차지하며, 상업용 게임에 비해 미완성의 품질을 띠는 경우가 많다.

게임의 변용과 모작이 하드코어 게임 플레이어에 의해 주도된 점은 그들이 게임을 플레이하는 것에서 벗어나 자신만의 게임물을 소유하고자 하는 욕망으로 해석된다. 이러한 특징은 게임이라는 매체가 지닌 고유한 특성에 기인하는데, 비디오게임의 참여자는 기존 미디어들과 같이 주어진 텍스트를 수동적으로 해석하는 존재가 아니라 그것으로 어떤 행동을 하는 능동적 존재이기 때문이다(박근서, 2011). 즉 게임이 제공하는 높은 수준의 능동성과 상호작용이라는 특징은 다양한 형태의 게임의 변용과 모작을 일으키는 원인으로 작동한다.

이렇듯 게임개발자와 지망생이 아닌 플레이어라는 게임 소비자에 의해 게임 DIY는 폭넓게 이루어지고 있다. 이는 '게임하기'만큼 '게임 만들기'가 재미로서의 가치를 지님을 시사한다.

게임으로 플레이어를 설득하기

게임에 참여하는 플레이어는 게임을 플레이함으로서 재미를 얻고자 한다. 하지만 게임은 재미를 넘어선 다양한 경험을 제공할 수 있는 매체적 잠재력을 지닌다. 예를 들어 우리는 비디오게임을 이용하여 플레이어가 일상적인 세계를 새로운 방식이나 다른 방식으로 보도록 만들 수 있다. 즉 비디오게임을 만듦으로 세계가 돌아가는 방식에 대한 의견을 내놓고, 설득하는 것이다(Bogost, 2010). 많은 게임개발자가 전통적인 게임의 용도를 뛰어넘어 자기표현의 예술 도구로서 개인의 경험과 은밀한 감정을 표현하고, 사회 문제를 다

루며, 문화적 가치를 전달하기 위해 게임을 개발한다.[33]

퍼스널 게임 우리는 하루하루 살아가며 느낀 생각과 감정을 글이나 그림, 사진 등으로 남기는 데 익숙하다. 일기를 쓰기도 하고, 작은 수첩을 몸에 지니고 생각나는 바를 기록한다. 개인 홈페이지나 블로그, SNS 등의 디지털 매체를 통해 세상과 소통하기도 한다. 비디오게임 또한 기존에 존재하는 전통적인 매체 형태로 창작되고 소비될 수는 없을까? 다시 말해 창작자의 생각과 감정을 글을 쓰듯, 그림을 그리듯 표현하고, 그 결과물을 사람들과 공유하는 수단으로 적극적으로 활용할 수 있지 않을까?

퍼스널 게임, 퍼스널 아트, 아트 게임 등의 이름으로 분류되는 게임들은 자기표현을 위한 매체, 예술 도구로서의 게임물을 지칭하는 용어다. 예를 들어 뉴욕 모마MOMA에 소장되어, 퍼스널 게임을 이야기할 때 가장 많이 언급되는 제이슨 로러Jason Rohrer의 〈여정 Passage〉은 5분 미만의 짧은 이야기이다. 제이슨 로러는 그의 친구가 죽었을 때의 감정을 게임으로 표현하였다.

게임의 화면은 가로로 길게 구성되어 있으며, 주인공의 위치를 중심으로 좌우의 방향은 과거와 미래의 시간 축을 표상한다. 주인공은 불확실한 미래를 향해 이동하며 사랑하는 사람과의 재회, 추억, 슬픔 등의 감정을 경험한다. 이 게임의 마지막은 주인공의 죽음으

---

33 '진지한 게임Serious Games', '뉴스게이밍newsgaming', '교육적 게임educational games', '다큐게이밍docugaming', '형성적 게임Transformative Games', '응용 게임Applied Games', '설득적 게임Persuasive Games', '가치있는 놀이Values at Play', '인스피레이션 게임Inspiration Game' 등은 이러한 시도를 개념화하기 위한 용어들이다(Frasca 2004, 이정엽 2018).

로 끝을 맺는다. 항암 투병 중인 어린 아들을 양육하며 느낀 경험을 어드벤처 게임 형식으로 표현한 〈댓 드래곤, 캔서That Dragon, Cancer〉, 창작자가 마주하는 슬럼프와 고통을 페이크 다큐멘터리 형태로 풀어낸 〈더 비기너스 가이드The Beginner's Guide〉 또한 퍼스널 게임의 대표적 사례다.

퍼스널 게임의 창작자는 게임을 새로운 예술적 표현을 위한 매체로 인지하고, 자신을 제품이 아닌 작품을 만드는 작가 또는 예술가로 지칭한다. 이러한 퍼스널 게임의 창작 정신을 가장 잘 보여주는 사례는 창작집단 테일 오브 테일즈Tale of Tales의 '실시간 예술 선언Realtime Art Manifesto'(Harvey A. and Samyn M. , 2006)을 통해 확인할 수 있다.

현실비판 게임 우리는 사회적 이슈에 대해 보다 적극적으로 의견을 개진하기 위한 방편으로 게임을 창작할 수 있다. 그릭 드 퓨터Greig de Peuter는 그의 저서 〈제국의 게임Games of Empire〉에서 현실 비판적 게임을 전술적 게임Tactical Games으로 명명한 바 있다(Peuter, 2009). 전술적 게임은 2000년 이후 지금까지 특정한 의도를 가진 활동가 집단에 의해 만들어진 게임으로 주로 온라인을 통해 공개되었다. 이러한 시도는 대부분 초보적 수준의 실험이었으나, 게임이 하나의 전술적인 매체로 활용 가능함을 증명하였다. 대표적인 예로는 9·11 테러의 이면을 조명한 〈9월 12일September 12th〉, 이스라엘의 군사전략을 비판한 〈레이드 가자Raid Gaza〉, 미국의 경제위기의 원인으로 거대 기업의 최고경영자들을 신랄히 비판한 〈트리리언 달러 베일아웃Trillion Dollar Bailout〉 등이 있다.

그리고 가장 조직화 된 전술적 게임을 생산하는 집단으로는 이탈리아 밀라노의 미디어 활동가 집단인 몰레인더스트리아 Molleindustria가 있다. 그들은 노동의 문제를 다룬 〈타마티피코 tamatipico〉, 〈터보플렉스Turboflex〉, 〈맥도날드 비디오게임 McDonald's videogame〉, 성의 문제를 다룬 〈오르가슴 시뮬레이터 Orgasm Simulator〉, 〈퀴어 파워Queer Power〉, 종교의 문제를 다룬 〈파파파롤리베로Papaparolibero〉, 〈오퍼레이션: 페도프리스트 Operation: Pedopriest〉 등 사회적으로 민감한 이슈를 게임의 소재로 삼았다(Ludovico, 2007).

국내의 경우 정부 기관의 감시와 억압을 소재로 삼은 〈레플리카〉와 성과주의 사회에서의 윤리적 판단 문제를 범죄수사와 연계한 〈리갈던전〉, 2015년 네팔 대지진을 다룬 〈에프터 데이즈〉, 일본군 성노예제를 다룬 〈웬즈데이〉, 제주 4·3사건을 소재로 한 〈언폴디드: 동백이야기〉 등이 있다.

게임 만들기를 통해 미래사회 적응하기

게임 만들기를 통해 얻을 수 있는 다양한 지식과 경험은 미래사회를 이해하고 적극적으로 동참하기 위해 매우 필요한 역량이다. 이는 게임 만들기가 가진 교육적 가치, 미래 기술의 총아로서의 게임의 위상을 통해 설명 가능하다.

창의융합 교육으로서의 게임 만들기 게임을 이루는 기본요소는 크게 미적요소Aesthetics, 메커니즘Mechanics, 스토리Story, 기술

Technology로 나눌 수 있다(Schell, 2019). 미적요소는 게임월드를 조성하는 시각적 외양으로 플레이어를 게임에 견인하는 가장 매력적인 요소로 작용한다. 메커니즘은 게임이 작동하는 규칙과 절차로 게임 시스템과 플레이어 간의 상호작용을 정의한다. 스토리는 게임의 배경 설정과 갈등을 정의함으로써 플레이어에게 게임을 플레이할 당위성을 제공한다. 마지막으로 기술은 소프트웨어로서의 비디오 게임이 구동하기 위한 IT 제작기법이다. 따라서 하나의 게임을 만든다는 것은 예술(미적요소), 인문학(메커니즘, 스토리), 공학(기술)의 총체적 결합이다.

이러한 게임의 특성은 과학기술 분야STEM : Science, Technology, Engineering, Mathematics에 인문학적 소양과 예술적 감성Arts을 결합한 스팀STEAM교육에 게임이 적극적으로 활용될 수 있음을 의미한다. 크라이텍Crytek, 유비소프트Ubisoft, 킹King, 세가Sega 등 다양한 글로벌 게임 기업이 지원하는 영국의 10대 대상 게임 개발 대회인 YGD, 140여 개에 달하는 게임 개발 프로그램을 운영하고 있는 미국의 STEM 교육 사례 등 게임은 이미 해외에서 융합교육의 수단으로 다양하게 활용되고 있다(박상범, 2017). 우리나라의 교육현장에서도 게임 만들기를 창의 컴퓨팅 STEAM 교육에 활용하는 사례가 점차 늘어가는 추세이다. 따라서 게임 만들기는 게임개발자의 전유물이 아니라 컴퓨팅 사고 증진을 위한 효과적인 교육 수단이다.

미래 기술의 포식자, 게임 새로운 기술, 그중 ICT 기술의 융합으로 이루어지는 4차산업혁명의 핵심 기술들은 대부분 게임과 직간접적으로 연계되어 있다. 때로는 새롭게 등장한 기술이 게임에 적용되기도 하고, 게임을 구성하는 기술들이 엔터테인먼트 분야를 넘어선 다양한 산업분야에 적용되기도 한다. 게임은 가장 많은 대중에게 영향을 미치는 매체이자, 기술의 가능성을 확인할 수 있는 테스트베드이기 때문이다.

게임은 가상 및 증강현실 분야에서 가장 큰 시장을 형성하고 있다. 3차원의 가상세계의 조성과 참여자 간의 상호작용이라는 근본이 되는 핵심기술이 공유되기 때문이다. HMD, 데이터 글러브와 같은 새로운 컴퓨팅 인터페이스는 가장 먼저 게임 콘텐츠를 통해 대중과 만난다. 또한 게임 환경은 AI의 데이터 수집과 학습을 위한 최상의 가상 실험실로 활용된다. 실시간 전략게임RTS은 복잡한 현실세계만큼의 수많은 변수와 복잡도를 지니고 있다. 따라서 게임을 잘하는 AI의 개발은 가장 중요한 연구주제이기도 하다. 그 외 게임상에 존재하는 에이전트NPC의 행동모델링은 이미 오래전부터 AI를 활용한 게임의 중요기술이었다.

다음으로 새로운 기술이 등장할 때 기술에 대한 개념과 가능성을 대중에게 이해시키기 위해 게임이 사용된다. 〈포켓몬 GO〉의 흥행으로 대중은 AR 기술을 알게 되었다. 국내에서 AI에 대해 선풍적인 관심을 가지게 된 계기도 알파고와 이세돌 간의 대결이 결정적이었다. 클라우드, 블록체인 등 새로운 미래 기술의 등장은 곧이어 클라우드 기반 게임, 블록체인 기반 게임 등으로 이어진다.

마지막으로 게임 창작의 기반기술은 게임을 넘어서 다양한 산업분야에 적용되고 있다. 게임 제작에 사용되는 게임엔진은 교육, 건설, 자동차, 조선업 등 다양한 산업에 활용된다. 게임에서 사용되는 실시간 렌더링 기술의 발달은 극사실적인 디지털 휴먼, 실시간 애니메이션, 영화 특수효과 등의 기술의 패러다임을 변화시키고 있다.

따라서 게임을 만드는 과정에서 익히게 되는 기술은 비단 게임 개발에만 사용되는 지식과 경험이 아니다. 게임의 기술은 4차산업혁명 시대의 기술들의 집합체로 미래 기술을 견인해 나갈 것이다.

3. 게임 창작 기술 알아보기

게임을 구성하는 본질

게임을 만들고자 하면 먼저 게임이라는 매체가 지닌 고유한 특성에 대한 이해가 선결되어야 한다. 소위 '절차적 수사학procedural rhetoric'이라고 표현되는 게임의 매체적 특징은 규칙과 상호작용을 통해 플레이어를 게임의 세계로 참여시키는 게임만의 고유 특징이다.

게임이 다른 창작 행위와 유사한 점 하나의 미디어를 다른 미디어에서 표상하는 것을 재매개Remediation라고 부른다(볼터, 2006). 재매개는 새로운 디지털 미디어의 독특한 특징으로 게임은 재매개의 극한이다(도영임, 2019). 게임의 역사를 살펴볼 때, 게임은 발전할 때마다 다른 매체를 하나씩 흡수해 왔다. 스포츠를 모방하여 단순한 동작만 반복했던 구조는 문학, 미술, 영화, 사진, 음악, 연극 등 기존의 예술 형식을 차례로 흡수했으며, 이를 통해 게임의 외연이 넓어지기 시작했다(도영임, 2019). 재매개를 통해 게임에 포함된 요소를 극적 요소라고 한다. 이는 게임이 지닌 고유한 형식적 요소를 의미 있는 경험으로 바꾸어 게임플레이에 맥락을 부여하는 장치에 주로 사용된다. 극적 요소의 주요한 도구로는 도전, 플레이, 전제, 캐릭터, 스토리, 세계구축, 서사구조 등이 있다(Fullerton, 2018). 하지만 이러한 극적 요소만으로 게임을 구성할 수 없다. 게임은 다른 미디어와 구별되는 고유한 수사학을 지니고 있기 때문이다.

게임이 다른 창작 행위와 다른 점 회화가 이미지로서 사물을 경험하는 것이라면, 비디오게임은 규칙을 가진 시스템으로 사물을 경험한다. 게임과 일반 매체와의 가장 큰 차이점은 비디오게임이 가진 형식 기계로서의 특징이다. 게임의 형식적 요소란 게임의 구조를 형성하는 것이다. 플레이어, 목표, 진행방법, 규칙, 리소스, 갈등, 경계, 결과 등의 형식 요소를 통해 창작자가 조성한 세상은 시뮬레이션으로 동작한다. 다시 말해 게임 창작자는 플레이어가 경험하는 세계와 그 작동 방식을 주관적 견해에 따라 절차적으로 표현해야 한다. 게임의 핵심적인 창작 기술은 여기에 있다. 즉 게임 창작자의 역할은 즐겁게 놀 수 있는 상황을 만드는 것이다.

[표 1]은 트레이시 풀러턴Tracy Fullerton에 의해 제시된 게임의 형식적 요소를 구성하는 각 항목을 개략적으로 정리한 것이다(Fullerton, 2018).

[표 1] 게임의 형식적 요소

형식요소	내용
플레이어	게임은 플레이어를 위해 디자인된 경험이다. 플레이어는 게임이 조성하는 규칙을 암묵적으로 받아들이고 그 경계 안에서 플레이를 수행한다. 게임을 창작하기 위해서는 먼저 플레이어의 참여 구조를 설계해야 한다. 참여 구조에는 게임 플레이어의 수, 플레이어의 역할, 플레이어 간의 관계(협력, 경쟁 등), 플레이어 상호작용 패턴이 있다.
목표	목표는 플레이어가 성취하려고 노력하는 대상이다. 목표는 어렵지만 성취할 만한 것으로 도전을 제공할 뿐 아니라 게임의 분위기를 결정한다.
진행방법	진행방법은 플레이하는 방법이자 플레이어가 게임 목표를 달성하기 위해 취할 수 있는 행동이다. 대부분의 게임에서 제공되는 진행 방법 유형에는 시작행동, 진행행동, 특수행동, 종료행동이 있다. 보드 게임의 경우 보통 규칙설명서를 통해 진행방법을 제공한다. 그러나 비디오게임에서는 플레이어가 컨트롤을 통해 진행방법을 습득한다.
규칙	게임 개체와 플레이어가 할 수 있는 행동의 정의는 규칙을 통해 결정된다. 게임의 개체는 규칙을 통해 현실 세계의 개체와 완전히 다른 고유의 상태와 의미를 지닐 수 있으며, 행동을 제한하거나 결과를 결정하는 것 또한 규칙에 의해 결정된다.
리소스	게임에서 리소스는 현실 세계와 마찬가지로 어떤 목적을 이루기 위해 사용할 수 있는 자산을 의미한다. 게임 창작자는 어떤 리소스를 얼마나 제공할지, 그리고 플레이어의 리소스 이용을 언제 어떻게 통제할지 결정해야 한다. 대표적인 게임 리소스에는 생명, 유닛, 체력, 게임머니, 행동, 파워업, 인벤토리, 특별 구역, 시간 등이 있다.
갈등	갈등은 플레이어가 게임의 규칙과 경계 안에서 게임의 목적을 달성하려 노력할 때 발생한다. 게임 창작자는 플레이어가 목적을 직접 달성하도록 허용하지 않는 규칙, 진행방법, 상황을 이용하여 갈등을 디자인한다. 게임에서 발생하는 갈등의 전형적인 세 가지 요인으로는 장애물, 경쟁 상대, 딜레마가 있다.
경계	경계는 게임과 게임이 아닌 모든 것을 구분한다. 경계는 경기장의 가장자리, 운동장, 게임 보드처럼 물리적일 수도 있고, 게임을 플레이하겠다는 사회적 동의처럼 개념적일 수도 있다.
결과	플레이어가 계속 주의를 기울이게 만들려면 게임 결과가 불확실해야 한다. 일반적으로 불확실성은 측정 가능하고, 계속되는 플레이의 부분 결과를 통해 불확실성을 해소해 간다. 많은 게임 시스템의 경우 승자가 결정되면 게임이 종료된다.

게임 창작 기술의 이해

게임을 창작하기 위해 필요한 기술에는 어떠한 것이 있을까? 국가직무능력표준NCS에서는 게임 콘텐츠제작의 직무를 총 31개의 능력단위로 구분하고 있다(국가직무능력표준, 2018). 이는 큰 범주에서 게임 프로그래밍(10개), 게임 그래픽 및 사운드(12개), 게임 기획 및 운영·서비스(9개)로 나눌 수 있다. 각 능력단위별 세부단위 요소만 따지더라도 91개이다(표 2, 3, 4는 각 대분류별 능력단위에 대한 정의 및 세부 능력단위 요소를 요약한 것이다). 이는 실로 어마어마한 숫자로 한 사람에 의해 숙달될 수 있는 기술로 볼 수 없으며, 게임 DIY를 위해서는 열거한 모든 능력이 필요한 것도 아니다. 그러므로 주요 기술을 구체적으로 소개하는 것은 큰 의미가 없다. 하지만 게임 창작 기술이 포괄하는 전체 기술에 대한 대략적 이해는, 대규모 상업 게임이 제작되기 위해서 어떠한 전문가 집단의 협업이 필요한지를 간접적으로 보여준다.

비전문가의 입장에서는 기술 의존도가 높은 게임의 특성이 게임 창작에 입문하는 가장 큰 장벽으로 다가온다. 하지만 기술 기반의 창작물에서 기술은 그저 창작에 필요한 하나의 도구일 뿐이다. 기술의 숙련도나 얼마나 최신의 고급 기술을 사용하였는지 여부가 게임의 가치를 결정짓지 않는다.

따라서 기술을 두려워하지 말자. 게임에 필요한 기술의 발전만큼, 게임 만들기를 보다 손쉽게 할 수 있는 기술도 더불어 발전하고 있다. 기술에 대한 이해가 없더라도 거대 자본이 들어간 기술집약적인 게임보다 훨씬 플레이어에게 즐거움을 주는 게임을 만들 수 있다.

다음 장 '게임 DIY를 위한 실용적 지침'에서는 게임엔진을 활용해 초보자가 쉽고 빠르게 게임을 만들기 위한 방법을 제시할 것이다.

[표 2] 게임 프로그래밍 기술(국가직무능력표준, 2018)

능력단위	능력단위 정의	능력단위 요소
게임 알고리즘	효율적인 게임 흐름을 만들기 위해 수학, 물리적 지식을 적용하여 최적화된 자료구조를 선택 및 적용하는 능력	게임 수학 적용
		게임 물리 적용
		게임 자료구조 구현
		게임 알고리즘 구현
게임엔진 응용 프로그래밍	상용으로 판매하는 게임 엔진과 저작도구를 활용하여 게임을 제작하도록, 상용 게임엔진 활용하기, 상용 게임엔진 응용 프로그래밍, VR 게임 프로그래밍을 할 수 있는 능력	상용 게임엔진 활용
		상용 게임엔진 응용 프로그래밍
		VR게임 프로그래밍
게임플랫폼 응용 프로그래밍	사용자 측의 게임 구동이 가능한 플랫폼에서 게임이 원활하게 작동하도록, 플랫폼 개발환경을 구축하고, 플랫폼 응용 프로그램을 설계하며, 플랫폼 응용 프로그램을 구현할 수 있는 능력	플랫폼 개발환경 구축
		플랫폼 응용 게임 설계
		플랫폼 응용 게임 프로그래밍
게임 UI/UX 프로그래밍	사용자의 이용 행태와 트렌드 및 기술환경을 분석하고 새로운 사용자 경험(UX) 모델을 제시하여 이를 현실화시킬 수 있도록, 게임 UI/UX 설계하기, 게임 UI/UX 요소 프로그래밍, 게임 UI 프레임워크 프로그래밍을 할 수 있는 능력	게임 UI/UX 설계
		게임 UI/UX 요소 프로그래밍
		게임 UI/UX 응용 프로그래밍
게임 인공지능 프로그래밍	컴퓨터가 대체할 수 있는 사고 기능인 인공지능을 분석하고 인공지능 프로그램을 설계하며, 이를 구현하는 능력	인공지능 분석
		게임인공지능 설계
		게임인공지능 프로그래밍

능력단위	능력단위 정의	능력단위 요소
게임 그래픽 프로그래밍	게임의 구성요소를 컴퓨터 그래픽스를 이용하여 시각적으로 보여주기 위해 2D그래픽 요소와 3D그래픽 요소 그리고 다양한 렌더링 효과를 보여주는 셰이더를 설계하고 구현하는 능력	셰이더 프로그래밍
		이펙트 프로그래밍
게임 데이터베이스 프로그래밍	컴퓨터에 저장된 게임 데이터들을 여러 응용 프로그램들이 공유할 수 있도록 통합, 저장, 관리하는 것. 게임 데이터베이스를 설계하고, 데이터 입출력처리와 질의문을 작성하며, 데이터를 관리하는 프로그램을 구현하고 유지보수 할 수 있는 능력	게임 데이터베이스 설계
		게임 데이터베이스 프로그래밍
		게임 데이터베이스 응용 프로그래밍
게임 웹 프로그래밍	소켓 네트워크 통신이 아닌 http프로토콜을 사용하여 비동기식의 캐주얼 게임과 웹 게임을 운영하도록 백엔드 단의 게임 웹서비스 설계, 현 및 서비스 응용 프로그램을 구현하는 능력	게임 웹서비스 설계
		게임 웹서비스 프로그래밍
		게임 웹서비스 응용프로그래밍
게임 네트워크 프로그래밍	온라인게임 뿐만 아니라 플랫폼 독립적으로 유무선 네트워크를 통하는 게임의 서버 컴퓨터에서, 게임이 원활하게 운영되도록 게임 서버 시스템 설계, 네트워크 프로그램 구현 및 게임 서버 응용 프로그램을 구현하는 능력	게임 서버 시스템 설계
		서버 네트워크 프로그래밍
		C/S모델 클라이언트 네트워크 프로그래밍
		P2P모델 클라이언트 네트워크 프로그래밍
		게임 서버 응용 프로그래밍
게임 클라이언트 프로그래밍	설정된 게임 세계의 배경 위에서 서로 상호작용하는 캐릭터와 오브젝트들의 규칙과 이벤트를 구현하는 능력	캐릭터 프로그래밍
		지형 프로그래밍
		이벤트 프로그래밍

[표 3] 게임 그래픽 및 사운드 기술(국가직무능력표준, 2018)

능력단위	능력단위 정의	능력단위 요소
게임 3D 캐릭터 제작	캐릭터 원화 디자인을 3차원 그래픽으로 표현하기 위해 그래픽 소프트웨어를 활용하여 캐릭터의 3차원 형태를 모델링하고, 색상과 질감을 표현하는 텍스쳐 맵핑을 제작하는 능력	3D 캐릭터 제작 설계
		3D 캐릭터 모델링
		3D 캐릭터 맵핑
게임 3D 배경 제작	배경 원화 디자인을 3차원 그래픽으로 표현하기 위해 그래픽 소프트웨어를 활용하여 배경의 3차원 형태를 모델링하고, 색상과 질감을 표현하는 텍스쳐 맵핑을 제작하는 능력	3D 배경 제작 설계
		3D 배경 모델링
		3D 배경 맵핑
게임 UI 그래픽디자인	게임의 구조와 사용자 요구를 분석하여 UI/UX 기획을 바탕으로 시인성과 사용성이 고려된 레이아웃 디자인으로 인터페이스 리소스를 제작하는 능력	게임 UI 구상
		게임 UI 리소스 제작
		게임 UI 레이아웃 적용
게임 이펙트 디자인	게임 캐릭터의 스킬이나 아이템 및 환경 특수 효과를 구상하고, 2D이미지와 파티클을 이용하여 게임 엔진에 적합한 형태로 이펙트를 제작하는 능력	게임 이펙트 구상
		게임 이펙트 제작
		게임 이펙트 연출
게임 캐릭터 원화 제작	게임의 기획 내용을 바탕으로 창의적인 아이디어를 시각화하여 캐릭터의 콘셉트 원화 및 제작용 원화 제작 능력	캐릭터 콘셉트 원화 제작
		캐릭터 제작용 원화 제작
게임 배경 원화 제작	게임의 기획 내용을 바탕으로 창의적인 아이디어를 시각화하여 배경의 콘셉트 원화 및 제작용 원화를 제작하는 능력	배경 콘셉트 원화 제작
		배경 제작용 원화 제작
게임 2D 캐릭터 제작	게임 개발에 활용할 수 있도록 게임 원화 디자인을 기반으로 캐릭터를 설계하고 제작하는 능력	2D 캐릭터 제작 설계
		2D 캐릭터 제작
게임 2D 배경 제작	게임 개발에 활용할 수 있도록 게임 원화 디자인을 기반으로 배경을 설계하고 제작하는 능력	2D 게임 그래픽 리소스 구상
		2D 게임 배경 리소스 제작

능력단위	능력단위 정의	능력단위 요소
게임 2D 애니메이션 제작	게임 개발에 활용할 수 있도록 기획내용을 바탕으로 2D 애니메이션을 설계하고 제작하는 능력	2D 애니메이션 설계
		스프라이트애니메이션 제작
		게임 캐릭터 애니메이션 제작
게임 3D 애니메이션 제작	게임 개발에 활용할 수 있도록 기획내용을 바탕으로 3D 애니메이션을 설계하고 제작하는 능력	게임 애니메이션 구상
		게임 객체 애니메이션 제작
		게임 캐릭터 애니메이션 제작
게임 배경 음악	작곡, 편곡, 편집을 통하여 게임 콘텐츠의 음악을 제작하는 능력	게임 배경음악 기획
		게임 배경음악 제작
		게임 배경음악 편집
게임 효과음	작곡, 편곡, 편집을 통하여 게임 콘텐츠의 효과음을 제작하는 능력	게임 효과음 기획
		게임 효과음 제작
		게임 효과음 편집

[표 4] 게임 기획 및 운영·서비스(국가직무능력표준, 2018)

능력단위	능력단위 정의	능력단위 요소
게임 개발관리	게임 완성을 목표로 지식재산권을 이해하고 품질관리, 프로젝트관리 및 런칭 관리를 할 수 있는 능력	게임 프로젝트 관리
		게임 콘텐츠 관리
		지식재산권 관리
게임 서비스 운영	게임의 원활한 서비스를 위하여 사용자를 관리하고, 커뮤니티를 모니터링하며, 게임 콘텐츠를 관리·운영하는 능력	게임 Q/A 수행
		게임서비스와 마케팅 이해
		사용자 커뮤니티 관리
게임 사업 기획	게임 콘텐츠 개발을 위하여 사업을 기획하고, 마케팅 활동을 진행하며, 지적재산권을 관리하고 투자를 유치·관리하는 능력	사업 계획
		마케팅
		게임투자 관리

능력단위	능력단위 정의	능력단위 요소
게임 사전기획	게임 개발에 활용할 수 있도록 게임 트렌드와 게임 콘텐츠를 분석하여 구성 요소를 도출하고 게임 기획 초안 문서를 작성하는 능력	게임 트렌드 분석
		게임 콘텐츠 분석
		게임 기획 초안 작성
게임 콘셉트 기획	게임 개발에 활용할 수 있도록 게임의 세계관을 창작하고 이에 따라 시나리오, 캐릭터, 배경을 기획하는 능력	게임 세계관 기획
		게임 시나리오 기획
		게임 캐릭터 기획
		게임 배경 기획
게임 시스템 기획	사전에 기획된 내용을 구현할 수 있도록 게임에 적용할 시스템 규칙, 공식, 테이블을 기획하는 능력	시스템 규칙 기획
		시스템 공식 기획
		시스템 테이블 기획
게임 레벨기획	사용자가 게임 플레이를 통해서 핵심욕구를 충족할 수 있도록 밸런스 방향을 설정하여 밸런스 공식 기획, 데이터 작성, 공간을 설계하여 콘텐츠를 배치하는 능력	밸런스 공식 기획
		데이터 작성
		공간 설계
		레벨 구축
게임 UI/UX 기획	사용자가 게임 플레이를 원활하게 진행할 수 있도록 게임화면을 구성하고 조작방식을 기획하는 능력	화면 구성
		조작 구성
게임 서비스 기획	게임의 원활한 운영을 위하여 목표 대상의 특징 분석을 통해 초기 비즈니스 모델을 기획 후 게임 플레이 지표의 분석결과를 활용할 수 있는 능력	비즈니스모델 기획
		지표 기획

4. 게임 DIY를 위한 실용적 지침

이제 나만의 첫 번째 게임을 만들어보자. 많은 경우 게임을 만들고

자 할 때 어디서부터 시작해야 할지, 그리고 어떠한 절차를 따라야 할지 막막하다. 이를 위해 필요한 실용적인 정보를 제시하고자 한다.

게임 주제 및 저작도구의 선정

게임을 만들기 위해 가장 먼저 결정할 것은 게임 주제에 대한 선정이다. 통상 게임은 액션 게임, 롤플레잉 게임, 퍼즐 게임, 어드벤처 게임, 시뮬레이션 게임, 음악, 스포츠, 아케이드 게임 등으로 구분한다. 비디오게임에 대해 어느 정도 익숙한 사람이라면 무엇을 만들 것인가에 대한 질문의 답을 선호하는 게임의 장르 선택에서부터 시작하는 경향이 있다. 전형적인 장르의 선택은 무엇보다 게임을 구성하는 형식적 구성요소에 대해 깊이 고민하지 않고, 빠른 시간 내에 게임을 기획할 수 있는 장점이 있다. 또한 장르별 게임 창작에 필요한 기술들은 대부분 인터넷 등을 통해 공개되어 있으므로 손쉽게 해당 기술만을 모사하면 된다.

하지만 이런 식의 접근은 게임을 통해 표현하고자 하는 바에 대한 고민을 장르에 녹여내기 쉽지 않다는 어려움에 봉착하기 쉽다. 이 경우 장르 선정 이전에 모든 창작 활동에서 공통적인 '무엇을 이야기하고자 하는가'에 대한 질문으로부터 출발하는 것이 좋다. 뚜렷한 창작의 의도는 게임을 끝까지 제작하는 데 필요한 동기를 부여하고, 완성도와 일관성을 부여하는 준거가 된다.

다음으로는 게임의 주제와 장르를 잘 표현할 수 있는 개발도구를 선택해야 한다. 게임 개발을 위한 범용적인 저작도구를 게임엔진이라고 한다. 초창기 게임엔진은 게임 개발을 위한 자체 개발된 개발사 내의 인하우스 소프트웨어 성격을 지녔다. 그 후 게임 개발사를 대상으로 빠른 시간 내에 고품질게임 개발을 지원하는 범용적인 게임엔진 제작사가 등장하였다. 초창기에는 고가의 가격정책으로 인해 충분한 자본을 지닌 일부 회사에서만 게임엔진을 활용하여 게임 제작이 가능하였으나, 2014년과 2015년 게임엔진 전쟁이라고 불리는 사건으로 누구나 무료로 게임엔진을 사용할 수 있는 계기가 열렸다.

'게임엔진 전쟁 : 게임엔진의 대중화와 파급효과'

2015년 3월 세계 게임개발자 컨퍼런스 GDC 에서 〈언리얼엔진〉의 무료화에 대한 발표가 있었다. 이는 2014년 3월 같은 행사에서 '모두의 언리얼엔진'을 표방하며 월 19달러라는 파격적인 가격정책을 발표한 지 1년 만에 이루어진 조치이다. 사실 〈언리얼엔진〉은 기존 온라인 게임, 그중에서도 초대형 MMORPG 게임의 개발에 많이 사용되는 엔진이었다. 사실적인 실시간 컴퓨터 그래픽스 기술을 손쉽게 이용하기 위해 많은 개발사들은 거금을 들여 〈언리얼엔진〉을 사용하기를 희망하였고, 〈언리얼엔진〉을 사용하는 것만으로도 마케팅 요소로 홍보될 만큼 큰 반향을 불러일으키는 시절이 있었다. 하지만 게임 시장이 모바일 환경으로 급격히 이동하면서 〈언리얼엔진〉의 가치는 떨어지기 시작했다. 이때 '게임개발의 민주화'라는 기치를 들고 등장한 게임엔진이 〈유니티3D〉이다. 기존 엔진에 비해 저렴한 라이선스 정책, 손쉬운 개발 환경을 통한 제작의 용이성 등으로 〈유니티3D〉는 급성장하게 된다. 게임엔진 전쟁이라고 불리는 2014년, 2015년의 가격정책의 변동으로 인해 막대한 자본을 가진 게임회사가 아닌 소규모 회사, 더 나아가 개인이 품질 높은 게임을 개발할 수 있는 환경이 조성된다.

이러한 게임엔진의 대중화는 소규모 개발자로 구성된 개발팀에서 상업용 게임에 도전할 수 있는 계기가 되었다. 더욱이 게임을 출시하는 모바일 플랫폼의 변화에 따라 소규모 인디게임의 성공신화가 나타나게 된다. 이후 게임 DIY는 소수의 청소년에 의해 주도된 게임 모작의 형태에서 탈피하여 보다 다양하고 실험적인 소규모 창작 활동으로 전개된다. 전 세계적인 인디게임의 열풍으로 다양한 해외 인디게임 개발자의 새로운 시도들과 성공 사례가 알려지게 된 것 또한 이즈음이다. 게임 창작이 비로소 특정 전문가의 손에서 비전문가로 확장되기 시작한 것이다.

게임 창작에 입문하는 초보자를 위해 추천하는 게임엔진은 [표 5] 와 같다. 이 외에 우리나라 초중등 코딩 교육에 사용되는 기초 프로그래밍 언어(스크래치, 파이썬 등)를 통해서도 간단한 게임 제작 입문이 가능하다.

[표 5] 게임엔진의 종류와 특성

게임엔진	주요 내용
유니티3D (Unity3D)	가장 대중적으로 많이 사용되는 엔진으로 모든 모바일 게임의 절반 이상이 유니티3D를 사용해서 만들어졌다. 특히 소규모 창작 집단의 경우 대부분 유니티3D를 사용하고 있다. 거의 모든 장르의 게임을 만들 수 있는 범용성을 지니고 있으며 게임의 수입이 $100,000 미만인 경우 무료로 사용 가능하다. 프로그래밍 언어는 C#을 사용한다.
언리얼엔진 (Unreal Engine)	대규모 상업용 게임을 만드는데 많이 사용된다. 고품질의 3D 렌더링 기술 채택으로 매우 사실적인 그래픽 표현이 가능하다. 초보자가 접근하기에는 난이도가 높다는 단점이 있다. 프로그래밍 언어는 C++을 사용한다.
고도엔진 (Godot Engine)	오픈소스 엔진으로 가볍고 용량이 작다. 뛰어난 2D 애니메이션 빌드 능력과 고도엔진만의 GDscript는 C++이나 C#보다 간단하고 배우기 쉽다. 2D 성능에 비해 3D 성능이 좋지 않은 단점이 있다.

게임메이커스튜디오 2 (Game Maker Studio2)	입문자들이 배우기에 가장 난이도가 쉬운 엔진으로 2D 게임 제작에 특화되어 있다. 하지만 PC 라이센스가 $99로 유료이며 3D를 지원하지 않는다.
RPG 메이커 (RPG Maker)	많은 개발자에게 '알만툴'로 알려진 2D RPG 전용 게임엔진으로 프로그래밍에 대한 사전지식 없이 손쉽게 RPG 게임을 제작할 수 있다. 기본적으로 제공되는 그래픽, 사운드 등의 자료의 양과 질이 좋으므로 별도의 그래픽 작업 없이 게임 제작이 가능하다.

　게임엔진을 정하고 나면 게임엔진의 사용법을 익혀야 한다. 대부분 게임엔진 공식 홈페이지에는 엔진의 사용법을 간단한 게임 제작을 통해 설명하는 튜토리얼 자료가 방대하게 존재한다. 그 외 개발자 간의 정보를 공유하는 인터넷 카페, 유튜브의 게임개발 채널을 참조하면 좋다. 그래픽과 사운드 등의 게임 자료를 스스로 제작하기는 어려울 것이다. 이 경우도 각 엔진사마다 자료를 판매하는 스토어를 별도로 운영하는 경우가 대부분이다.[34] 이를 잘 활용하면 많은 시간과 노력을 단축할 수 있다.

　하지만 게임을 만드는 데 기초적인 코딩 능력은 필요하다. 코딩에 대한 경험이 없다면 코딩의 근간이 되는 기본 문법과 로직만 익히고 난 후 게임을 만드는 과정을 통해 프로그래밍 능력을 키우는 것이 좋다. 만약 글과 간단한 그림으로 진행되는 이야기 중심의 게

34　유니티 에셋스토어(assetstore.unity.com)에는 2D, 3D, 텍스처 및 머티리얼, 템플릿, 애니메이션, GUI 및 폰트, VFX, 오디오 등의 에셋과 비주얼 스크립팅, 유틸리티, AI 등의 툴을 판매하고 있다. 이 중 많은 데이터는 무료로 제공되므로, 무료 제공 에셋만으로도 아마추어 수준의 게임 제작에는 무리가 없다. 마찬가지로 언리얼 엔진은 마켓플레이스(www.unrealengine.com/marketplace), 고도엔진 또한 마켓플레이스(https://marketplace.yoyogames.com)를 통해 다양한 에셋을 제공한다.

임을 개발하고자 한다면 프로그래밍에 관한 지식이 없더라도 게임을 개발할 수 있다. 이러한 장르를 인터렉티브 픽션Interactive Fiction, 이하 IF이라고 한다. IF는 플레이어가 텍스트 명령을 이용해 비선형적인 이야기를 전개할 수 있는 내러티브 중심의 문학 장르이기도 하다. 평소 스토리텔링에 관심이 있다면 IF를 통한 게임 입문을 추천한다. IF 제작을 위한 엔진으로는 Twine, Quest, Ren'Py 등이 있으며, 그중 Twine이 대중적으로 가장 많이 사용되고 있다.

게임 제작 절차

상업용 게임 제작은 엄격히 규정된 개발단계에 따라 이루어진다. 게임물은 컴퓨터에서 구동되는 소프트웨어이므로 에자일 개발agile development 등 다양한 소프트웨어 개발 프로세스에 따라 품질을 관리한다. 하지만 1인 창작자에 의한 게임 DIY의 경우 표준화된 규칙이란 없다. 개발자마다 시행착오를 통해 나름의 개발 방법론과 철학을 지니고 있다. 여러 방법론 중 참고가 될 만한 하나의 사례를 소개하도록 하자. 안나 앤트로피Anna Anthropy는 그녀의 저서에서 1인 개발자로 처음 입문하는 초심자를 위한 게임 제작 절차를 다음과 같이 밝힌바 있다(Anthropy, 2012).

게임 DIY를 위한 게임 제작 절차

1. 저작도구 선택

게임 제작을 위해 먼저 사용할 저작도구(게임엔진)를 선정한다. 게임엔진의 선정에 관한 정보는 이미 앞 절에서 소개한 바 있다.

2. 메인 캐릭터 설정

주인공이라고 생각하면 된다. 사람이나 동물, 또는 어떠한 추상화된 상징물이 캐릭터일 수 있다. 캐릭터는 간단하게 하나의 사진으로 표현될 수 있다. 나의 사진이나 친구의 사진, 구글에 무료로 공개된 어떠한 사진이라도 주인공으로 일단 정해보자. 컴퓨터에 그림 그리는 도구(MS Paint 등)를 열고, 자신이 상상하는 주인공을 그려봐도 좋다. 인터넷을 통해 무료로 공개된 다양한 클립아트를 이용해도 된다. 매인 캐릭터는 시각적 외양만으로 완성되는 것은 아니다. 캐릭터가 어떠한 능력을 가지고 있고 성격이 어떠한지, 직업이 무엇인지, 어떠한 갈등 요소를 지니는지를 꼼꼼히 생각해보자.

3. 캐릭터 행위 정의

플레이어의 입력에 대해 캐릭터가 어떻게 반응할지를 결정한다. 캐릭터의 이동, 점프, 공격 등 캐릭터가 게임상에서 취할 수 있는 행동을 정의한다. 캐릭터의 행동 정의는 게임에 부여한 첫 번째 규칙이다. 플레이어가 취할 수 있는 행동은 동사VERB라고 불리며, 어떠한 동사를 선정하는지에 따라 메인 캐릭터와 다른 캐릭터 간의 관계가 규정된다.

4. 보조 캐릭터 설정

보조 캐릭터는 메인 캐릭터의 조력자일 수도 있고, 몬스터와 같은 적일 수도 있다. 우리는 메인 캐릭터가 보조 캐릭터를 피하거나 획득하는 등의 관계를 설정해야 한다. 캐릭터 간의 관계는 메인 캐릭터의 동사와 연관되어 있다.

5. 사운드 효과 삽입

게임에 사운드 효과를 적용해 보자. 게임 내의 어떠한 상호작용에 사운드를 적용할 수 있을까? 사운드 효과는 플레이어가 한 선택이 올바른 선택인지 유무에 대한 피드백으로 작용한다. 인터넷에는 수많은 무료 사운드 효과들이 있다. 이를 사용하거나 마이크를 이용해서 자신만의 사운드를 녹음해도 좋다. 이 경우 자신만의 독특한 게임의 분위기 연출이 가능하다.

6. 플레이어 단어의 확장

메인 캐릭터에게 더 많은 동사를 부과해 보자. 이미 존재하는 규칙과 함께 사용할 수 있는 새로운 규칙을 추가하자. 규칙이 반드시 동사일 필요는 없다. 규칙은 부사의 형태일 수도 있다. '빠르게 움직이다', '느리게 움직이다' 등 속도의 변화가 그 예이다. 새롭게 추가된 규칙은 이전 규칙과 함께 사용될 때 의미가 증폭된다. 게임의 규칙은 이렇듯 동사, 부사, 명사로 정의가 되며 이를 플레이어 단어라고 한다.

7. 레벨 디자인

레벨level은 플레이어가 그가 가진 단어를 사용하여 해결해야 할 일련의 사건을 의미한다. 다시 말해 레벨은 스토리다. 우리는 플레이어 단어를 이용하여 이야기의 긴장을 표현해야 한다. 스토리가 반드시 복잡할 필요는 없으나 경우에 따라 복잡한 레벨이 필요한 스토리도 존재한다.

8. 스토리의 완성

게임의 시작과 결말은 플레이어에게 그 사이에 존재하는 게임 콘텐츠를 어떻게 해석해야 할지 말해 준다. 게임이 시작할 때 등장하는 타이틀 스크린은 게임 전체의 분위기를 전달하는 데 효과적이다. 게임의 마지막 장면은 플레이어가 게임 플레이를 마치고 마지막으로 보는 장면이다. 이 또한 게임 플레이 경험을 어떻게 해석할지 알려주는데 큰 효과를 지닌다. 게임이 평화롭게 갈등이 해결된 채 끝날 수도 있으나, 여기에서 반전의 단서를 제공할 수도 있다.

9. 플레이테스트와 반복적 수정

게임을 만드는 과정 과정마다 직접 플레이를 하며 원하는 대로 동작하는지 확인해야 한다. 하지만 반드시 다른 사람에게 플레이를 맡겨야 한다. 게임은 결국 플레이어에 의해 수행되고 경험되어지는 산물이다. 만들고 있는 게임을 처음 접한 타인의 플레이를 관찰하면 게임의 문제점을 확인할 수 있다. 나의 의도와는 다른 플레이어의 행동, 게임을 경험한 플레이어의 감상 등은 최고의 정보이다. 될 수 있는 한 많은 사람이 나의 게임을 플레이하도록 하자. 그리고 스스로가 납득될 때까지 반복적으로 수정하자.

10. 게임의 배포

아무도 플레이하지 않는 게임이 무슨 소용이 있을까? 완성된 게임을 인터넷에 올려보도록 하자. 무료 웹호스팅을 이용한 개인 웹사이트를 개설하거나 많은 아마추어 게임개발자가 이용하는 게임 사이트를 이용해도 좋다. 많은 독자로부터 피드백과 비평을 꼼꼼히 확인하자. 이러한 점은 다음 게임을 만드는 귀중한 자산이 될 것이다.

11. 또 다른 게임을 만들자

첫 번째 게임 개발로부터 배운 바를 기억하며 위의 과정을 다시 반복한다. 이번에는 완전히 다른 게임을 한 번도 사용해본 적 없는 다른 동사를 이용해서 만들어보자. 우리는 반복되는 실패를 통해 많은 것을 배울 것이고, 점점 더 나아질 것이다.

5. 게임을 만듦으로 배울 수 있는 최고의 경험

　게임을 좋아한다면, 또는 좀 더 게임을 잘 이해하고자 한다면 게임을 DIY 해보자. 게임을 잘 만들고 못 만들고는 그리 중요치 않다. 무엇이든 일단 '표현'하는 것 자체가 훨씬 큰 가치를 지닌다. 게임을 창작하는 과정을 통해 게임에 대한 새로운 관점이 생길 것이다. 기존에 막연했던 게임에 대한 대중적 편견에서 벗어날 것이다. 그리고 세상의 모든 창작 활동이 그러하듯, 게임을 만드는 행위의 순간 또한 영원에 맞닿아 있다는 것을 체득하게 될 것이다.

　나는 가늘게 쪼갠 나무로 바구니 같은 것을 엮어본 적이 있었지만, 누군가에게 팔 만한 것으로 만들어내지 못했다. 하지만 나는 바구니를 엮는 것도 보람 있는 일이라고 생각해서, 남들이 살 만한 바구니를 만드는 방법을 연구하는 대신 내 바구니를 굳이 팔지 않아도 괜찮은 방법을 연구했다.

— 데이비드 소로 『월든』 중에서

이동훈 dhl@dongseo.ac.kr

· 동서대학교 게임학과 교수
· 부산인디커넥트페스티벌(BIC) 조직위원(현)
· "GA based Adaptive Sampling for Image-based Walkthrough" 등 50여 편 논문

빈대 잡으려다 초가삼간 태우는 게임 이용장애 국제 질병 분류 등재

이형민

게임과몰입은 게임 이용자, 주변 사람들, 나아가 사회 전반에 부정적인 영향을 끼칠 수 있기 때문에 적절히 개입되고 관리되어야 한다. 그러나 게임과몰입을 게임 이용장애라는 질병으로 분류하고 의료적인 차원에서만 접근하는 것은 과잉 의료 대응을 조장하고, 심리상담 등 다른 방식의 개입을 원천적으로 차단한다. 결국 우리 사회 전반에 게임 콘텐츠, 게임 행위, 게임산업 등에 대하여 불필요하게 방어적이고 부정적인 여론을 팽배시키는 등 여러 가지 부작용을 초래할 수 있다. 이번 장에서는 건전하게 게임 문화를 선용하는 절대 다수 게이머들의 행복추구권과 신성장동력으로 인식되고 있는 게임산업 발전에 돌이킬 수 없는 부작용을 야기하게 될지도 모르는 게임 이용장애 국제 질병 분류 등재에 대해서 살펴보고, 보다 효과적인 방안에 대해서 고민해 보고자 한다.

1. 게임 이용장애 국제 질병 분류 등재란?

지난 2019년 개최되었던 세계보건기구WHO: World Health Organization의 제72차 총회에서는 다양한 건강, 보건 이슈들에 관한 범세계적인 대응 방법들이 논의되었다. 당시 총회에서 논의되고 의결된 많은 의제 가운데, 유독 많은 사람들의 관심을 집중시키고 논란을 불러일으킨 의제가 하나 있다. 바로 게임 이용장애Gamind disorder의 국제 질병 분류 등재에 관한 건이다. WHO는 게임 이용장애의 국제 질병 분류ICD: International Classification of Disease 등재를 만장일치로 통과시키고, 회원 국가들에게 게임 이용장애의 질병코드화를 권고하기로 의결하였다. 게임 이용장애의 질병코드화는 심각한 수준의 게임 중독을 의학적인 개입이 필요한 정신 질병으로 상정하고, 현행 의료체계 내에서 이를 관리하고 감독하겠다는 의지를 천명하는 것이다.

WHO에서 정의하는 게임 이용장애는 크게 세 가지의 증상적 특징을 가지고 있다. 첫째, 자신의 게임 행위에 대한 조절 능력 상실, 둘째, 다른 행위 및 일상생활을 방해하는 수준으로 우선순위가 증가하는 게임 행위, 마지막으로 부정적인 결과들이 나타남에도 지속적으로 그리고 점차 심각하게 이루어지는 게임 행위이다(WHO, 2018). 즉, 어떤 사람이 본인의 신체 그리고 정신적인 측면은 물론 주변 사람들에게까지 피해가 발생할 정도로 게임 행위에 과몰입되고, 스스로의 능력으로 그러한 과몰입 상태를 통제하거나 극복하기 어려울 때 그 사람에게 게임 이용장애를 진단하고 의료적인 개입을 실시할 수 있다는 것이다.

일견 WHO의 이러한 조치는 매우 적절하고 타당한 것으로 보인다. 중독 증세와도 같은 게임과몰입 행위는 개인적인 차원을 넘어 사회적으로도 심각한 문제가 될 수 있기 때문에 당연히 적절한 개입과 조치가 필요하다. 그러나 조금 더 깊이 이 사안이 가지고 있는 함의들을 살펴본다면, 게임 이용장애 국제 질병 분류 등재가 갖는 절차적 결함과 그로 인해 예상되는 부작용과 폐해에 대해 우려하지 않을 수 없다. 많은 학자들과 전문가들은 WHO의 게임 이용장애 국제 질병 분류 등재 결정에 대한 문제점들을 지적하고, 향후 이러한 결정이 초래하게 될 사회적인 파장에 대해 깊은 유감과 우려의 목소리를 내고 있다.

게임 이용장애 질병코드화가 갖는 문제점의 핵심은 의료계가 독점적으로 게임 이용장애에 대한 치료와 개입에 대한 권한을 갖게 됨에 따라 발생할 수 있는 부작용과 게임 이용장애에 대한 낙인효과로 인해 게이머, 게임 콘텐츠, 게임 문화, 나아가 게임산업에까지 확산될 수 있는 부정적 인식 및 사회여론에 있다고 할 수 있다. 지금부터는 많은 사람들이 정확하게 인지하지 못하고 있는 게임 이용장애 국제 질병 분류 과정의 이면과 게임 이용장애 질병코드화로 예상되는 부정적 파급효과에 대해서 알아보자.

2. 게임 이용장애 국제 질병 분류 등재가 왜 문제일까?

WHO가 게임 이용장애의 국제 질병 분류 등재 및 질병코드화에
대해 추진하고 있다는 사실이 알려지자 많은 학자들과 의료계 종사
자들은 진단 기준의 모호성과 절차적 비합리성에 대해 문제를 제기
하였다.

일례로 덴마크 코펜하겐 IT 대학 Aarseth 교수를 필두로 한 일
군의 국제적인 학자들은 게임 이용장애 국제 질병 분류 등재에 관
련하여 우려되는 바를 WHO에 공식 서한의 형태로 발송하였다
(Aarseth et al., 2017). 서한의 내용에 따르면 학자들이 게임 이용장애
국제 질병 분류 체계 등재에 대해서 우려하는 바는 크게 세 가지이
다. 첫 번째로, 게임 이용장애의 원인과 치료 방법에 대한 연구 성
과가 체계적이지 않고 개별 연구의 결과가 혼재되어있어 국제 질병
분류 등재를 위해 필요한 근거가 명확하게 확보되어있지 않다는 점
이다. 이러한 상황에서 게임 이용장애를 질병코드화하는 것은 시기
상조라는 것이 그들의 주장이다.

두 번째로, 현재 게임 이용장애에 대한 개념적 정의가 물질 중
독 관련된 기준에 의거하고 있다는 점이다. 물질 중독과 행위 중독
은 분명히 다른 개념이며, 치료를 위해서도 당연히 다른 접근방법
이 필요한데, 현재의 방식은 이러한 차이점을 간과하고 있다는 것
이다. 현재로서는 게임 이용장애가 물질 중독에 준하는 질병으로
인식되어야 한다는 주장을 확실하게 뒷받침할 임상적 데이터가 충
분히 확보되지 못한 상황이다. 또한 일반 사람들에게 게임 이용장

애가 마약, 알코올 등 중독성이 강한 물질과 같은 결과를 초래한다는 식으로 잘못 이해되었을 때 발생할 수 있는 심리적 부작용도 무시할 수 없다. 사람들이 게임을 하면서 자연스럽게 느낄 수 있는 생각, 감정, 기분 등에 대해 '혹시 내가 게임에 중독되고 있는 것은 아닌지' 막연한 두려움을 갖는 등 잘못된 과민 반응으로 연결될 수 있다는 것이다.

세 번째로, 게임 이용장애를 진단하기 위한 증상적 기준이 정확하고 구체적으로 마련되어 있지 않다는 점이다. 현행 게임 이용장애 진단 기준은 지나치게 자의적인 해석이 가능해서, 실제 게임 이용장애가 아님에도 과잉 진단할 가능성이 상존한다. 더욱 심각한 것은 게임 과몰입이라는 현시적 증상에만 집착하여 게임 이용장애를 초래하는 보다 근본적인 원인을 진단하는 데 오히려 방해가 될 수 있다는 것이다(Aarseth et al., 2017).

일각에서는 게임 이용장애 국제 질병 분류 등재의 절차적 문제에 대해서도 지적한다. 아직 전문가들 사이에서 게임 이용장애의 국제 질병 분류에 대한 찬반 의견이 분분하고, 임상 및 병리학적 연구 결과가 상이하게 나타나고 있어 명확한 이론적 근거가 제시되지 못하고 있는데도 WHO가 무리하게 의결을 강행한 면이 없지 않다는 것이다(손형섭, 김정규, 2020). 여러 게임 전문가들과 학자들이 게임 이용장애 국제 질병 분류 등재에 대해 지속적으로 반대 의견을 표명하였음에도 논의 과정에서 이러한 내용이 잘 반영되지 않았으며, WHO 총회에서의 의결절차에서 게임 이용장애 국제 질병 분류 등재에 대해 부정적이거나 회의적인 의견을 가지고 있는 사람들이 철

저하게 배제되었다는 점도 문제로 지적되고 있다(김용민, 2020).

3. 빈대 잡다 초가삼간 태우는 게임 이용장애 질병코드화?

앞서 살펴본 게임 이용장애의 국제 질병 분류 등재에 대한 절차적 문제점들은 실제로 게임 이용장애가 질병코드화되어 의학적인 치료와 개입을 요구하는 질병으로 취급될 경우 발생할 수 있는 여러 부작용들에 대한 우려로 연결된다. 게임 이용장애의 질병코드화로 인해 예상되는 부작용에는 어떠한 것들이 있을까?

필자가 연구책임자로서 진행했던 한국콘텐츠진흥원의 2019년도 「게임 질병코드 도입으로 인한 사회변화 연구」에 따르면 게임 이용장애 질병코드화로 인해 예상되는 부작용은 크게 다섯 가지 분야별 역기능으로 요약될 수 있다(이형민 외, 2019). 각계각층의 게임 관련 전문가들이 학제 간 융합연구를 통해 협업하였던 「게임 질병코드 도입으로 인한 사회변화 연구」의 결과를 중심으로 게임 이용장애 질병코드화가 초래할 수 있는 다양한 사회적 부작용들을 개괄적으로 살펴보도록 하자.

의학적 부작용

많은 의학 전문가들이 우려하듯이 게임 이용장애가 질병코드화될 경우 과잉의료화의 문제가 발생할 수 있다. 과잉의료화란 실제 게임 이용장애 관련 심각한 문제가 없거나 의학적 치료가 필요하지 않은 사람들에게도 무분별하게 게임 이용장애 진단이 내려짐으로써 불필요한 의료 행위 및 진료비 부담이 발생하는 상황을 의미한다. 이러한 과잉의료화는 모든 문제를 의학적 관점에서 접근하는 것이 옳다고 판단하는 맹목적 과신에서 출발하며, 역사적으로 의사면허를 가진 이해집단의 전략적, 정치적 행위가 초래할 수 있는 사회적 부작용으로 인식되어왔다(Frances, 2014). 과잉의료화는 의료 상품화로 이어지며 '의료 서비스를 팔기 위해 병을 팔게 되는' 심각한 현상을 초래할 가능성도 있다.

실제로 게임 이용장애에 대한 의학적 치료가 진행될 경우 상당 부분 약물치료에 의존하게 될 가능성이 높다는 점도 우려스럽다. 아직 임상학적 근거가 미약한 상황에서 게임 이용장애 치료에 사용될 가능성이 높은 약물은 항우울제나 주의력결핍/과잉행동장애 ADHD: Attention Deficit Hyperactivity Disorder 치료제 등이다(박정하, 현기정, 손지현, 이영식, 2015). 문제는 이러한 약물 치료제가 두통, 복통 등의 부작용을 동반할 수 있다는 점이다(송후림, 이영화, 양수진, 이지영, 장정원, 정소나, 전태연, 2014). 특히 청소년들의 경우 약물 투여로 인한 신체적, 정서적 부작용이 발달과정 및 대인관계 형성 등에 있어서 중장기적인 악영향을 미칠 수 있다(Harrison, Cluxton-Keller, & Gross, 2012).

공중보건상 부작용

게임 이용장애의 질병코드화는 필연적으로 의료진 중심의 대응 체계를 수반한다. 즉, 기존 심리상담사, 사회복지사 등을 통해 게임 이용장애로 인한 문제에 개입할 수 있던 지역사회심리상담서비스가 위축됨으로써 결과적으로는 게임 이용장애에 대한 문제를 사회적으로 예방하고 대처할 수 있는 공중보건 안전망이 오히려 헐거워지는 결과로 이어질 수 있다. 또한 게임 이용장애에 대한 사회적 관리의 부담이 소수의 정신과 전문의들에게 전가되고 그들의 업무가 과중됨으로써 제대로 된 진단 및 치료가 이루어지기 어려운 문제가 발생할 수 있다.

2018년도에 개최되었던 「인지행동치료 건강보험정책 개편은 누구를 위한 것인가?」라는 주제의 공청회에서도 정신과 전문의의 인력 부족에 대한 문제가 제기되었다. 공청회에서 발제를 한 서울성모병원 정신건강의학과 채정호 교수는 "전문의 1인당 외래환자 수는 25.8명으로 의사만으로는 양질의 치료를 하기에 시간이 부족하다. 인지·행동치료에 임상심리사들이 참여해 협업을 해야 한다는 의견이 강하다"라고 주장하였다(송명희, 2018. 3. 18).

교육적 부작용

게임 이용장애 질병코드화로 인해 게임행위, 게임 콘텐츠, 게이머, 게임산업 등에 대한 부정적 인식이 확산될 경우, 게임의 특성과 사고방식을 교육 과정에 접목시킴으로써 학습에 대한 흥미유발과 집중을 향상시킬 수 있는 게이미피케이션 기반 교육의 근간이 흔들릴 수 있다. 게임 이용장애 질병코드화로 촉발될 수 있는 부정적 인식과 여론은 교수자와 학습자들 모두에게 학습 장면에서의 게임 활용에 대한 동기부여를 감소시킬 수 있다. 또한 게이미케이션 콘텐츠 개발을 위한 투자를 위축시킴으로써 전반적인 에듀게임 산업에 부정적으로 작용할 수 있다(이형민 외, 2019).

사회·경제적 부작용

많은 전문가들이 공통적으로 지적하는 게임 이용장애 질병코드화로 인한 부작용들 가운데 하나는 사회적인 낙인효과이다. 게임이라는 콘텐츠와 게임 행위가 의학적인 치료를 필요로 하는 중독의 근본적인 원인으로 인식됨에 따라 게임, 게이머, 게임문화, 게임산업 등에 대한 부정적 인식이 확산되고 나아가 모든 관련 요소들이 사회악으로 낙인찍히게 될 수 있다(이형민 외, 2019). 또한 이러한 낙인효과는 도덕적 공황 현상을 초래할 수 있다. 도덕적 공황이란 일부 사회 구성원들에게 사회문제에 대한 책임을 전가하고 그들을 집단화하여 매도하고 비난하는 현상을 의미한다(송선영, 2008). 게임 이용장애 질병코드화로 인한 낙인효과는 건전하게 게임을 즐기는 절대 다수의 게이머들과 건강한 게임 문화와 환경을 조성하는 데 노력을 기울이는 게임 개발자들 및 게임산업계에 모든 게임 중독의 책임을 전가하고 그들을 잠재적, 현실적 범죄자로 매도하는 사회적 분위기를 만들 수 있다는 점에서 심각한 문제라고 할 수 있다.

박진우와 이형민(2019)의 연구는 게임 이용장애를 가지고 있는 게이머에 대한 편견과 낙인효과가 게임 이용자에 대한 태도, 게임 광고에 대한 태도, 게임산업에 대한 태도에 부정적인 영향을 줄 수 있음을 실증적으로 규명하였다. 전국 505명의 응답자들을 대상으로 한 설문조사 결과, 게임 이용장애를 가지고 있는 게이머에 대한 편견은 사회적 낙인을 유도하였으며, 게임 이용장애를 가지고 있는 게이머에 대한 편견과 사회적 낙인은 게임 이용자에 대한 태도, 게임 광고에 대한 태도, 게임산업에 대한 태도에 모두 부정적인 영향력을 행사하는 것으로 확인되었다.

[그림 1] 게임 이용장애에 대한 편견과 사회적 낙인의 부작용

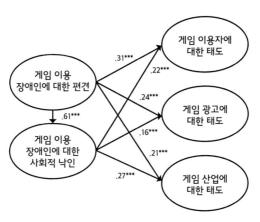

출처: 박진우, 이형민 (2019)

또한 게임 이용장애에 대한 낙인효과와 도덕적 공황은 게임산업에 부정적인 영향을 줌으로써 궁극적으로는 산업 발전을 위축시키고 일자리가 축소되는 등의 경제적 손실을 초래할 수 있다. 산업연관분석을 통해 게임 이용장애 질병코드화가 유발하는 경제적 파급효과를 연구한 결과, 2025년 기준 직접 산업피해액은 최소 3조 1,376억 원에서 최대 5조 2,004억 원으로 추정되며, 고용기회를 상실하는 사람들은 최소 30,916명에서 최대 51,242명으로 추정되었

다(이형민 외, 2019). 뿐만 아니라 조건부 가치 측정법을 통해 게임 이용장애로 인한 사회적 의료비 추가 부담액을 추정한 결과, 최소 12조 1,056억 원에서 최대 28조 4,592억 원인 것으로 나타났다(이형민 외, 2019).

인권상 부작용

법조계에서는 게임 이용장애의 질병코드화가 게임과 관련된 개인의 자기결정권과 행복추구권을 침해할 수 있다는 의견을 제시하고 있다(박경신, 2020). 게임을 할 것인지 하지 않을 것인지, 어떤 게임을 할 것인지, 언제 어디서 어느 정도 할 것인지, 게임 콘텐츠 구입과 게임 행위에 얼마만큼의 비용을 투자할 것인지 등은 개인의 자유이다. 그러나 게임 이용장애 질병코드화가 촉발할 수 있는 사회적 낙인효과와 도덕적 공황 현상은 게이머들의 자기검열 기준을 높임으로써 헌법에서 보장하는 자기결정권과 행복추구권을 직, 간접적으로 침해할 수 있다(황성기, 2019). 뿐만 아니라 프로 게이머나 게임 개발자 등 게임 관련 행위를 전문적인 직업으로 삼고 있는 사람들에게도 상당한 부정적 영향을 미침으로써, 개인의 직업 선택권을 침해하는 결과로 이어질 수도 있다(이형민 외, 2019).

4. 다각적이고 융합적인 대응책을 논의할 때

　심각한 수준의 게임과몰입으로 인한 일상생활의 지장과 게이머의 건강 악화를 예방하고 치료하기 위해, 게임 이용장애에 대한 사회적 개입과 관심은 필요하다. 게임 이용장애가 조울증 등 정신질환으로 이어져 묻지마 살인 등 공공안전에 심각한 위협을 가하는 반사회적 사태로 발전할 가능성에 대한 일각의 우려도 전혀 터무니없는 것은 아니다.

　그러나 앞서 살펴본 바와 같이 게임 이용장애를 질병으로 분류하고 의료계의 독점적인 영역에서만 대응하는 것에 대해서는 아직 많은 우려가 있으며, 여러 가지 부작용들이 예상된다. 바로 그러한 부작용과 파급 효과 때문에 게임 이용장애의 국제 질병 분류 등재와 질병코드화가 빈대 잡으려다 초가삼간을 태울 수 있다고 주장하는 것이다. 게임 이용장애를 의료적인 문제, 의학적으로만 해결될 수 있는 문제로 편협하게 바라보지 말고, 각계각층의 도움과 협조가 필요한 사회문제로 인식하여보다 다각적이고 융합적인 대응책에 대해 논의를 시작할 필요가 있다.

　필자가 참여한 2019년의 한국콘텐츠진흥원 연구에서는 정신과 전문의들뿐만 아니라 심리학자, 사회복지사, 상담사 등 다양한 전문가들이 참여하는 공중보건 이원화 모형을 게임 이용장애에 대한 효과적인 대응체계로 제시한 바 있다. 약물치료 등의 의학적 개입이 필요한 소수의 중증 환자들은 병원을 중심으로 하는 제도권 의료체계를 통해 대응하고, 그 외 다수의 일반 게임 이용자나 잠재적 위험 집단에 속하는 사람들은 지역사회 기관들을 중심으로 진행하는 교육 및 심리상담 프로그램을 통해 선도적, 예방적으로 관리한다는 것이 공중보건 이원화 모형의 골자이다. 이러한 이원화 모형은 게임 이용장애에 대한 의료계의 독점적 관리에서 탈피함으로써 보다 유기적이고 효과적인 대응체계를 제공하고 사회적 안전망을 확충할 수 있다. 뿐만 아니라 게임 이용장애가 질병이라고 인식하는 사회적 낙인효과나 도덕적 공황 현상을 경감시킬 수 있다(이형민 외, 2019).

또한 게임 이용장애 문제를 보다 적극적으로 대응하기 위해 게임업계의 선도적이고 진정성 있는 노력이 필요하다. 상업주의에 경도된 선정적이고 폭력적이고 중독성 강한 게임 콘텐츠에 대한 비판을 겸허히 수용하고, 게임 이용장애를 예방하기 위한 게임업계의 자정 노력이 진정성 있게 계획되고 실천되어야 한다. 이러한 노력이 병행될 때 게임에 대한 사회적 평가와 여론은 보다 근본적인 차원에서 긍정적으로 변화할 수 있다.

이형민 hmlee@sungshin.ac.kr
· 성신여자대학교 미디어커뮤니케이션학과 교수(국제대외협력처장)
· 게임문화포럼 위원(역)
· 한국콘텐츠진흥원 게임문화융합연구 책임연구원(역)

3

인간능력 향상과
심리치유

뇌과학 게임기술을 활용한 인간능력 향상

정철우

최근 모바일 게임에서 힐링 게임류가 인기몰이를 하고 있다고 한다. 코로나19 유행 이전에 선호했던 긴장을 유발하는 '경쟁' 게임에서 '힐링' 게임으로 변하고 있는 것도 안전함을 우선하고 치유를 기대하게 되는 심리의 반영이라고 여겨진다. 게임이 한순간 즐거움을 위한 단순한 오락의 용도가 될 것인가 아니면 뇌의 기능이 향상되면서 오는 정신적 명료함과 증상의 개선에 따른 치유의 과학적 근거로 작용할 것인가에 대해서는, 게임에 적용되는 기반기술의 종류에 따라 달라질 것이다. 4차산업혁명 시대는 디지털 생명공학 기술과 뇌영상 기술이 급속히 발전하면서 신경과학, 즉 뇌과학 연구물들의 기술적 진보가 특히 기대되는 시대이다. 해당 기술을 구현하기 위한 게임 콘텐츠의 중요성도 더욱 부각되고 있다. 필자는 이러한 뇌과학과 관련된 기반기술을 소개하고 뇌 기능 향상과 치유제로써 활용되고 있는 게임 콘텐츠들을 살펴보고자 한다.

1. 최근 뇌과학과 휴먼증강 기술 알기

휴먼증강Human Augmentation

2016년 인공지능AI 프로그램인 알파고AlphaGo와 이세돌의 바둑 대국은 본격적인 인공지능의 시대가 열릴 것이라는 신호탄이었다. 최고의 바둑 인공지능 프로그램과 바둑 최고의 인간 실력자 간의 대국에서 알파고는 4승 1패로 승리했다. 이 세기의 대결은 4차산업 혁명 시대와 연결지어 미래에는 인간을 대체할 인공지능 프로그램과 로봇 같은 기기들이 등장하여 과학기술이 오히려 인류를 위협할 수 있다는 인식을 가져오기도 하였다.

알파고 이전부터 과학기술의 급속한 발전은 오히려 인간 자체에 대한 관심을 다시 가지는 계기가 되었고 나노, 생명, 정보, 인지 과학기술의 융합발전에 힘입어 휴먼증강Human Augmentation이라는 기술 영역을 탄생하게 하였다. 휴먼증강 기술은 미국 과학재단NSF이 2003년 발간한 보고서 「인간능력 향상을 위한 융합기술: 나노기술, 바이오기술, 정보기술, 인지과학」에서 처음으로 언급되었는데, 이러한 융합기술을 통해 인간의 인지 및 신체 능력과 건강 및 수명이 더 이상 자연적으로 주어지는 한계가 아니라 유전자치료, 뇌-기계 인터페이스, 정보과학기술 등의 도움으로 얼마든지 변화 내지 증강될 수 있다고 주장하였다(정선화 등, 2019).

능력향상과 적용기술 범위 및 신체의 결합 여부에 따라 다양한 휴먼증강의 정의가 존재하지만 이 장에서는 뇌과학을 바탕으로 하여 인지기능 같이 타고난 인간능력을 향상시킬 수 있는 범위의 기술로 제한해서 말하고자 한다. 그 이유는 기반기술을 컴퓨터 비디오게임, 가상현실VR, 그리고 뇌와 컴퓨터 간의 인터페이스를 이용한 뉴로피드백Neurofeedback 등에 적용하고 이것을 게임으로 구현하여 집중력, 기억력, 지능향상, 공간지각력, 중앙집행능력 등 인지기능을 향상시키는데 보다 효과적으로 적용할 수 있기 때문이다.

BCI Brain Computer Interface는 뇌와 컴퓨터 간의 소통을 의미하는 기술적 용어로써 주로 뇌세포 간의 정보교환 시 발생하는 리듬인 뇌파를 이용하여 마우스나 키보드 같은 주변장치를 사용하지 않고도 작동할 수 있는 원리를 가지고 있다. 뇌의 구조 및 기능의 이해를 바탕으로 뇌 활동을 측정, 분석, 해석하고 그 결과를 활용하는 것이다. 대체, 개선, 복구, 증진, 보충 이 5가지 응용 분야 중에서 특히 '증진'은 뇌 신호를 모니터링하면서 중추신경계의 기능을 증진시킬 수 있는 뉴로피드백 기술과 밀접한 관련이 있다(정선화 등, 2019).

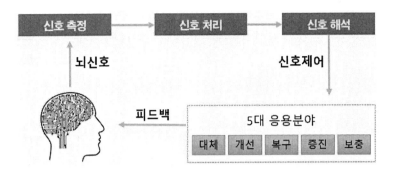

[그림 1] 뇌-기계 인터페이스 구조

출처: 정선화 등(2019)

뉴로피드백Neurofeedback

뉴로피드백은 뇌파 바이오피드백이라고 불리기도 하며, 뇌파를 측정하여 이 신호를 선택적으로 자신의 뇌와 피드백함으로써 뇌 기능을 향상시키는 기술이다. 뉴로피드백의 역사에서 1929년 행동심리학자인 스키너 박사의 조작적 조건화operant conditioning의 이론적 원리를 가지고 있다. 1980년대 개인용 컴퓨터가 발달하면서 강화와 억제의 피드백 조건을 컴퓨터 게임 방식으로 명확하게 줄 수 있게 되어, 뉴로피드백 기술은 비약적인 발전을 이루게 되었다(박병운, 2005).

뉴로피드백 훈련은 일반적으로 뇌의 특정 부위에 전극을 부착하고 비정상 양상의 뇌파 상태를 정상화시켜 주는 방식으로 증상을 개선하는 목적의 훈련이다. 이마 부위에 해당하는 전전두엽에 건식 전극을 부착한 휴대용 뉴로피드백 시스템이 파낙토스社에 의해 2001년 국내에서 세계 최초로 개발되면서, 학습과 건강 목적으로 사용자가 편리하게 자가 관리를 할 수 있게 되는 계기를 마련하였다. 더불어 전전두엽에서 떨어져 있는 부위를 훈련하기 위해 개발한 게임 콘텐츠로 특정 기능을 향상시킬 수 있는 효과도 기대하게 되었다.

한편, BCI의 해외 시장은 매년 약 11.5%의 성장률로 2020년에는 약 15억 달러 규모로 성장할 것으로 전망되며, BCI 시장의 성장에 따라 뇌파 센서 시장도 53만 달러('13년)에서 1,089만 달러('18년)로 성장이 예측된다고 하였다(한국연구재단, 2017). BCI 시장의 성장에 따라 필연적으로 동반 성장하게 되는 것은 기반기술을 구현하기 위한 게임 콘텐츠 분야라고 할 수 있는데, 이 분야의 투자와 기술 발전이 더 많이 필요한 상황이다.

국내에서는 주로 의료기기로 뇌신경 질환을 진단 관련 영상 처리용 장치 및 소프트웨어가 상위 품목에 속해 있으나, 대중이 손쉽게 뇌 건강을 자가관리하는 시장은 점점 성장하고 있는 추세이다.

BCI 뉴로피드백 장비를 개발하는 해외 기업으로는 미국 NeuroSky, OCZ technology, 호주의 Emotive, 캐나다의 Muse 등과 국내에서는 파낙토스, 락싸, 옴니 C&S, 소소, 와이브레인, 한국과학기술원 등이 있으며 교육과 건강 분야 사업에 진출하여 수요를 창출하고 있다.

[그림 2] 뉴로피드백 게임 콘텐츠

출처: panaxtos.com

　두바이 미래 재단 패트릭 노악Patrick Noack 박사는 현재 BCI 기술은 주로 의료 목적을 위해 뇌와 신경계에 연결되었지만 5차산업혁명 시대에서는 우리가 누르고 말하는 스마트 장치가 사라지고 뇌-컴퓨터 인터페이스가 그것을 대신하여 생각만으로도 다른 사람들과 의사소통을 하거나 마음을 읽는 팔찌 등을 사용할 것이라고 말한다. 생각만으로 공항에서 체크인하고, 코로나19 같은 전염성 바이러스로부터도 우리의 안전을 지킬 수 있다. 마음만 먹으면 어디서든 쇼핑을 할 수 있다. 의식과 무의식에서 생각과 감정을 구별해내기 위한 '신경 정량화 시대neuro-quantified era'가 곧 열릴 것이며 다가오는 미래 세상에는 휴먼증강 기술이 일상생활과 함께할 것으로 전망하고 있다(Noack, 2020).

2. 청소년 게임 속에 구현되는 휴먼증강 기술

청소년 인구 감소의 대안

청소년은 뇌발달의 정점을 이루는 중요한 시기이다. 특히 사춘기 무렵의 뇌는 잘 사용하지 않는 신경회로를 가지치기하듯이 스스로 정리하여 보다 효율적인 상태를 유지하고 최적의 효과를 내기 위한 준비과정을 한다. 부모로부터 받은 유전자와 태어나고 성장하는 과정에 둘러싸인 환경 속에서 스스로를 적응시키면서, 평생 살아가는 데 필요한 내적 자산(생명력)을 확립해나가는 시기라고 할 수 있다.

특히 우리 뇌의 중요한 인지기능 중 하나인 작업기억력은 16세 정도에 시작하는 청소년기 후반부에서 폭발적인 성장을 이룬다고 한다(Klingberg et al., 2002). 이러한 시기에 게임 같은 환경적 요소는 뇌의 발달과정을 촉진하거나 오히려 저해하는 양면성을 가질 수가 있을 것이다.

교육용 게임은 교과 과정을 보다 수월하게 학습하기 위해 만든 교육용 게임과 두뇌 기능, 특히 뇌의 특정 부위를 뇌 가소성[35] 원리를 이용해 훈련시켜 구조와 기능을 변화시킬 수 있는 뇌 교육용 게임으로 나눌 수 있다.

교육용 게임을 통해서는 학습적인 내용들을 습득한 후 지식과 행동으로 활용할 수 있을 것이며, 뇌 교육용 게임은 뇌 기능 향상, 즉 휴먼증강을 위한 기술로써 활용이 가능하다. 그리고 이러한 게임의

----

35   뇌 가소성(neuroplasticity): 신경가소성. 경험이나 학습의 결과로써 새로운 신경망을 형성하는 뇌의 능력이며 평생에 걸쳐 변화한다고 알려져 있다(Costandi, 2016. 재구성).

개발은 다학제간의 융·복합적 연구가 바탕이 될 것이다.

4차산업혁명 시대에는 급변하는 환경의 변화에 능동적으로 적응하기 위해서는 뇌의 환경적 적응능력을 충분히 활용해야 한다. 뇌는 생명의 특성으로 그 자체가 생존에 기반을 두고 있다. 주변 환경은 사회적이든 기술적이든, 변화하지 않으면 쇠퇴하거나 도태될 수밖에 없다는 것은 누구도 부인하지 않을 것이다. 최근 코로나19로 인한 팬데믹이 발생하기 전과 이후의 세계는 이러한 시대적 상황에 적응하지 못하면 생존 자체에 큰 위협을 받을 수 있다는 것을 말해준다.

또한 지속적인 출생률 저하로 학령기 자원이 부족하여 2021년도 대학입시에서 많은 대학들이 정원미달이라는 사상 초유의 사태를 피부로 체감하게 되었다. 이러한 상황은 우리나라가 OECD 평균 출생율에서 최하위를 기록하고 있다는 점에서 앞으로 더욱 악화될 가능성이 높고, 향후 청소년의 능력을 비약적으로 높이지 않는다면 필연적 인구 감소에 따른 국가적 역량 또한 줄어들 것이 예상된다.

2017년부터 초등학교 1학년부터 순차적으로 적용된 2015년 개정된 교육 과정의 인재상을 보면 '창의융합형 인재 양성'으로 정의하고 있다(국가교육과정정보센터). 창의융합형 인재는 인문학적 상상력, 과학기술 창조력을 갖추고 바른 인성을 겸비하며 새로운 지식을 창조하고 다양한 지식을 융합하여 새로운 가치를 창출할 수 있는 사람을 뜻한다. 핵심역량은 자기관리와 지식정보처리, 창의적 사고, 심미적 감성, 의사소통, 공동체를 제시할 수 있는 능력을 갖춰야 하는 미래 인재상을 교육적 목표로 삼고 있다. 이러한 인재상은 선천적으로 두뇌 기능이 우수하고 교육적 환경이 양호한 소수의 학생들뿐만 아니라 대다수 학생들에게도 차별화된 교육에 의해서 그 혜택이 돌아갈 수 있는 특단의 방법이 동반되어야 한다. 그렇지 않다면 지금까지 교육 결과와 크게 다르지 않을 것이다.

창의융합형 두뇌 만들기

창의융합형 인재를 양성하기 위해서는 무엇보다도 뇌의 발달상의 특성을 잘 이해하고 적절한 시기에 뇌기능을 촉진할 수 있는 과학적 접근이 필요하다. 특히 뇌의 부위 중 청소년기에 걸쳐 가장 늦게 발달하는 전두엽, 특히 전전두엽의 발달이 중요한데 이는 모든 감각적 연결의 통합이 이루어지고 기업의 CEO 역할처럼 고등 인지기능을 수행하고, 인성도 완성하며, 정보가 뇌에서 신체로 내려가는 하향방식의 조절기능을 맡고 있기 때문이다.

예를 들어 창의융합형 인재가 되기 위한 방법을 살펴본다면 먼저, 정보를 정확히 인지하고(주의집중력), 빨리 처리하며(정보처리속도), 오래 기억하기 위한(기억력) 기초적인 두뇌기능 외에 소통과 공감을 잘할 수 있는 사회성(대인관계스킬), 추론 능력과 문제해결력(창의력)을 높여주는 공간지각력 등이 통합적으로 발달 된 두뇌 만들기가 뇌과학적 대안이 될 수 있을 것이다(뉴런러닝).

각성arousal 이나 경각심alertness은 주의와 집중에서 중요한 요소로 적절한 수준의 경각심은 고차원의 추론이나 문제 해결, 학습 및 기억과 같은 분야에 최고의 성취를 이루는 데 기여한다. 이 과정의 몰입 상태는 최적의 상태optimal performance라고 할 수 있으며, 최대 성과를 창의적이고 생산적인 방법으로 만들어 낼 수 있다. 이 상태의 뇌는 아세틸콜린이라는 신경전달물질을 분비하여 주어진 시간에 빠르게 반응할 수 있는 선택적 주의력과 집중 상태를 유지하는 기능을 발휘한다.

또한 심적회전mental rotation 능력은 마음으로 공간적 배열이나 대칭구조를 잘 이해하는 능력을 의미하고 다양한 상황에서 두뇌가 명민함을 유지하고 성과를 내는데 도움을 주는 기술이라고 알려져 있다.

공간지각력 향상은 추론 능력과 문제해결 능력을 높이고 두뇌의 집행통제기능 강화로 인지유연성이 좋아지고, 작업기억력과 시지각 정보처리 속도 및 반응속도가 빨라짐으로써 학습능력을 쉽게 향상시킬 수 있다.

이러한 인지기능들은 재미와 동기부여를 강화시킬 수 있는 게임형식의 훈련으로 향상시킬 수 있으며 그 결과 뇌의 다양한 부위의 발달을 촉진시켜 오랫동안 그 기능을 유지할 수 있는 역량을 가진다. 살아가면서 겪게 되는 문제를 해결하고 상대방을 배려하는 공감 능력과 배려심은, 사실상 인격적 완성을 이루는 바탕이 될 수 있다. 이러한 휴먼증강의 기술들이 뇌과학 기반의 게임을 통해서 실현되는 것이다.

이렇듯 창의융합형 두뇌 만들기는 교육 이념인 평등하고 공정한 기회를 부여할 수 있어 누구나 자신의 상태를 인지하고 차별화된 두뇌를 만들 수 있다는 점에서 기존 교육과 더불어 실현 가능한 방법이라고 할 수 있다.

게임을 통하여 인지기능을 향상시키는 방법은 앱Application을 통해서도 손쉽게 접근할 수 있을 만큼 다양해지고 있으나, 모든 프로그램들이 그 효과를 보장하지는 않는다. 두뇌 훈련게임이 실생활에 적용되지 않고 게임능력만 향상시킬 수 있다는 우려(연합뉴스, 2016)가 있을 수 있기에 훈련 효과에 대한 엄밀한 과학적 검증이 요구되는데, 그 기준을 만족시키는 기능성 게임들이 등장하고 있다.

뇌-컴퓨터 인터페이스(뉴로피드백) 훈련의 목표

뇌-컴퓨터 인터페이스를 이용한 뇌기능 활성화 훈련인 뉴로피드백 훈련의 목표는 2가지로 나눌 수 있다. 첫 번째는 뇌의 최적화 optimal performance 과정으로 이 과정에서 증상을 개선하고 건강한 뇌를 만들 수 있으며, 두 번째로 최대성취peak achievement 과정으로 뇌 기능을 최대로 높인다는 것이다. 이 두 가지 목표는 서로 구분 짓기보다는 연결되는 과정으로 볼 수 있으며 이를 통해 타고난 자신의 역량을 배가 시켜 학업성취도를 극대화할 수 있다.

뉴로피드백 훈련은 자신의 뇌파 정보를 컴퓨터가 해석하여 원하는 결과에 대한 피드백을 통해 실시간 이루어지는 원리를 가지고 있다. 그렇기에 뇌파 상태에 대한 피드백을 신호음이나 움직임 같이 청각, 시각적 정보를 피드백 도구로 사용하여, 단순히 컴퓨터 화면을 바라만 보는 방식의 훈련 위주의 게임 방식이 국내외적으로 주로 이루어져 있다.

그러나 뉴로피드백 기술이 발전하면서 이러한 방식에서 탈피한 다양한 시도가 이루어지고 있다. 뇌파 상태에 대한 피드백뿐만 아니라 특정 인지기능 훈련과 결합한 과제(또는 작업)기반 뉴로피드백 훈련 게임 콘텐츠들을 파낙토스社에서 개발하여 대중적으로 활용하고 있다. 이는 중학생을 대상으로 한 작업기억력 연구에서 작업기억력 향상의 효과가 과제에 따른 인지훈련에 의해서가 아니라 뉴로피드백 훈련의 효과라는 필자의 연구를 통해서 입증한 바 있다(정철우, 2017).

또한 고등학생들의 주의집중력이 향상되고 기억력과 관련된 인지기능들이 긍정적으로 변화하며, 육체적, 정신적 긴장과 불안, 흥분을 감소시킬 뿐만 아니라 자기효능감 향상에도 유의미한 영향을 미치는 효과를 보고하여 학습능력 향상을 위한 방법으로 뉴로피드백 훈련을 제시하기도 하였다(김문수, 2011).

필자가 2년간 뉴로피드백 훈련을 지도했던 문OO(30세)의 사례(파낙토스, 재구성)가 있어 소개해 본다.

"저는 직장인으로 대화 시 말하는 속도가 조절되지 않아 발음이 불분명해지고 상대방이 잘 못 알아듣는 경우가 많았고, 운동을 하거나 평상시 몸을 움직이는 일도 힘 조절이 잘되지 않아 당황을 하고, 그로 인해 감정 조절마저 잘되지 않아 조그마한 부정적 자극에도 기분이 쉽게 나빠지는 등 여러 방법을 동원하더라도 잘 해결되지 않았습니다.

뇌파를 측정하여 뇌기능을 평가하면서 원인을 파악하고 비정상적인 뇌파의 상태를 정상으로 바꾸기 위해 꾸준한 뉴로피드백 훈련을 한 결과 초기 효과로는 정서가 안정되고 조급한 마음이 사라지는 경험을 하게 되면서 안도감과 자신감이 생겨나기 시작하였고, 1년 정도의 증상 개선을 위한 뇌의 최적화 훈련과정을 통해 생활의 불편함, 부적응 등 정서와 행동의 문제는 큰 어려움 없이 해결됨을 느낄 수 있었습니다.

이러한 효과에 대한 확신과 자신감으로 뉴로피드백 신경인지훈련을 위해 1년을 더 도전하게 되었습니다. 이 훈련을 단계별로 하기 시작하면서 지금까지 경험해 보지 못했던 신기함과 큰 성취감을 느끼게 되었습니다. 예를 들어 주의집중력 훈련은 다른 사람의 시야에 안 들어오는 것들까지 시야에 들어오면서 물건을 빨리 찾고 뭔가 반드시 집중해서 찾아야 할 것이 있으면 눈에 잘 들어오고 특히 책을 읽을 때 예전보다 시야가 매우 넓어지게 되었으며 뭔가를 찾으려면 마음을 비우듯이 편안한 상태를 유지해야 빨리 눈에 들어온다는 것도 스스로 배우게 되었습니다.

N-back 같은 작업기억력 훈련에서도 단계가 올라갈 때마다 게임의 실력이 올라가듯, 순발력, 집중력이 좋아지니 인터넷 강의를 들을 때 핵심 요약이 잘 되고 조금만 집중해도 강사 설명이 잘 이해되기 시작했습니다. 기억력 최고의 단계에서는 정말 암기 실력만으로 해결되지 않아, 더욱 집중해보니 확실히 몰입이 되었을 때만 정답을 맞출 수 있었습니다. 처음에는 훈련 시 보여지는 속도에 적응하지 못하였지만 계속해 보니 눈에 익어서 이제는 운동할 때 스쿼시 공의 움직임이 예전보다 느리게 보이는 신기한 경험을 하였고 일상생활에서는 주위 사물의 작은 변화도 쉽게 알아차리게 되었습니다.

몰입된 상태에서 책을 보니 어려운 문학책도 2번 정도만 읽으면 저절로 2~3줄 정도가 한눈에 들어오면서 술술 읽히는 등, 이해 안 되는 문장을 읽을 때도 한결 쉬워졌습니다. 그리고 영상을 본다거나 이미지를 기억할 때도 전보다 기억이 너무 잘 되었습니다. 이러한 인지기능이 좋아지면서 달라진 점은 주위 사람들이 저에게 도움을 청하는 빈도가 늘어났다는 겁니다. 뭔가 자료를 빨리 처리하거나 정리하는 일이 있으면 상사들이 저에게 도움을 부탁하기도 합니다. 저보고 '알파고'라는 별명도 붙여줬습니다."

이 사례에서 뉴로피드백 훈련은 정서와 행동 조절 능력을 키워주고 뇌 인지기능을 향상시켜 증상 개선뿐만 아니라, 휴먼증강 기술로써 활용 가치가 매우 높다고 할 수 있다.

emotive社 emotive.com 홈페이지에 소개된 내용에서 카드 아마추어와 프로선수의 뇌 활동성 차이를 보면, 프로선수의 뇌에서는 카드놀이를 위해 활동하는 뉴런(신경세포)들의 연결성은 비교할 수 없을 만큼 많이 이루고 있다. 정보의 병렬처리같이 뇌의 효율성이 크게 향상된 것을 알 수 있고, 일상의 범위를 넘어선 기능적 활동성을 예측해볼 수 있으며 인간능력 향상이 충분히 가능하다는 것을 알 수 있다.

이러한 사례들에서 보듯이 게임 속의 휴먼증강 기술로 타고난 능력 이상으로 발전할 수 있는 것을 알 수 있으며, 꾸준한 훈련을 통해 청소년들의 심리, 정서 조절뿐만 아니라 학습능력까지 향상되어 부족한 인적자원을 극복할 시대적 대안으로 역할을 할 수 있을 것이다. 이는 기존의 어떠한 약물이나 방법으로도 기대할 수 없기 때문에 더욱 가치가 있다.

3. 인지 재활을 지원하는 노인용 게임

우리 뇌는 다시 젊어질 수 있을까?

기억력이 떨어진다는 말을 떠올릴 때 우리는 치매를 우선하여 생각할 수 있다. 인간의 존엄성을 상실할 수 있는 그 질환에 대해 예방하고 치료할 수 있는 명확한 길이 있다면 누구나 최우선하여 선택할 것이다. 그러나 아직까지 치료법이 규명되지 못한 현실은 예방만이 최선이라는 경각심을 가져야 한다.

특히 우리나라는 고령화가 급속히 진행되고 있고 심지어 2026년 도에는 초고령사회(65세 이상 20%)로 진입할 것으로 예상된다. 65 세 이상 치매환자도 2018년 75만여 명에서 2090년 323만여 명으로 4.4배 증가할 것이며, 이에 따른 국가의 치매 관리비용도 2010년 8.8조 원에서 2060년 105.7조 원으로 12배로 증가할 것으로 예상된 다(중앙치매센터, 2018). 이는 국가 전체적으로 가장 우선적으로 극복 해야 할 질병으로 인식하고 있다는 것을 의미한다(국가기술자문회의 2018).

치매는 단순히 기억을 못하는 것만이 아니라 뇌의 정보처리 속도 가 저하되는 등 전반적인 인지기능의 쇠퇴 양상을 보인다는 것이 다. 미국 버지니아대학 심리학과 솔트하우스 교수의 연구(Salthouse, 2013)에 의하면 건강한 70대의 정보처리속도, 추론능력, 기억력 등 은 20대에 비해 약 20% 수준이다. 이는 우리가 생각하는 것 이상으 로 노화로 인해 추론능력, 시공간능력, 기억력, 인지처리속도 등의 인지기능이 크게 저하된다는 것을 알 수 있다.

노화로 인한 인지기능 저하를 지연시키거나 심지어 나이에 역행 할 수준으로 회복될 수 있을까? 답은 최근 연구들에 의하면 뇌의 가 소성으로 인해 '가능하다'라고 말할 수 있다. 신체활동, 균형 잡힌 식단, 사회적 유대관계 맺기, 적절하고 충분한 수면 등 뇌건강을 지 키고 신경생리적 민감성을 예방하여 정신건강을 증진시키며, 인지 기능을 향상시킬 수 있는 다양한 방법들에 대한 연구들이 있다.

그중에서 게임화gamification를 통한 놀이 문화는 전통적인 놀이에 익숙해져 있는 노년층이 ICT와 정보기술이 발전한 디지털 놀이 문화를 통해, 흥미와 집중력을 유도하고 자율적인 게임 수행을 통한 인지 수행의 단계를 높여갈 수 있도록 게임을 프로그램화 할 수 있다(한국콘텐츠진흥원, 2020). 컴퓨터와 스마트폰 앱을 기반으로 한 인지기능 향상 훈련은 국내외적으로 개발, 보급되고 있다. 그 과정에서 관련 연구 논문 수가 최근 크게 증가되고 있는 추세는 일상생활에서도 손쉽게 도움을 받을 수 있는 과학적 근거로써 반가운 소식이 아닐 수 없다.

일반적인 약물과 같은 화학적 요법을 통한 치료 효과와 달리 컴퓨터 기반 비디오게임의 효과성에 대한 과학적 근거가 매우 중요한데 2015년 미국 국립의학원National Academy of Medicine에서 그 가이드라인을 제시하였다(brainHQ.com 재인용).

1. 표준 뇌검사를 통해 훈련효과가 해당 두뇌기능 영역에 실제 전이된 것을 증명하였는가?

2. 훈련 효과가 전이되어 일상활동(학습, 업무, 운전 등)을 하는 데 실제 개선된 것을 증명하였는가?

3. 다른 두뇌훈련 도구를 사용한 실험집단과 성과를 비교, 평가하였는가?

4. 향상된 훈련효과가 얼마나 지속되는가?

5. 제작사와 무관한 연구원들을 통해 훈련 효과를 반복 검증하였는가?

많은 기능성 게임들, 특히 인지기능을 향상시키기 위한 게임을 제작하는 기업과 연구소 중에서 위 다섯 가지 항목을 모두 충족한 두뇌훈련 프로그램은 미국 PositScience社의 'brainHQ' 프로그램이라고 한다(brainHQ.com). 이를 보면 프로그램을 개발하는 것보다, 그 효과를 검증하는 것이 더 어려운 일이라는 것을 알 수 있다. 관련 산업 발전을 위해서는 막대한 투자가 필요할 것으로 보인다.

이러한 기준을 충족시킨 연구들의 사례가 있다. 〈연합뉴스 TV(2017)〉에서는 평균 74세의 일반인 2,800명을 대상으로 10시간 두뇌게임 훈련 후 10년간 추적 연구한 결과, 치매 위험이 약 30% 감소했다는 결과를 방영하였고, 심지어 우울증 발병률도 38% 감소한 효과를 발표하였다(Edwards et. al., 2017). 노인 대상 6주간 12시간의 두뇌훈련으로 기억을 형성하고, 알츠하이머 치매에 대항하는 데 필요한 신경전달물질인 아세틸콜린의 분비량이 16~24% 증가한다는 연구(NJ.com, 2018) 발표도 있다.

국내에서는 2016년 〈생로병사의 비밀〉 '키모 브레인, 게임을 통해 두뇌 훈련을 하다?!' 편에서 항암치료 후 겪는 인지장애인 '키모 브레인' 개선에 효과(Meneses et. al., 2018)가 있다는 내용으로 방영되었다. 미국 특허청에서 '우울증, 기분 및 불안 장애 치료용'으로 brainHQ 두뇌훈련 게임에 대해 소프트웨어가 치료용으로 특허 받은 최초의 디지털치료제로 인정받았다(Intrado, 2017). 이제 게임은 효과에 대한 과학적 근거가 있다면, 인지기능과 우울감 등 정서적으로 취약한 노년층도 충분히 재미있게 즐기면서 효과도 볼 수 있는 대안이라고 할 수 있다.

또 다른 예를 살펴보면 사회적으로 문제되고 있는 고령운전자의 교통사고 사고율 증가가 있다. 면허 반납제를 통한 교통사고 줄이기 대책을 내놓고 있으나, 생업을 위해 면허가 필요한 경우나 대중

교통 기반이 부족한 지역에서 불가피하게 차량을 이용하여야 하는 경우에는 그 실효성이 떨어지고 있다. 면허반납제도 외에 추가적인 대책으로써 주간 시간대 운전이나 일정 지역 내에서의 운전만 허용하는 등 조건부 운전면허제도를 도입할 예정이라고 한다(헤럴드 경제, 2021).

Ball(1993) 등의 연구에 의하면 나이에 따른 시야각UFOV; Useful Field of View이 40% 이상 감소 시 교통사고는 2배로 급증한다. 이 경우 사전에 준비할 수 있는 일반적인 교통상황이라 해도, 줄어든 시야각으로 인해 위험 상황을 사전에 인지하지 못하여 돌발상황에 대처하지 못하게 되는 것이다. 이런 의미에서 국내에서 추진하고 있는 고령 운전자 교통사고 예방 정책들이 효과가 있을 것으로 보이지만, 여기에 추가로 시야각을 향상시킬 수 있는 능동적인 개입도 필요할 것이다.

관련 연구를 보면, 평균연령 73세의 일반인 908명을 대상으로 컴퓨터 게임을 통한 시야각 확장과 시각처리속도 훈련을 10시간 실시 후 6년간 추적 관찰한 결과 시야각이 63% 확장되었다. 시각처리속도도 2배 빨라져 88km/h의 속도로 주행 중 제동거리가 6.7m 단축되고, 위험한 운전 조작율이 38% 줄었으며, 운전자 본인 잘못으로 인한 교통사고가 48% 감소하였다. 이러한 효과는 6년간 지속되었다(Ball et al., 2010). 고령자라 하더라도 맞춤형 기능성 게임을 통해 관련 인지기능이 향상되면서, 안전운전에 큰 도움이 되고 삶의 질을 향상시킬 수 있다는 것을 입증한 사례라 볼 수 있다.

건강수명 증진은 가능한가?

60대 이상의 노인들은 신체 및 정신의 건강관리 중요성은 대체로 인지하고 있으나 생활중심의 건강법에 대한 인식은 다소 부족한 상태라 할 수 있다. 이러한 사실은 꾸준한 운동, 균형 잡힌 식사, 수면, 사회적 활동의 중요성을 인식하고 있으며 노인을 위한 건강관리가 생활형 건강법 중심으로 설계될 때 그 활용도와 효과성이 높아질 것으로 볼 수 있다. 접근성, 실행의 용이성, 재미와 지속성이 중요함으로 인해 노인층을 위한 맞춤형 게임 개발의 필요성이 더욱 대두되고 있다.

그리고 건강한 삶을 위한 생활습관의 중요성이 강조되고 있는데, 예를 들어 치매 전 단계인 인지기능의 쇠퇴를 경험한 노인들을 대상으로 한 연구(McMaster et al., 2020)에서 지중해식 식단, 신체운동 그리고 온라인 인지훈련을 하는 생활습관으로의 변화가 인지기능을 개선시키는 데 도움을 준다고 한다. 이렇듯 게임 방식의 인지훈련은 인지기능의 재활로도 활용도가 높아지고, 자신에게 필요한 영역의 인지훈련을 선택해서 일상생활에 습관화시킨다면 건강수명 증진에 큰 도움이 될 것으로 여겨진다.

컴퓨터 비디오게임과 마찬가지로 노인을 대상으로 한 뉴로피드백 훈련 효과성에 대한 국내 연구에서도 정상 노인들을 대상으로 한 작업기억력 향상(이근영, 2016)과 인지기능 향상 및 부적 정서 감소(류윤지, 2018) 등이 있다. 정상 노인들을 대상으로 한 연구가 최근 이루어지고 있으나 질환을 앓고 있는 노년층 환자들을 대상으로 한 국내 연구는 아직 미미한 실정이다.

과학적으로 검증된 컴퓨터 기반 비디오게임과 뇌의 최적화 과정을 통해 뇌건강을 증진시키는 뉴로피드백 훈련의 융복합은 많은 시사점을 알려준다. 앞으로의 기능성 게임, 특히 인지기능 향상을 목적으로 하는 게임은 보다 빠른 효과를 보장하고 제한된 시간을 효율적으로 사용해야 한다. 그러기 위해 앞서 언급하였던 인지기능 훈련과 뉴로피드백 훈련을 동시에 할 수 있는 다양한 게임 콘텐츠 개발이 필요하다.

4. 뇌과학과 휴먼증강 기술의 미래

뇌와 컴퓨터가 상호 소통이 가능해지면서 뇌파를 이용한 기능성 게임은 새로운 차원으로 진화하고 있다. 인지기능을 최대한 발달시키기 위한 비디오게임도 과학적 기반하에서 더욱 정교해지고 있다. 이제 게임을 통하여 재미, 휴식, 치유, 그리고 정보를 제공하는 것뿐만 아니라, 보이지 않는 마음을 읽고 원하는 정보와 비교하면서 필요한 결과를 알려주기도 한다.

이러한 기술의 발전을 위해 페이스북, 구글, 아마존과 엘론 머스크의 Neurallink 등의 글로벌 기업들은 5차산업혁명 시대의 주역을 꿈꾸며 거대 자본을 투자하면서 준비하고 있다(Noack, 2020). 기술 발전과 동반하여 기반기술 구현을 위한 콘텐츠들, 특히 게임 콘텐츠는 뇌를 닮고 싶어하는 인공지능이 그러하듯이 뇌과학을 만나 인간을 더욱 이해하고 삶의 질을 향상시킬 수 있는 근원적인 역할을 할 수 있을 것이다.

4차산업혁명 시대는 이미 진행 중이다. 디지털 생명공학 기술에 기반한 뇌기능 활성화를 위한 휴먼증강 기술로 인류는 또다시 한 단계 진화하고 있다. 그리고 언젠가 마주하게 될 5차, 6차산업혁명 시대에는 어릴 적 공상과학 만화나 소설에서 보았던, 사람들이 텔레파시로 소통하는 모습을 볼 수 있을지도 모른다. 이는 결코 허황된 꿈이 아니라 현실이 될 것이라고, 많은 과학자들이 예측하고 있다.

정철우 mynp@hanmail.net

· 브레인백신 대표, 뇌과학박사
· (재)한국정신과학연구소 교수위원(현)
· 파낙토스통합뇌센터 슈퍼바이저(현)

e스포츠의 역할과 몸 기능 향상

이상호

e스포츠는 현재 가장 뜨거운 현상이다. 한국 팀이 우승한 중국에서 열린 2020년 롤 LoL, League of Legend 월드컵 결승전에는 1억 6천 명이 시청하였다. 지금도 전 세계에서 e스포츠 경기가 열리고 있다. 이에 많은 청소년들은 프로e스포츠 선수를 꿈꾼다. 특히 신체활동의 부족한 코로나19 COVID-19 시대에 e스포츠는 일반 스포츠의 역할을 대신한다. 하지만 이러한 e스포츠의 열광에도 불구하고 우리는 e스포츠에 대해 긍정과 부정의 입장을 동시에 가지고 있다. 긍정적인 측면에서 보면 e스포츠는 4차산업 발달과 새로운 고용창출 등을 언급하겠지만, 개인적 관점에서 보면 e스포츠는 시간 낭비, 중독, 과몰입의 부정적인 측면을 강조한다. 특히 e스포츠가 자신의 몸 기능 향상에 도움이 되느냐고 주위에 물어보면 긍정보다는 부정적인 대답이 많을 것이다.

본 장은 e스포츠의 역할과 몸 기능 향상을 위해 e스포츠가 어떠한 역할을 하는지 검토하고자 한다. 오늘날 몸 기능은 단순히 건강함만을 추구하기보다는 인지능력과 창의력을 요구한다. e스포츠는 충분히 몸 기능 향상과 관련된 인지능력, 소통, 협력을 가능케 하는 도구로 작동한다.

1. e스포츠와 한국의 위상

e스포츠란?

e스포츠가 하나의 문화로서 우리의 삶과 행동에 배제할 수 없다면, e스포츠에 대한 좀 더 면밀한 이해와 검토가 필요하다. e스포츠는 디지털 플랫폼의 작동 하에 인간의 움직임을 통해 승부가 나는 경기이다(이상호, 2020a). 그 승부에는 주어진 정보나 소통능력의 경쟁력이 중요한 역할을 한다. 이를 위해 신체적 정신적 능력은 중요하다.

원래 e스포츠는 사이버 스포츠Cyber sports, 경쟁적인 비디오게임Competitive video game, 전자 스포츠Electrionic sports, 디지털 게임Digital Game으로 불리다가 1990년대 초에 e스포츠, eSports라는 단어가 등장하였다(이상호, 2019). e스포츠는 단순한 게임과는 다르다. e스포츠는 열광적으로 참여하는 관객이 있고, 그 경기가 진행되는 규칙이 있다. 그 규칙 안에서 선수들은 자신의 기량으로 경쟁하여 승자와 패자가 결정된다. 특히 단체전은 전략과 전술 그리고 동료와의 호흡 등이 중요하다. 따라서 e스포츠는 바둑과 체스 경기와 같이 정신적Mental 경기로 인정받고 있다. 하지만 e스포츠의 정신적 능력을 유지하기 위해서는 신체적 능력도 준비되어 있어야 한다(이상호 역, 2021). 개인이 즐기는 '디지털 게임'에서 '보고 참여하는 e스포츠'로 전환됨으로써 하나의 스포츠 산업으로 새롭게 탄생하였다. 여기에 프로e스포츠 선수, 마케팅전문가, e스포츠 중계를 위한 해설자, 중계방송의 기술, 경기의 데이터의 축적 등은 새로운 산업발달을 촉진시켰다.

e스포츠의 현황

긍정적인 측면에서 본다면, e스포츠는 경제적 매출이나 이익 그리고 4차산업의 새로운 고용창출의 기회를 늘린다고 주장할 수 있다. 통계업체인 뉴주Newzoo에 따르면, e스포츠의 경제규모는 2020년에 약 10억 불이 넘어, 2023년에는 약 15억 불에 달할 것으로 예상한다. 그러나 한국은 그 속에서 10% 내의 경제규모를 보이고 있으나, 시간이 지나감에 따라 그 역할은 축소되고 있는 실정이다.

동남아시아에서는 e스포츠의 경제적 영향력과 시청자의 관심증대로 일반 스포츠 경기와 마찬가지로 동등하게 인정하여 대회가 진행 중이다. 한국에서도 e스포츠 단체를 시·도 체육회의 산하 단체로 인정하였다. 그리고 부산, 광주, 대전에서 e스포츠 아레나 경기장이 오픈되어 e스포츠 경기가 진행 중이다.

이러한 e스포츠에 대한 경제적인 측면과 청소년들의 관심은 IOC로 하여금 e스포츠에 관심을 가지게 만들었다. 이에 따라 2019년 IOC정상회의에서는 e스포츠를 VR과 시뮬레이션의 영역이 강조된다면 스포츠의 영역으로 고려될 수 있을 것이라 하였다 (IOC. 2019. 12. 07.). 하지만 현재에 IOC는 e스포츠가 갖는 중독, 과몰입, 시간낭비, 공공재의 문제, 종목의 비연속성, FIFA와 같은 하나의 통일된 조직 체계의 허약성, 지나친 상업성으로 부정적으로 파악하고 있다. 그럼에도 불구하고 2018년 팔렘방 아시안 게임에서는 전시종목으로 2022년 항저우 아시안 게임은 정식종목으로, 2024년 파리올림픽에서는 시범종목으로 채택을 고려 중이다. 이제 e스포츠의 올림픽경기 종목으로서 인정 여부는 시간 문제라 생각한다.

한국 프로e스포츠의 위상

프로e스포츠 영역에서 본다면, 우리나라는 세계 최고의 선수들을 보유하고 있다. 2020년 중국에서 열린 롤드컵에서 한국의 '담원게이밍'이 중국의 '쑤닝'을 이기고 3년 만에 다시 세계대회에서 우승하였다. 이들의 경기는 팀 간의 대결을 넘어 국가 간의 대항전으로 인식되었다.

한국의 e스포츠의 위상은 남다르다. T1 소속의 페이커Faker 이상혁을 필두로 많은 뛰어난 선수들이 전 세계 e스포츠 팀에서 활약하고 있다. 한국 프로e스포츠 선수들의 위상은 국내 최고의 연봉을 받을 정도로 위상이 높을 뿐만 아니라, 대기업에서도 후원하고 있다. 한국에서는 축구선수 손흥민과 페이커Faker 이상혁이 같은 광고모델에 등장하였고, 유명 명품회사가 자신의 회사 이미지 제고에 e스포츠 선수들을 광고모델에 이용하였다.

여성 선수인 게구리Geguri 김세연은 2019년 타임지가 선정한 차세대 리더로 선정되었다. 그녀는 프로e스포츠 종목인 오버워치리그에서 참여한 최초의 여성 선수로서 남녀평등에 선두적인 역할을 하였고, 이러한 행위가 타임지로부터 인정받은 것이다. 2018년에 BTS가 차세대 리더로 선정되었다는 것을 고려한다면, 국제사회에서 한국 프로e스포츠 선수들의 위상은 더 이상 말할 필요가 없다.

e스포츠를 바라보는 세대 간의 간격

일상에서 e스포츠가 언급되는 상황에서 가장 큰 문제는 e스포츠를 바라보는 세대 간의 관점 차이이다. 기성세대는 기존에 주어진 문화 틀 속에서 자신의 인식영역을 확장시켜 나가고자 한다. 반면에 e스포츠 세대는 디지털 문화적 환경 속에서 자기 스스로 새로운 영역을 만들어가는 세대이다. 즉 e스포츠는 원래 존재한 것이 아니라, 젊은 세대가 디지털 기기의 놀이에 참여하여 e스포츠라는 형태를 만들었다는 사실이다. 한국이 e스포츠 종주국이라고 불리게 된 이유도 IMF 이후 e스포츠 경기가 가능하게 만든 PC방이라는 외형적인 조건과 초고속 인터넷 환경이 있었기 때문이다.

하지만 우리가 e스포츠를 이야기할 때 프로e스포츠만을 생각해서는 안 된다. 프로e스포츠 선수들은 경쟁에서 살아남기 위해 하루에 14시간 이상 넘게 연습을 한다. 그들 모두를 과몰입이나 중독으로 설명할 수는 없다. 일반적으로 e스포츠가 갖는 부정적인 측면은 많은 시간을 책상에 앉아 생기는 비만과 눈과 손목 특정 부위의 부상, 그리고 다른 사람과의 소통 부재 등을 언급한다. 이러한 e스포츠의 비신체적 활동 결핍에 대한 비난은 어느 정도 설득력을 갖는다. 하지만 우리는 e스포츠의 영역을 PC 기반으로 작동하는 것으로 한정할 필요는 없다. 디지털 기기의 발전은 e스포츠 영역을 컴퓨터의 영역에서 전체 몸의 활동이라는 새로운 경기영역으로 확대시켰다. 예컨대 VR/MR/AR 기기로 대표되는 경기의 형태는 기존의 e스포츠에서 비난을 받는 몸 비활동성의 극복을 보여준다. VR이나 AR 기기를 통한 〈하도HADO〉, 〈춤을 추는 비트 세이버Beat Saver〉, 한국이 개발한 〈AR 드래곤 플라이DragonFly〉와 〈스페셜포스 VR 인피니티 워Special force VR Infinity War〉등은 e스포츠의 미래를 새롭게 펼쳐나간다.

2. e스포츠 참여의 긍정과 부정

한국은 e스포츠의 성지

전 세계적으로 한국이 e스포츠의 성지로 자리매김한 사건은 2004년 프로리그 결승전에 주최 측 추산 10만 명의 관람객이 광안리 해변가에 모이게 됨으로부터 시작되었다. 이는 같은 날 야구의 도시 부산 사직야구장에서 개최된 프로야구 올스타전에 1만 5,000여 관중이 참여하는 것과 비교해서 e스포츠가 거둔 성적을 빗대어 '광안리 대첩'이라는 수식어가 붙였다. 이러한 의미에서 부산은 e스포츠의 '성지'로 불린다. 한국 프로e스포츠 선수들의 플레이 수준은 세계 최고이다. 다수의 세계 e스포츠 경기에서 한국선수는 다른 팀의 주전으로 경기에 참여하고 있다. 한국은 2020년 중국에서 열린

롤 월드컵에서 우승하였고, 다른 대회에서도 종주국의 면모를 보여
주고 있다. 하지만 현재는 중국뿐만 아니라, 미국 그리고 유럽의 선
수들의 기량이 한국과 동등하거나 그 이상의 능력을 발휘하고 있다.
특히 중국에서는 프로e스포츠 선수들을 하나의 직업군으로 그리고
그들을 영화나 드라마의 주인공으로 생각하고 있다. 미국에서는 e스
포츠 팀을 보유한 대학은 80개에 이르고 22개 대학이 장학금을 제공
하고 있다. 심지어 고등학교도 매년 더 많은 팀이 추가되고 있는 실
정이다(Keyi Yin et al., 2020). 반면에 한국의 대학에서는 스포츠팀 구
성을 제외하고 아직 장학금, 팀 운영, e스포츠 프로그램을 체계적으
로 운영하지 않고 있다.

e스포츠의 부정적 인식

일반적으로 e스포츠에 갖는 기성세대의 부정적인 측면은 e스포
츠를 마약과 같은 중독으로 인식한다. e스포츠는 학습에 방해가 되
거나 부모와의 단절 그리고 폭력성을 언급한다. 이는 e스포츠가 우
리의 몸에 긍정적인 것보다는 부정적인 낙인효과Stigma를 만들어낸
다. e스포츠를 장시간 앉아서 노는 것으로 본다면, 심각한 문제를
야기한다는 지적은 틀린 것이 아니다. 과도한 화면에 대한 집중으
로 시야의 흐림과 충혈, 반복적인 손목의 움직임으로 손목 터널 증
후군, 잘못된 자세로 인한 목과 허리의 통증, 장시간 앉아서 발생하
는 소화 기능의 문제, 경기의 결과에 대한 우울증과 불안감 그리고
폭력성 등 다양한 건강상의 문제점들을 야기한다. 하지만 이러한 문
제를 풀기 위해 프로e스포츠 선수들은 퍼스널트레이닝 센터에서 체

계적인 신체 강화훈련을 받고 있다. 일반 프로스포츠에서 선수들의 최적의 경기력을 유지하기 위해 심리치료사, 물리치료사, 트레이너가 있듯이 e스포츠에서도 같은 방법으로 진행하고 있다. 특히 e스포츠는 심리상태가 경기력 유지에 상당한 영향력을 미치는 멘탈 스포츠이기 때문에 심리상담사와의 주기적인 면담도 이루어지고 있다. 오늘날 프로e스포츠 선수들은 상담프로그램에 참여하거나 명상 mediation을 통해 경기에서 안정된 심리상태를 유지하고자 한다.

e스포츠 참여에 따른 몸 기능의 양면성

우리는 e스포츠의 참여에 따른 몸 기능을 양면적으로 접근해야 한다. 프로e스포츠 선수들의 선수수명은 야구, 농구, 축구 등 다른 프로선수들과 비교한다면 상대적으로 짧다. 빠른 반응속도와 움직임을 전제로 하는 e스포츠 경기종목 특성상 어린 나이에 은퇴할 수밖에 없다. 하지만 이러한 조기 은퇴도 자신의 신체적 능력을 어떻게 훈련하느냐에 따라 달라질 수밖에 없다. 다만 우리가 몸 기능과 관련된 e스포츠의 부정적인 측면은 프로선수들이 아니라 일반적인 청소년, 학생 등의 몸과 정신건강과 관련되어 있다. e스포츠를 기분전환의 수준으로 하면 건강상 문제가 없는데 그렇게 되지 않는다는 것 또한 현실이다. 그렇다고 청소년들이 즐기는 e스포츠를 없앤다고 문제가 해결되지는 않는다.

디지털 기기의 환경 속에서 살아왔던 청소년들의 e스포츠 참여는 자연스러운 현상으로 인정해야 한다. 그들의 디지털 기기에 대한 자유로운 탐색이 e스포츠라는 경기종목이 만들어진 것으로 파악해야 한다. 우리는 e스포츠를 부정적인 관점에서 바라보면 e스포츠가 갖는 많은 장점을 놓치게 된다. 예컨대 당구 경기를 생각해보자. 과거에 담배 연기가 자욱한 당구 환경에서 청소년들을 보호하는 것이 당연하였지만, 오늘날 당구는 건전한 스포츠로 인정받고 있다. 과거 뒷골목에서 추는 춤이라 인식되었던 브레이크댄싱Breakdancing이 2024년 파리올림픽 정식종목으로 채택되었다.[36] 그 당시에 브레이크댄싱이 올림픽 정식종목으로 될 것이라고 기대한 사람은 없었을 것이다. 이와 같이 모든 것에는 장점과 단점이 존재한다. e스포츠도 마찬가지다. 몸 건강과 관련하여 e스포츠 그 자체는 죄가 없다. 문제가 있다면 e스포츠를 하는 플레이어를 둘러싼 환경이다. 몸 건강과 관련된 플레이어 문제는 사회적, 문화적, 환경적 관점에서 풀어야 할 숙제이지 e스포츠 그 자체가 문제의 출발점은 아니라는 것이다.

우리는 뛰어난 프로e스포츠 선수들이 높은 연봉이나 사회적 위상에 초점을 맞추는 일도 중요하지만, e스포츠가 우리의 몸 기능에 어떠한 영향을 주는지에 대한 면밀한 학문적 검토와 연구도 필요하다. 오늘날 몸 기능의 향상은 외형적인 튼튼한 몸만을 강조하지 않는다. 우리의 몸 기능은 디지털 시대에 살아가는 데 도움이 되어야 한다. 디지털 시대는 인간 생존에 가장 중요한 요소인 빠른 인지능력, 창의력, 협력을 요구한다. 이러한 상황에서 e스포츠는 인지능력과 소통과 협력을 통해 몸 기능의 향상에 새로운 관점을 부여한다.

----

36 PBS, 「Breakdancing to debut at Paris Olympics in 2024」, 2020.12.8

3. e스포츠와 인지능력

인지란 무엇인가?

현대에서 살아가는 몸의 능력은 신체적 체력보다 높은 지능의 발달과 활용이라는 인지능력을 요구한다. 인지의 사전적 의미는 "자극을 받아들이고, 저장하고, 인출하는 일련의 정신과정. 지각, 기억, 상상, 개념, 판단, 추리를 포함하여 무엇을 안다는 것"이다(국립국어원 표준국어대사전). 즉 인지란 외부 자극의 정보를 변형, 저장, 인출되는 정신과정을 말한다. 디지털 시대에 인간은 자신의 생존과 번영을 위해 주어진 환경을 해결 능력인 인지능력은 대단히 중요하다. 인지능력은 좁게는 시냅스의 연결 부위와 관련되어 있고, 넓게는 자신의 경험축적과 연관된다. 여기에서 e스포츠는 감각과 지각의 협응능력을 키우는데 중요한 역할을 한다(Campbell et al., 2018). 모니터 기기를 기반으로 하는 e스포츠는 키보드와 마우스 그리고 화면의 디스플레이 간의 조정능력을 위해서는 눈과 손의 반응이 필요하다. 이러한 경험은 미국의 직업 분야에 e스포츠 경력과 관련된 항공통제 분야와 군대 조종사, 군사 드론 분야에 필요한 인력이라고 하였다(Smithies et al., 2020). 그리고 VR/MR/AR 기반의 e스포츠는 이러한 모니터와 손-눈 반응뿐만 아니라, 신체적 움직임의 조정과 협응능력은 필수적이다. 오늘날 건강한 신체적 능력보다는 즉각적인 판단능력이 더욱더 중요한 시대에 살아가는 상황에서 인지능력은 자신의 사회적 지위와도 연결된다.

e스포츠의 패턴 파악

e스포츠 경기는 화면에서 보여준 패턴을 얼마나 빨리 판단하느냐에 승부가 결정된다. 여기에 기억의 능력은 중요한 부분을 차지한다. 단기기억으로 패턴을 즉각적으로 읽을 수 있는 능력과 이것을 바탕으로 전체적인 패턴 과정의 인식이라는 장기기억이 필요하다. 정확한 적의 움직임을 판단하고 공격하기 위해서는 장기기억은 필수적이다. 노벨 생리학상을 받은 에릭 칸델Eric Kandel에 따르면 단기기억에는 뇌세포와 세포 사이에 많은 신경전달물질이 분비되어 자신의 기억에 일시적인 잔상이 나오지만, 장기기억은 새로운 신경회로망이 만들어진다고 하였다(전대호 역, 2014). 즉 장기기억에는 인위적인 노력과 훈련이 필요함을 보여준다. e스포츠 경기에서 보여준 정보 해석능력은 즉각적인 반응과 기억력에 근거하여 연습한다. e스포츠 경기에서 승부에 영향력을 미치는 즉각적인 반응에서는 단기기억이 필요하겠지만, 전략과 전술의 활용이라는 측면에서 본다면 장기기억은 필수적이다. 이와 같이 e스포츠 경기에 작동되는 단기기억과 장기기억의 활용은 우리의 인지능력 발휘에 도움이 된다.

e스포츠와 컴퓨터의 활용

우리 세계가 점점 컴퓨터 기술에 의해 지배되고 있는 상황에서 컴퓨터 사용능력은 대단히 중요하다. 컴퓨터의 활용은 직접 참여하여 스스로 성과물을 만들어내는 데 있다. 특히 컴퓨터를 기반으로 이루어지는 e스포츠의 전개는 처음부터 정답을 주지 않는다. 이러한 상황에서 e스포츠에 참여한 사람은 스스로 답을 찾으려고 노력을 한다. 그 답이 경기에서 승리를 위한 방법일 수도 있겠지만, 누군가는 e스포츠 경기가 어떻게 디자인되어 있는지 그 경기 과정이 어떻게 설계되는지 관심을 갖게 된다. 또한 e스포츠 경기는 전 과정이 데이터로서 저장된다. 우리는 e스포츠 경기에서 승리하기 위해 기록된 경기를 리플레이된 빅데이터를 활용하기도 한다. 즉 빅데이터의 활용이라는 측면에서 e스포츠의 데이터는 대단히 활용도가 높다. e스포츠 경기의 데이터는 완벽한 활용 가능한 데이터이기 때문이다. 따라서 e스포츠의 빅데이터의 활용은 승리예측을 넘어 우리가 빅데이터를 기반으로 한 통계처리를 위한 학습의 기회로 삼아야 한다. 그것은 빅데이터 관련 전망 있는 직업과 밀접하게 연관된다.

e스포츠의 인지기능 향상

몸 기능의 향상이라는 측면에서 본다면, e스포츠는 신체적 활용보다는 인지적 측면을 많이 사용한다. 이로 인해 e스포츠 선수들을 '인지적 운동선수'라고 불린다(Campell et al., 2018). 신체적 강조를 하는 스포츠와 다르게 e스포츠는 화면이 자신의 시각 영역 안에 강한 영향력을 준다. 예컨대 사운드, 화면 그래픽, 음향 등이 직접적으로 우리 자신의 의식에 영향력을 미친다. e스포츠 경기 내용이 한눈에 자신에게 강한 집중력과 영향력을 미치기 때문에, 여기에서 나오는 부정적인 요소를 부인할 수 없다. e스포츠는 일반 스포츠 경기보다 생생하게 살아있는 것처럼 느끼는 현전감presence을 가져다 주기 때문이다.

VR/MR/AR e스포츠

e스포츠의 직접적인 시각과 청각의 부정적인 요소에 대한 대안으로 떠오르는 VR/MR/AR e스포츠는 신체적 활용을 강조한다. VR/MR/AR e스포츠는 특정 디자인과 트레이닝 원칙을 따라 전신 움직임을 요구한다. 기존의 모니터를 위주로 하는 e스포츠가 주로 좌식성의 활동으로 시각장애, 불면증, 관절문제, 수면장애 등의 부정적 요소를 보여준다. 반면에 VR/MR/AR e스포츠는 근력 훈련에 중점을 둔 전신 기능성 운동을 특징으로 한다. VR/MR/AR 기반의 e스포츠 미래는 어떻게 진행될지 모르지만, VR/MR/AR e스포츠가 몸의 기능이라는 측면에서 긍정적으로 작동할 것이다. VR/MR/AR e스포츠는 기존의 스포츠에서 선수 기량 향상에도 사용된다. 예를 들어 미식축구 쿼터백의 현실 훈련에 도움이 된다. 미식축구는 신체적 부상의 위험도가 높기 때문에 VR기기를 통해 자신의 기량 증대는 중요하다(백우진 역, 2019). IOC도 신체적 활동을 포함한 VR 기반의 e스포츠나 시뮬레이션 경기를 스포츠 영역으로 받아들여 올림픽 가상시리즈Olympic Virtual Series VR 스포츠 대회 개최를 인정하였다(IOC. 2021.04.22.). 미래의 올림픽 경기는 특정한 공간에 전부 모여 기량을 겨루기보다는 각자의 나라에서 랜선을 통해 승부를 내는 경기가 될 수도 있을 것이다.

4. e스포츠와 소통과 협력

e스포츠와 팀

2020년 롤 월드컵에서 우승한 '담원 게이밍'팀은 롤 챌린저스 코리아(2부 리그) 출신으로 1부 리그 우승과 롤 월드컵을 동시에 우승하였다. 오랜 시간 동안 지속적인 팀 유대감은 세계대회 우승의 밑그림이 되었다. 따라서 e스포츠에서는 선수들 간의 소통과 협력은 필수적이다. 각자의 위치에서 최선을 다하고, 주어진 동료 간의 호흡은 대단히 중요하다. 예컨대 롤LoL 경기의 포지션은 탑Top lane, 정글Jungler, 미드MID lane, 바텀Bottom Carry, 서포터Supporter로 구성된다. 각자의 역할도 중요하지만, 원활한 경기 진행을 위해서는 서로의 협력과 소통은 필수적이다. 상호 간의 신뢰나 호흡이 맞지 않으면 그 경기에서 승리하기란 힘들다. 그리고 수준별 e스포츠 경기의 진행은 그들 간의 협력을 이끌어내기 위한 유용한 방법이다. 오버워치와 같은 일인칭FPS 경기에 참여하더라도 경기 속의 다른 요소와 협력은 승리를 위한 선결 조건이다.

e스포츠와 현대사회의 인재상

대한상공회의소는 국내 매출액 상위 100대 기업 인재상을 조사하였다. 2018년의 인재상은 소통과 협력을 요구하였다. 물론 시대의 흐름에 따라 2008년에는 창의성, 2013년에는 도전정신 등 아래의 그림에서 보여주듯이 다양한 인재상의 변화가 있었다. 그렇다면 오늘날 소통과 협력을 경험하는 인재는 어떻게 만들 수 있는가? 오늘날 소통과 협력의 주요 수단이 미디어라면, e스포츠는 소통과 협력 수단의 중심에 있다.

[그림1]

출처: 대한상공회의소

인간은 협력의 과정을 통해 생존을 유지해왔다. 과거에는 만나서 이야기하고 서로 협력하고자 노력하였다. 하지만 코로나19의 비대면 시대와 맞물려 컴퓨터를 통한 소통은 떠오르는 새로운 소통수단이 됐다. e스포츠는 직접 만나지 못하는 상황에서 함께 참여하여 즐기는 중요한 소통의 수단이다. 또 다른 측면에서 e스포츠는 도전정신을 보여준다. e스포츠는 플레이어들이 경기에 참여하여 해결해가는 과정에서 이루어진다. 그리고 e스포츠 경기는 참여자로 하여금 전략적 사고를 요구하도록 구조화되어 있다. 이를 풀어내기 위해서는 전략적 사고는 필수적이다. 가상세계에서 펼쳐진 과제를 풀고 더 높은 단계로의 진행은 주도적인 학습능력을 키우는 데 도움이 된다. 아이들은 문제 해결을 요구받는 게임에 몰두하여 레벨을 증진시킨다. 다른 사람과 소통하고 협력하는 과정의 경험은 새롭게 제시되는 현실의 문제를 푸는데 응용될 수 있을 것이다. 즉각적인 반응을 보여주는 e스포츠의 해결능력은 플레이어로 하여금 문제해결능력의 자신감과 가져다준다. 즉 e스포츠는 기분전환, 경쟁, 문제 탐색과 해결, 친구들의 협력을 이끌어내고, 빠른 의사결정을 하는데 도움이 된다(Canning & Betrus, 2017).

e스포츠를 통한 소통과 협력의 경험

e스포츠는 시간 낭비가 아니라 소통과 협력을 경험하는 중요한 수단이다. 그 경험이 과하면 중독이나 과몰입 등 사회적 비난의 대상이 되겠지만, e스포츠는 디지털이라는 공간적 특성으로 멀리 떨어져 경쟁하기 때문에 역설적으로 주어진 규칙은 따라야 한다는 것이 암묵적으로 전제되어 있다. 즉 e스포츠는 보이지 않는 대상과 같이 협력할 수 있다는 사실에서 상호 간의 신뢰를 전제로 한다. 예컨대 롤LoL 경기에 초보자들이 쉽게 참여하는 이유는 자신의 수준에 맞게 경기를 진행할 수 있고, 그 자신의 경기 움직임에 대해 시스템이 반응한다는 신뢰가 전제가 되어있기 때문이다. e스포츠의 개인적 참여의 신뢰와 보이지 않는 타자에 대한 신뢰는 결국 세상에 대한 신뢰로 연결되어 확장된다. 이를 통해 우리는 알게 모르게 e스포츠 경기를 통해 공정과 신뢰를 배우게 된다. 어떻게 보면 e스포츠는 종교, 인종, 성차별을 하지 않는다는 관점에서 스포츠보다 훨씬 더 평등성을 갖는다(이상호, 황옥철, 2019). 그리고 e스포츠는 충분히 학습도구로써의 역할을 한다. 주입식 교육은 이제 더 이상 효율적인

교육방법이 아니라면, e스포츠를 통한 소통과 협력의 e스포츠 리터러시Literacy의 교육도 필요하다(교수신문, 2021).

5. e스포츠의 역할과 미래

젊은 세대는 디지털 기기를 다루는데 어렵게 생각하지 않고 친숙한 도구로 생각한다. 즉 멀티태스킹Multitasking이 가능한 세대이다. 디지털 세계는 자신의 마우스와 키보드만 있으면, 무궁한 재미를 제공해준다. 자신이 디지털 세계에서 주도적으로 무언가를 찾고자 하는 시도가 있으면 무엇이든지 가능하다는 점이다(이상호, 2020b). 이러한 태도는 e스포츠 경기에도 적용된다. e스포츠 경기에서 승리는 얼마나 주어진 경기 진행의 패턴pattern을 빨리 읽어내느냐에 승패가 갈린다(김태우, 2018). 여기에는 우리의 즉각적인 감각과 지각의 협응능력이 필요하다. 이러한 e스포츠 경기의 즉각적인 반응과 주어진 질문의 해결능력은 인지발달에 도움이 된다. 그리고 많은 e스포츠가 단체전 경기로 진행된다는 점에서 그들 간의 상호협력은 대단히 중요한 경험으로 작동한다. 과거에는 운동장에서 축구나 야구를 통해 소통하지만, 지금은 e스포츠 경기로 서로 간의 소통과 협력을 한다.

기성세대에게 e스포츠를 얼마나 알고 있느냐고 물어보면 쉽게 답을 하지 못한다. 그 차이만큼 기성세대와 젊은 세대의 소통 간극이 큰 것이 사실이다. 따라서 e스포츠를 안다는 것은 젊은 세대를 이해하는 소통의 수단으로 인식해야 한다. 예컨대 가상공간에서 이루어지는 e스포츠는 가족 간 소통의 수단으로 중요한 역할을 한다(김영선, 이학준, 2020). 젊은 세대만큼 잘 할 수는 없겠지만, 가족과 같이 e스포츠를 한다는 사실 그 자체가 그들 간의 작은 소통의 출발점이다. e스포츠 열광의 이면에는 과몰입, 중독, 시간낭비 등 부정적인 요소를 보이는 것 또한 사실이다. 하지만 이러한 e스포츠의 부정적인 요소가 e스포츠 자체를 부인할 수 없다.

오늘날 e스포츠와 관련된 관심이 비즈니스, e스포츠 아레나 경기장의 건설, 국제대회에서 한국선수들의 성적 등에만 관심을 가진다면, 한국은 전도유망한 e스포츠 선수를 양성하는 농장의 역할로 축소될 것이다. 우리 스스로 e스포츠 경기를 만든 종주국으로서 e스포츠 선수의 조직, 운영, 육성, e스포츠의 국제표준화 작업, 그리고 종주국에 걸 맞는 학문적 위상이 뒷받침되어야 한다. 덧붙여 전 세계 모든 사람이 즐길 수 있는 우리 자신만의 e스포츠 종목 개발에도 관심을 가져야 한다. 이 모든 출발은 올바른 e스포츠 이해와 교육이다. 하나의 e스포츠 경기 장르가 게임의 스토리, 음향, 그래픽, 경쟁의 요소, 재미, 빅데이터의 활용 등 다양한 분야가 개입되어 만들어진다는 것을 고려한다면, e스포츠에 대한 올바른 이해와 교육은 지금 시작되어야 한다.

이상호 kdmusic@hanmail.net

· 경성대학교 e스포츠연구소 연구교수
· 한국e스포츠학회 총무이사(현), 한국e스포츠학회지 편집위원(현)
· <e스포츠의 이해>, <보이지 않는 e스포츠>, <e스포츠의 학문적 이해>,
  <Esports Business Management> 등 다수 저·역서

게임을 통한 인간치유,
어떻게 가능한가?

서보경

게임은 우리 문화산업의 성장 동력 중 하나이다. 우리나라가 IMF로 수많은 실직자들이 새로운 살길을 찾을 때 PC방으로 활로를 찾았으며, 게임산업도 그와 함께 발전하였다. 그러나 게임은 어느 때부터인가 중독이라는 사회적 폐해를 낳는 대상으로 낙인찍혔다. 게임으로서는 무척 억울한 일이다. 알다시피 모든 매체는 사용하는 방법에 따라 독이 되기도 하고 약이 되기도 한다. 여기에서는 게임이 사용자들에게 미치는 긍정적인 영향과 활용 가치를 상상심리, 웰빙, 성장, 디지털 치료제라는 개념과 함께 살펴보고자 한다.

1. 상상심리를 자극하는 게임

삶의 고단함과 욕구

우리가 인터넷상에서 보내는 시간과 현실상에서 보내는 시간은 반반이다. 현실 생활을 산다고 생각하지만 실제로는 사이버 세상과 병행하고 있다. 우리는 행복한 삶을 소망하지만, 현실에 일어나는 일들이 항상 행복하지만은 않다. '일을 하는 사람들은 어디에서 스트레스를 가장 많이 받는가?'라는 질문에 '일보다는 대인관계에서 스트레스를 많이 받는다'는 대답이 대다수일 정도로, 우리는 대인관계에서 스트레스를 많이 받는다. 다른 사람과 의견이 계속해서 맞지 않는다, 왕따를 시킨다, 나를 흉본다, 내가 하는 일마다 못마땅하게 여긴다, 일부러 내가 하는 말에 계속 반대 의견을 낸다. 등등 수많은 일이 일어난다. 사람들은 속으로 복수를 생각한다. 언젠가는 통쾌하게 그 코를 납작하게 해주리라. 하지만 그것은 실현되지 않는 꿈으로 멈추어버린다. 그렇지 않다면 우리 사회는 살인, 상해, 치사 등 범죄가 난무한 도시가 될 것이다. 통쾌한 복수가 상상으로만 그치는 것은 참 다행스러운 일이다. 아무도 모르는 나만의 사회 기여이다.

압력밥솥에서 밥을 하면 증기가 계속 차올라 솥 속의 증기압은 높아진다. 작은 밥솥 안에서 계속 증기압이 높아질 수는 없다. 솥 속의 증기압이 압력추가 누르는 힘보다 크면 증기 배출 구멍이 열려서 증기를 방출하게 된다. 압력추가 작동하지 않으면 증기압이 계속 높아져 밥솥은 폭발하게 된다. 증기압을 적시에 배출하는 압력

추가 우리에게도 있어야 한다. 자유로운 삶에 대한 욕구가 있는 사람이 일만 하며 규칙적이고 모범적인 생활만을 하고 있다고 생각해보자. 얼마나 살아내는 것이 힘들 것인가. 밥솥의 증기압이 높아졌을 때 증기 배출이 필요하듯이 우리는 일상생활 속에서 취미를 갖는다, 운동, 산책, 사색, 노래 부르기, 악기 다루기, 술 먹기, 친구 만나 수다 떨기 등을 한다. 생활의 압력을 분출한다.

우리는 이룰 수 없는 꿈을 사회적으로 수용 가능한 방식으로 실현시키면서 산다. 이것을 프로이트는 승화라고 했다. 억압된 욕구, 욕망, 기대를 실현시킬 수 있는 장소는 많지 않지만, 개인별로 나름의 방식으로 실현시키며 산다. 이루지 못한 소망을 꿈에서 실현시키기도 한다. 현실에서 이러한 무의식적으로 잠재된 소망을 실현시키기도 한다. 바로 게임이다.

게임을 하는 사람들은 특정 게임만을 한다. 여러 게임을 하는 사람도 있지만, 개인의 성격, 감성, 생각, 스타일에 맞게 좋아하는 게임을 찾는다. 더 나아가서 억압된 욕구를 발산할 수 있는 게임을 찾아서 하게 된다. 억압된 욕구를 누구나 가지고 있다. 그러나 억압된 욕구를 잘 의식하지 못한다. 이 억압된 욕구를 우리는 바람직하지 않다고 생각하기 때문에 쉽사리 의식 위로 드러나게 하지 않는다. 이 욕구는 계속해서 억압된다.

상상요법으로서의 게임

상상하는 것만으로도 신체적인 병과 심리적인 병이 치료된다는 상상요법이 있다. 복통을 자주 앓는 어린이들에게 배를 문지르면

배에 빛과 온기가 전해지고 복통을 막아주는 보호막이 생겨난다는 상상요법을 날마다 10분 정도, 네 번은 20분 프로그램을 6개월간 진행한 결과 73.3%의 어린이들의 배 통증이 절반 이상으로 줄었다는 연구가 있다. 피그말리온 효과도 상상요법의 하나이다. 로젠탈 교수는 한 초등학교에서 지능검사를 실시한 후 지능검사 상위 학생들 명단을 뽑아 교사에서 주면서, 이 학생들은 IQ가 높아 앞으로 학업 성취가 높을 것이라는 설명을 함께 하였다. 그러나 실제로 이 명단은 무작위로 뽑은 학생들로 IQ와는 상관이 없는 명단이었다. 8개월 후에 지능검사를 다시 실시하였는데, 이 명단에 있는 학생들의 지적능력이 다른 학생들보다 높게 나타났다. 스포츠에서도 상상요법은 사용된다. 선수들에게 멋진 복싱을 하는 상상력을 이용하여 연습을 하도록 했더니, 올림픽에서 큰 효과를 보였다.

같은 매장에서 서로 다른 옷을 고르듯이 많은 게임 중에 자신에게 맞는, 자신에게 흥미로운 게임을 고른다. 싱Sing 게임은 가수가 되어 노래를 부르는 게임이다. 이 게임을 하는 사람들은 현실에서는 충족하기 어려운 가수의 꿈을 게임 안에서 충족시킨다.

가수 캐릭터로 분하여 옷을 입고 화장을 하고 멋진 춤과 노래를 보여준다. 화려한 조명을 받으며 많은 사람들의 환호성, 사랑, 인정, 갈채를 받는다. 게임에서 카페를 창업하기도 한다. 멋진 카페 사장이 되어, 자신이 평소 꿈꾸었던 프로방스 스타일의 카페 인테리어를 한다. 원두를 볶고 갈아 향기로운 커피를 내려 손님들에게 내놓는다. 손님이 없을 때는 여유롭게 커피를 즐긴다. 숲속에서 동물들에게 좋은 환경을 만들어주는 게임도 인기다. 숲속에서 토끼,

사자가 한 마을에서 옹기종기 살면서 내가 꾸며 놓은 가게에 와서 수다를 떠는 상상 등이 게임 안에서 펼쳐진다. 현실 속에서 이루고 싶으나 아직 이루지 못한, 앞으로도 이룰 수 없는 이상을 게임 안에서 실현하며 행복감을 느낀다. 상상이 시각화되는 게 바로 게임인 것이다.

상상요법은 재활이나 운동영역에서도 사용된다. 그중에 동작관찰action observation은 다른 사람이 움직이는 모습이나 동영상을 관찰하면서 스스로 그 동작을 하는 장면을 상상하는 것이다. 동작관찰은 신경학적으로 뇌졸중 환자, 파킨슨 환자 등 마비증상이 있는 환자에게 재활 목적으로 활용된다. 스포츠 선수나 일반인이 운동기술을 향상시키기 위해, 또는 새로운 동작을 학습하기 위해서도 활용된다. 가령 운동할 때 잘 안 되는 동작을 유튜브에서 찾아서 계속 반복해서 보는 것이, 실재 운동기술 향상에 도움이 된다는 것이다. 이는 관찰하고 상상하는 것으로 실제로 운동하는 것과 동일한 뇌 영역이 부분적으로 활성화되고, 그 패턴도 유사하다는 연구에 근거한다. 여기에는 뇌의 거울 신경세포mirror neuron가 작용하는데, 다른 사람의 행동을 관찰하는 것만으로도 관찰자가 스스로 행동하는 것처럼 느끼게 하는 세포이다. 다른 사람이 우는 모습을 보면 우리도 같이 슬퍼지고, 다른 사람이 기뻐하면 우리도 기쁨을 느끼는 이유이다. 거울세포는 모방과 공감을 가능케 하는 세포이다.

게임에서 우리는 상상을 실현하고, 그 실현된 세계는 더 많은 상상을 하도록 한다. 각자의 이야기를 만들어 가며, 즐겁고, 화내고, 분노하고, 행복과 기쁨을 느끼는 경험을 한다. 게임 속에서 타인을 공감하면서 이해하고 느끼는 감정은 현실 세계의 스트레스를 날리고 다시 현실세계에 충실할 수 있게 하는 에너지를 준다.

몰입 경험

몰입 경험은 짧은 기간 동안의 행동으로 인해 강한 집중과 즐거움을 경험하는 것이다. 몰입의 상태에서 우리는 행동에 높은 집중도를 보인다. 몰입의 상태에서 즐거움을 느끼기 때문에 몰입 경험을 추구하게 된다. 미하이 칙센트미하이Mihaly Csikszentmihalyi는 도전과제challenge와 숙련도skill가 동일 할 때 몰입을 하게 된다고 설명하였다. 도전이 숙련도보다 크게 느껴질 때, 우리는 불안, 걱정을 하게 되며, 숙련도가 도전과제보다 크게 느껴질 때 지루함을 느낀다.

마씨미니와 칼리는 칙센트미하이의 모델에 대한 대안으로 수정 모형을 제시하였다. 도전감과 숙련도가 모두 높다면 몰입 경험을 느낄 수 있으나, 두 요인이 모두 낮다면 몰입 경험을 할 수 없고 무관심apathy하게 된다. 우리가 너무 쉬운 게임을 하는데 잘 하지도 못하면 무관심하게 된다. 하지만 적당히 어려운 게임에서부터 매우 어려운 게임 범위에서 우리가 그에 맞는 숙련 기술을 가지고 있으면 몰입을 하게 된다. 한 연구에서 도전감과 숙련도가 모두 보통인 집단과 높은 집단은 몰입 경험에 있어 유의한 차이가 없었으나, 도전감과 숙련도가 모두 보통인 집단과 낮은 집단은 몰입 경험의 정도에 있어 유의한 차이가 있었다.

'나는 게임이 안 맞아', '나는 게임이 재미있는지 모르겠어', '나는 게임에 관심 없어'라고 얘기하는 사람은 도전과제의 어려움 정도와

나의 숙련도가 어긋나 있기 때문이다. 게임이 나에게 너무 쉽거나, 어려운데 그걸 할 수 있는 능력이 없는 것이다. 즉 몰입을 한다는 것은 나의 숙련도와 유능함을 발휘할 수 있는 시간이다. 내가 게임하는 것을 누군가가 보고 있으면 나의 유능감을 게임 속에서 확인하고 인정받는 경험을 하게 된다. 자기효능감이 생긴다. 나는 할 수 있다. 나는 잘한다. 자신이 할 수 있다는 믿음이 생기는 것이다. 자기효능감을 경험하게 되면 이제 더욱더 잘하기 위해 더 높은 목표를 설정하고 전략을 고민하게 되며, 다시 더 깊은 몰입으로 이어진다. 우리는 적당히 도전적이면서도 이길 수 있는 게임에 몰입하게 된다. 질 게 뻔한 게임에는 몰입하지 않는다.

몰입이 주는 즐거움이 있다. 칙센트 미하이는 몰입이 주는 즐거움을 경험하려면 필요한 요소들이 있다고 설명하였다. 목표와 목적이 뚜렷할 것, 과제와 개인의 능력이 균형을 이룰 것, 마음이 한 곳에 집중될 것, 현재하는 일에 집중할 것, 통제할 수 있는 느낌이 들 것, 시간관념이 왜곡될 것, 경험 자체가 목적이 되는 것이다. 게임은 이런 몰입의 조건을 충족시킨다. 그래서 게임에 몰입하며 만족감, 행복감, 성취감을 느끼게 되는 것이다.

2. 게임과 웰빙

게임의 동기

세계보건기구WHO는 건강을 단지 병이 없는 상태가 아니라 전체적인 물리적, 정신적, 사회적 웰빙의 상태로 정의하고 있다. 웰빙은 심신이 안녕하고 행복한 상태로, 신체적·정신적 건강이 조화를 이루어 행복하고 만족스러운 상태이다. 심리적으로 부정적 증상이 없고, 긍정적인 사회적 관계, 그리고 신체적 건강이 있는 상태이다. 게임이 웰빙에 영향을 준다는 연구들이 있다. 이번 장에서는 게임과 웰빙의 관련성을 살펴보았다.

게임은 3종류로 나눌 수 있다(Yemaya, 2019). MMORPG와 같이 사회적인 면을 가진 게임, 폭력적인 게임, 신체적 활동을 포함하는 게임이다. 사회적으로 게임을 한다는 것은, 다른 사람들과 함께 하는 게임을 말한다. 사회적인 게임은 다시 두 가지로 나눌 수 있다. 협동 게임은 두 명이나 그 이상의 플레이어가 같은 팀에서 같은 목표를 가지고 게임을 하는 것이고, 경쟁적인 게임은 서로를 대상으로 경쟁적인 방식으로 게임을 하는 것이다.

결론부터 말하자면, 사회적인 요소를 포함하는 게임은 웰빙에 긍정적인 영향을 준다. 특히 협동적인 게임을 했을 때 그 효과는 더욱 두드러진다. 협동적인 상호작용은 경쟁적인 상호작용보다 더 높은 수준의 즐거움을 주고, 공격성을 낮춰준다. 그렇다고 협동적인 게임을 과도하게 많이 하는 경우는 웰빙에 도움이 되지 않는다. 협동 게임을 보통 정도로 하고, 게임 동기가 강박, 도피 또는 성취에 대한 욕구 충족을 위한 것이 아닌 사회적 이유일 때 웰빙에 도움이 된다(Carras et al., 2017; Hagström & Kaldo, 2014; Lafrenière et al., 2009). MMORPG를 보통 정도의 시간과 사회적 목적으로 하는 사람은 게임을 성취 목적으로 많은 시간 게임을 한 사람보다 우울증, 스트레스, 불안 수준이 현저히 낮았다(Longman, Connor, & Obst, 2009).

그런데 더욱 흥미로운 것은 보통 정도의 시간을 하고, 협동게임을 하는 사람들 중에서도 이러한 부정적 심리적 증상들은 온라인과 오프라인에서 높은 사회적 지원을 받는 경우에 더욱 감소하였다. 사회적 지원은 부모, 친구, 선생님, 지역사회로부터의 관심, 칭찬, 격정, 인정, 신뢰 등을 말한다. 우울증이나 스트레스, 불안을 예방하고 해소하기 위해서는 사람들과 고민도 상담하고 즐거운 활동도 같이하고 시간을 함께 보내는 것, 즉 혼자가 아니라는 것을 경험하고 항상 나를 위한 지원군이 있고, 내가 즐거울 때나 어려울 때 함께 나눌 수 있는 누군가가 있다는 것이 중요하다는 것을 알 수 있다.

대부분의 게임 유저들은 성취감을 얻기 위해, 즐거움을 얻기 위해, 시간을 보내기 위해, 스트레스를 해소하기 위해, 친구들과 소통하기 위해 게임을 한다. 게임의 동기적 측면에서, 게임을 업적이나 집착을 위해서 하기보다는 즐거움을 위해서 플레이하는 것이 웰빙에 긍정적인 영향을 주었다(Carras et al., 2017; Lafrenière, Vallerand, Donahue, & Levine, 2009). 점수에 도달하기 위해, 높은 등수에 들기 위해 게임을 하는 것은 성취감을 느낄 수는 있으나 웰빙에는 도움이 되지 못한다. 몰입하면서 즐거움을 느끼고 싶을 때 게임을 하면 행복감을 느낄 수 있다. 사회적 활동이 있는 게임은 심리적 웰빙에 이로울 수 있고, 친 사회적 행동에도 긍정적으로 영향을 미칠 수 있다. 친 사회적 게임에서 경험한 협동하고, 나누고, 맺은 긍정적 관계는 게임 밖에서도 친 사회적 행동을 유지하는 능력과 관련이 있었다. 사이버상에서의 친 사회적 행동 경험이 현실에서도 영향력을 가진다는 것은 게임의 긍정적 기능을 말해준다.

온라인 게임은 먼 지역에 사는 사람들, 불안이나 우울 등 심리적 어려움을 가진 사람들, 사람들과의 상호작용을 방해하는 다른 요소들(예, 대인관계 어려움, 장애, 회피 성향, 과잉보호 등)이 있는 사람들에게는 즐거운 사회적 관계를 촉진할 수 있다. 또한 어렸을 때 양육자와의 오랜 정서적 유대관계 경험이 없어서, 누군가를 신뢰할 수 없거나 관계를 형성할 수 없는 회피 애착이 높은 사람들은 사회적 온라인 게임에 참여함으로써 안전 애착 경험을 할 수 있다. 그들의 특별한 애착 욕구에 맞는 게임에 참여하여 결핍된 애착욕구를 충족시킬 수 있다.

게임과 공격성

폭력적인 게임이 공격성에 미치는 영향은 많이 연구되었다. 그러나 결과가 일관적이지 않은 많은 결과들이 많다. 어떤 연구는 폭력적인 게임이 공격성에 영향을 미친다고 했지만, 다른 연구들은 그런 결론을 내릴 수 없다고 했다. 이에 미국심리학회는 게임은 공격성aggression에 영향을 미치나, 폭력violence에 영향을 미치는 것이 아니라고 결론지었다. 또한, 3년간의 종단연구는 폭력적인 게임 자체가 공격성을 증가시키는 것이 아니라 오히려 우울증, 가정폭력에의 노출, 반사회적 성격특성, 또래 영향과 같은 요인들이 공격성 수준에 영향을 미침을 보여주었다(Ferguson, Miguel, Garza, & Jerabeck, 2012). 게임의 폭력성 이외에도 게임의 다른 요소들과 게임과 관련 없는 개인적, 사회 맥락적 변수들이 공격성에 영향을 미친다고 볼 수 있다.

흥미로운 것은 폭력적인 게임 안에 사회적인 요소가 들어가 있으면 웰빙에 영향을 미친다는 것이다. 예를 들어 폭력적인 게임에 누군가를 보호하는 사회적 행동 요소가 들어가면 친 사회적인 행동이 증가하였으며 더 적은 공격성을 보였다. 또한 폭력적인 게임을 혼자 할 때 보다는 협동적으로 게임을 할 때 게임의 폭력성과 무관하게 친 사회적인 행동이 증가하였다(Jin & Li, 2017).

게임과 신체적 활동

운동게임은 신체적 상호작용을 촉진한다. 게임하는 사람은 게임과 신체적으로 상호작용하며 스크린 위의 장면을 조정한다. 운동게임은 심장 건강, 균형, 하지 근육강화, 유산소 운동과 같은 신체적 건강에 긍정적으로 작용한다. 운동게임은 전통적인 운동과 비교해서 더 많은 즐거움을 주고, 새롭고 도전적인 게임 요소들과 난이도가 올라가는 요소들은 게임하는 사람들을 더 오래 움직이게 한다. 운동을 계속하게 한다는 의미에서 운동게임은 전통적인 운동 방식의 훌륭한 대안이 될 수 있다. 실제로 전통적인 신체적 활동프로그램에 참여한 후에 6개월 안에 40~65%가 그만둔다고 한다. 그런데 운동게임은 운동 중단률을 현저히 줄여주고 더 오래 운동하도록 촉진한다. 또한 운동게임은 우울증이나 불안과 같은 심리적 증상이나 부정적 정서를 줄여준다. 운동게임과 전통적인 운동이 조합되었을 때, 신체적 건강에는 가장 높은 이익이 된다.

게임을 적당한 시간 동안 하고, 게임 안에 서로 협동하고 상호 도와주는 사회적 요소가 포함되어있고, 게임의 폭력성이 적고, 게임이 신체적 활동성을 촉진하고, 게임을 즐거움을 위해 할 때, 게임이 웰빙에 도움이 된다고 요약할 수 있다.

게임은 외로움을 달래 주고, 사람들과 소통할 수 있는 기회를 주는 것과 같이 게임 이용자에게 원하는 강화물을 제공한다. 공격성을 표출하고 싶은 사람, 답답한 마음을 화려한 그래픽과 쩡쩡한 사운드로 달래는 사람, 시각적 효과에 민감한 사람, 무궁무진하고 신비한 이야기에 매료된 사람 등 게임을 하는 이유는 다양하다. 각자의 욕구에 맞게 게임을 잘 활용한다면 게임은 웰빙 추구에 중요한 역할을 할 것이다.

3. 성장과 게임

사회성을 증진시키는 게임

미국 해군연구소는 게임이 어른에게 미치는 영향을 조사한 연구에서 게임이 정보를 처리하는 능력을 증진 시키고, 추론하고 문제를 해결하는 능력을 향상시킨다고 발표했다. 게임을 많이 하는 사람들이 외과 수술을 더 잘한다는 연구도 있다. 게임이 집중력을 높이고, 정확성과 시각, 멀티태스킹 능력이 좋아지도록 한다는 것이다.

게임은 사회성을 좋게 만들기도 한다. 서로를 도와야 게임 플레이를 잘 이끌어갈 수 있는 소셜 성격이 강한 게임을 한 사람들이, 테트리스와 같이 자신의 능력만이 중요한 게임을 한 사람들에 비해 동료들을 도와주는 경향이 많다는 것이 밝혀지기도 하였다. 하버드 의대의 체릴 올슨 박사는 게임이 부모가 적절하게 관리하는 수준에서 허용될 경우 아이들의 학습뿐만 아니라, 사회적인 능력과 신체적인 능력을 증진 시키는 데 도움이 된다고 주장하였다. 올슨 박사는 1,000여 명의 학생들을 대상으로 인터뷰한 결과, 교육적인 목적을 위해 제작된 기능성 게임이나 에듀테인먼트가 아니라 일반적인 게임 중에서도 긍정적인 효과를 미치는 게임들이 많다는 결론을 내렸다. 〈젤다의 전설〉과 같이 계획을 세우고, 문제를 해결하며, 창의적인 자기표현을 하도록 하는 게임, 〈시드마이어의 문명 시리즈〉와 같이 역사, 지리, 정치, 외교, 문화, 기후 등에 대한 관심을 증가시키는 게임이 있다. 올슨 박사는 게임의 종류에 따라 사회적인 능력을 증가시키거나, 운동, 건전한 경쟁, 리더쉽 등을 고취 시킨다고 설명하였다.

게임회사를 다니는 사람들에게 '본인의 자녀에게 게임을 권할 것인가?'라는 질문에 93%가 '그렇다'라고 응답하였다고 한다. 게임을 개발하는 사람은 자녀들에게 좋은 게임들이 나오면 먼저 권고를 하는 편이다. 그러나 게임하기에 대한 원칙을 가지고 아이들을 대한다. 게임을 하면서 시간제한을 두며, 그럴 경우에 아이들이 오히려 잘 따른다고 한다. 그들은 자녀들에게 원칙을 세워놓고 게임을 하도록 하되, 온라인 게임은 시키지 않는다. 특히 친구들과의 무제한적인 경쟁을 유도하는 게임 종류는 여러 가지 부작용이 있을 수 있기 때문에 피한다. 게임의 완성도가 높으면서, 명확한 끝이 있어서 매일 적당한 시간을 투자해서 정복해 나가는 게임이나 창의적인 작업을 할 수 있어 성취감을 높일 수 있는 게임, 닌텐도 Wii와 같이 몸을 통해 같이 즐길 수 있는 게임, 역사에 대한 관심을 가질 수 있는 게임들을 권장한다. 이렇게 게임을 하게 하는 것에 그치지 않고, 틈틈이 이런 게임들을 어떻게 즐기고 있고, 무엇이 좋았는지도 자녀들에게 물어보면, 아이들은 게임을 당당하게 할 수 있고, 그런 과정에서 배운 것들을 자랑하기도 한다.

게임을 하면서도 시간 조절을 하고, 원칙을 지키면서, 부모들이 관심을 가지며 그 게임을 주제로 자녀와 소통한다면 게임은 그야말로 성장을 촉진하는 매개체가 될 수 있다. 그러나 게임을 하게만 하고 나머지 것들을 아무것도 하지 않는다면, 이는 게임중독으로 이어질 가능성이 매우 농후하다. 식당에서나 어른들 모임에서 아이들에게 스마트폰을 보게 하거나 게임을 하게 하는 장면을 어디서나 볼 수 있다. 이러한 상황도 원칙에 해당하는지 살펴봐야 한다. 자녀들이 떼를 쓰면서 부모에게 뭔가를 요구하는 장면을 볼 때면, 부모 양육이 일관적이지 않을 수 있다는 생각을 한다. 부모 양육에서 일관성을 가지면서 특별한 경우에만 예외 상황을 둔다면 부모 자녀 소통에서도 어려움이 없을 것이다. 게임의 경우도 마찬가지이다.

게임과 진로

게임을 많이 하는 학생들에게 '앞으로 무엇을 하고 싶니?', '꿈이 뭐니?', '희망직업이 무엇이니?' 라고 물으면 아주 당당하게 '나는 게임 만드는 직업을 할 거에요'라는 대답을 한다. 게임 만드는 직업은 어떻게 할 수 있니? 라는 물음에는 '게임 잘하면 되는 거 아니에요?' 라고 되묻는다. 다음 상담시간에 올 때까지 게임 만드는 직업을 갖기 위해 어떤 과정이 있어야 하는지 알아오라는 과제를 내준다. 그 다음 상담시간에 학생은 풀이 죽어서 온다. '게임 만드는 직업이 쉬운 게 아니네요. 게임만 잘한다고 되는 게 아니네요. 공부를 잘해야 해요, 수학도 잘하고 국어도 잘하고 영어도 잘해야 해요' 하면서 실망한 기색이 역력하다.

온라인 게임은 게임성과 커뮤니티성을 가지고 있다. 게임성은 그래픽, 사운드, 스토리, 캐릭터 등과 같이 게임 사용자가 우열을 경험하는 것이며, 커뮤니티성은 게임에 참가한 사용자가 소통을 통하여 연대감, 동료 의식, 만족감 등을 경험하게 한다. 온라인 게임은 사용자와의 교류 속에서 훌륭한 게임으로 발전한다. 온라인 게임 이전의 비디오 게임은 출시되면 사용자는 혼자만 플레이할 수 있었지만, 온라인 게임은 사용자들과의 상호작용 속에서 계속 업데이트 되면서 발전하는 구조이다. 이 상호작용을 관리하는 직업이 게임마스터GM인데, 게임 사용자들의 의견을 게임에 반영하는 역할을 한다. 게임 개발에는 전문분야가 매우 다양하다. 프로그래머, 기획자, 스토리 제작자, 그래픽 디자이너, 음향 디자이너 등 게임에 필요한 각 요소의 전문가들이 게임을 만든다. 각각의 전문가들이 자신의 기량을 뽐내서 멋진 하나의 게임이 만들어진다. 각각의 전문분야들이 조화를 이루어 기능할 때, 게임 이용자들은 종합적인 만족감을 느낀다. 밸런스가 중요하다.

도박장, 백화점, 쇼핑센터 등에는 시계가 없다. 고객을 오랜 시간 상품에 집중시키기 위해 벽에 창이 없고, 환한 조명만을 비추며 도박, 상품과 공간에 빠져들게 한다. 시간 가는 줄 모르고 돈 내기를 하고 쇼핑을 한다. 하다 보면 어느 순간 내가 들어가기 전에 쓰기로 한 돈과 시간을 훌쩍 넘어버린다. 우리는 다른 사람의 시간을 먹고 산다. 누군가의 시간을. 책을 읽는 것도, 게임을 하는 것도, 카페에서 수다를 떠는 것도. 게임을 하는 사람들은 게임 개발자들의 노력과 수고가 들어간 시간을 먹는다. 게임 개발자들은 어떻게 하면 유저들이 게임을 오랜 시간 사용하도록 할 수 있을까를 고민한다. 우리는 자신이 계획한 대로 게임에 시간을 보내는지, 자신의 의지가 아닌 게임 알고리즘의 통제하에 게임을 하는 것은 아닌지 한 번쯤 생각해보아야 한다.

게임을 하는 사람들에게 시간을 계산해 보게 하면, 생각보다 많은 시간을 게임에 쏟고 있음을 알게 된다. 그 시간을 게임 말고 어디에 쓸 수 있는가를 생각해보게 하면 대부분 자신의 비전과 목표에 시간을 쏟거나 중요한 일, 내가 좋아하는 사람들과 시간을 보내는 것이 가장 의미 있다고 생각할 것이다. 맬컴 글래드웰(Malcolm Gladwell, 2008)은 『아웃라이어』에서 1만 시간의 법칙을 설명하였다. 10년간 3시간씩 즉 1만 시간 동안 꾸준히 연습하면 최고에 다다를 수 있다는 내용이다. 이 법칙은 그 후속 연구들에 의해서 많은 반박을 받았지만, 꾸준한 실천이 성장에 도움이 된다는 것은 변함이 없다. 게임을 하는 것은 자신의 선택이다. 그 선택에 시간이라는 의미를 더해서 생각해보게 하면 그 시간은 자신의 진로를 위해 쓰일 수 있다.

대부분의 청소년들은 게임을 하는 이유를 깊이 생각해보지 않는다. 게임을 하다 보니 뭔가 나에게 좋은 것 같은 경험을 한다. 긍정적으로 활용할 줄 모른다. 게임을 자신의 진로와 연결하고, 스트레스와 연결하고, 나의 심리적 궁핍함과 연결하는 것을 모른다. 청소년들에게 이 막연한 경험을 구체적으로 알려줘야 한다. 그래야만 게임을 자신의 통제하에 활용할 수 있다. '내가 외로우니까 게임이 도움이 된다. 내가 외로워서 게임을 찾게 된 거구나. 나는 왜 외로움을 탔던 것일까? 외로움을 달랠 수 있는 것들이 게임 이외에는 무엇이 있을까?'와 같은 생각하는 과정이 필요하다. 구체적으로 자신의 심리와 연결 지을 수 있도록 어른들이 도와줘야 한다.

가령 스트레스를 받을 때 게임을 하고, 그러고 나면 뭔가 해소되는 것 같다면, 이러한 경험 속에서 실제로 스트레스가 해소되는지, 스트레스가 해소된다고 착각하면서 계속하고 있는 건 아닌지, 스트레스가 더 쌓이는 건 아닌지 물어봐야 한다. 그러한 사고과정을 통해서 자신을 이해할 수 있고, 자신이 스트레스를 받을 때 다른 것을 해볼 수 있는 자율성과 선택권이 생긴다. 지금의 청소년들은 이런 사고과정 없이 게임을 습관처럼 한다. 자율성, 선택권이 없을 때 우리는 그것의 노예가 된다. 한 사건event에 대한 자율성과 선택권이 있다면 그 사건의 주인이 되고 언제든 그만둘 수 있게 된다. 게임하는 사람들은 게임이 자신의 의식적인 선택이고 자율권을 행사한 것인지 생각해보아야 한다.

4. 디지털 치료제|Digital Therapeutics, DTx

디지털 치료제가 되는 게임들

디지털 치료제가 되는 게임은 어떤 것들이 있을까? 특정 게임이 있을까? 모든 것이 그렇듯이 게임을 어떻게 사용하는가에 따라 약이 되기도 하고 독이 되기도 한다. 기존의 게임을 디지털 치유 도구로 사용하기는 어렵다. 하지만 현재 이에 대한 해결책을 제시하는 중요한 흐름이 있다. 바로 디지털 치료제로 사용할 수 있는 게임을 직접 만드는 것이다.

부산에서는 매년 국제게임 전시회 지스타G-Star가 열린다. 부산은 게임의 고장이다. 부산 인디 커넥트 페스티벌Busan Indie Connect Festival, BIC Fest에서는 국내외 다양한 인디게임을 볼 수 있으며, 게임 개발자와 전문가들의 강연을 들을 수 있다. 부산글로벌게임센터에서 2020년 7월에 '디지털 치료제로 진화하는 게임산업'이라는 글을 올렸다. 코로나19로 언택트 비즈니스가 떠오르면서 게임을 통해 치유할 수 있는 콘텐츠를 소개하였다.

최초로 미국식품의약국FDA의 심사를 통과한 디지털 치료제는 〈리셋reSet〉으로 중독 증상을 완화하기 위한 프로그램이다. 중독 환자의 충동을 감지해 해소할 수 있는 게임이나 1:1 상담을 제공한다. 400명의 중독성 환자를 대상으로 한 임상시험에서 기존 치료 방법보다 약 2배의 금욕유지 비율을 보이는 효과성을 인정받아 심사를 통과하였다.

주의력 결핍 및 과잉행동장애ADHD의 디지털 치료제 〈인데버 알엑스EndeavorRX〉는 비디오 게임으로 미국의 아킬리 인터랙티브 랩Akili Interactive Lab에서 FDA로부터 어린이 '주의력 결핍 과잉행동장애ADHD' 치료 수단으로 승인받았다. 게임이 ADHD가 있는 어린이의 주의력을 높일 수 있다는 것이 증명된 것이다. 만 8~12세 어린이에 한해서 별도의 처방전을 받아 치료 목적으로 사용할 수 있다. 그밖에도 고혈압, 당뇨 등 만성 질환과 우울증, 금연, 외상 후 스트레스 장애PTSD와 같은 심리장애를 위한 디지털 치료제 개발이 이어지고 있다.

우리나라에서 개발된 강박장애 디지털 치료제OCD DTx 〈오씨프리〉가 국내 임상연구에서 인지행동치료와 동등한 치료효과를 보였으며, 미국 FDA 임상시험에 들어갔다. 강박장애OCD 치료에는 '노출 및 반응방지법ERP'이라는 심리치료 기법이 활용된다. 강박 환자는 불안을 유발하는 상황을 피하는데, 노출 빛 반응방지법은 불안한 상황을 피하지 않고 마주하도록 하며 불안을 줄이기 위해서 보이는 강박행동을 막는 치료법이다. 이 치료기법을 〈오씨프리〉는 앱에 접목시켜 디지털화한 치료제다. 앱은 환자가 두려움을 느끼는 강박 사물을 보여주고, 환자가 이를 피하지 않고 마주하며 불안이 감소할 때까지 노출한다. 불안이 감소하면 다음 단계로 나아가며 불안 상황을 통제할 수 있도록 한다. 환자는 이를 직접 터치하며 치료를 진행한다. 디지털 치료제 개발 기업 뉴냅스는 신경과 전문의, 공학자, 지각심리학자, 게임전문가 등과 함께 뇌 손상 후 시야장애로 고통받는 환자를 위한〈뉴냅 비전Nunap Vision〉이라는 디지털 치료제를 개발하고 현재 확증 임상시험 중이다.

디지털 치료제란?

디지털 치료제는 디지털과 치료제의 합성어로, 디지털 기술을 질병을 예방하고 관리·치료하는 치료 약물로 사용한다는 의미이다. '디지털 알약'이라고도 불린다. 디지털 치료제는 디지털 기술과 의료 기술이 융합된 것으로, 질병 예방과 전반적인 건강관리 서비스 분야로 확장되고 있다. 디지털 치료제는 치료제의 개념을 확장한 것으로 보기도 한다. 약을 저분자 화합물, 항체와 같은 생물학적 제제, 세포치료제 등으로 분류하는데, 이 분류에 디지털 치료제가 추가되어야 한다는 것이다.

디지털 기술이 디지털 치료제로 정의되려면 '질병을 예방·관리·치료하는 고도의 소프트웨어 프로그램', '독립적 사용이 가능하며, 치료를 위해 다른 약, 기계와 혼용 가능', '규제기관의 인허가를 거쳐 효능, 사용 목적, 위험도 검증을 거침'이라는 세 가지 요소를 갖춰야만 한다. 이러한 요소들은 실제 약물의 정의와 대부분 같다. 다만 화학적 재료가 아닌, 디지털 재료가 주원료가 된다는 점에서 큰 차이가 있다. 간략히 말하면 디지털 치료제는 건강관리를 목적으로 만들어진 소프트웨어 기반의 치료제이다.

코로나19로 인하여 비대면 진료, 건강관리에 대한 요구가 높아지면서 게임이나 소프트웨어 등을 활용한 디지털 치료제에 대한 관심이 높아졌다. 미국 시장조사업체 얼라이드 마켓리서치는 세계 디지털 치료제 시장 규모를 약 2조 6천억 원 규모로 추정했다. 연평균

20%의 성장률을 보이고 있으며, 2026년에는 약 11조 8천억 원 규모의 시장을 조성할 것으로 예상했다. 디지털 치료제는 국내에서 학계 지원이 77%로, 대부분 ADHD와 자폐 스펙트럼 장애, 조현병, 우울증, 양극성 장애 치료를 위한 시범사업 정도로 진행되고 있다. 지난 2020년에는 디지털 치료제에 대한 식약처의 가이드라인이 공포되었다.

국내외에서 디지털 치료제가 뜨겁게 떠오르는 분야임에도 해외와 비교했을 때 기술 격차가 현저히 벌어져 있어 R&D 투자가 절실한 상황이다. 과학기술정보통신부는 자폐 아동의 문제 증상 치료 목적으로 활용할 디지털 치료제 관련 사업을 추진한다. 현재 자폐 아동을 치료할 수 있는 치료소 숫자가 부족하고, 치료소까지 이동하는 과정에서 발생할 수 있는 문제, 그리고 24시간 내내 지속적인 치료가 필요한 분야이기 때문에 '디지털 치료제'는 매우 유용한 대안이 될 수 있다. 2022년부터 25년까지 3년간 약 300억 원 규모로 진행된다.

디지털 치료제와 관련된 각 정부 부처의 입장은 디지털 치료제가 일상생활 속에서 개인에게 사용되기까지 각 분야의 업무 방향에 관한 것이다. 식품의약품안전처(이하 식약처)는 2020년 8월, 디지털 치료제를 '디지털 치료기기'로 명명하고 가이드라인을 발표했다. '디지털 치료제'라는 명칭은 의약품으로 혼동될 수 있어, 디지털 치료기기로 명명하여 의료기기와 같은 제도 아래에서 규제할 필요가 있다고 설명하였다. 식약처는 디지털 치료기기가 과학적으로, 임상적인 근거가 있는가를 관리한다. 과학적 근거가 충분히 쌓인 상태에서,

환자 대상으로 진행된 임상시험을 통해 안전성과 유해성을 입증해야만 디지털 치료기기로 허가한다. 현재까지 국내에서 디지털 치료기기 허가를 받은 제품은 아직 없으나, 두 제품이 현재 식약처의 승인을 받고 임상시험 중이다. 한국콘텐츠진흥원은 디지털 치료제에 게임이 활용되면 게임이 가지는 재미와 동기부여 요소로 거부감을 완화 시키고, 지속적인 치료가 가능해질 것이라고 주장하면서, 게임의 긍정적 기능을 강조하고 있다. 디지털 치료제 개발자도 보험 지원과 개발과 시장조성에 대한 제도적인 지원이 마련된다면 디지털 치료제 개발이 촉진될 것으로 기대하고 있다.

디지털 치료제, 어떻게 볼 것인가?

디지털 치료제는 그동안 심리학에서 심리장애 진단과 심리 훈련을 위해 사용해 온 PC 기반의 신경심리검사와 스마트폰의 건강관리 앱이나 진단 앱, 챗봇 등이 약물치료 영역으로 들어온 것으로 볼 수 있다. PC나 스마트폰 기반의 인지행동치료 앱 등은 대표적인 디지털 치료 프로그램으로 비교적 간단한 프로그래밍과 간단한 그래픽으로 개발되어 사용되어왔다. IT 기술이 발달하면서 여기에 게임의 요소들과 치료적 기능들을 복합적으로 비디오 게임으로 구현한 것이 디지털 치료제라고 볼 수 있다. 많은 예산을 동원할 수 있는 의학 영역이 온라인 진단과 상담치료 영역을 게임과 접합하여 디지털 치료제로 의료제도 영역으로 끌어들인 것이다.

대한의사협회에서 원격의료를 반대하는 성명을 발표하고, 코로나19에서도 원격의료를 반대하는 목소리를 내었다. 그러나 다른 한편에서는 시대변화와 세계 의료서비스 변화에 발맞추는 디지털 기술을 활용한 치료제를 개발하고 있다. 코로나19는 우리에게 많은 생활상의 제약을 안겼지만, 경험해보지 않아서, 예상치 못해서, 불편해서 비대면 서비스를 반대하던 부정적인 인식을 단기간에 바꾸었다는 면에서 시대 방향을 전환시켰다. 심리상담 영역에서도 전화, 화상, 채팅 상담 등 비대면 서비스에 대한 필요성과 효용성을 경험하면서 포스트 코로나 시대에도 지속적으로 비대면 서비스는 발전할 것이다. 이러한 시대 흐름과 함께 게임 치료제, 디지털 치료제와 같은 능동적인 변화는 다가올 수밖에 없다.

컴퓨터와 함께 자라온 디지털 원주민 세대에게 디지털 치료제는 반가운 맞춤형 치료, 건강관리, 훈련 수단이 될 수 있을 것이다. 디지털 치료제, 디지털 치유 게임이 처방되거나 일반 제품처럼 구매할 수 있기까지는 임상경험과 검증, 허가 등 많은 절차와 시간이 필요하지만, 디지털 치료제는 시간과 공간적 제약이 없는, 경제적인 치료 대안이 될 것이다.

서보경 seboni@gmail.com

· 을지대학교 중독재활복지학과 조교수
· 중독심리전문가, 중독전문가
· 한국중독심리학회 총무이사(현)
· 한국정보화진흥원 스마트쉼센터 책임연구원(전)
· <인터넷중독의 이해>, <아들러 정신병리와 심리치료> 등 다수 저서

게임에서의 즐거운 실패!
회복탄력성을 키운다

박성옥

    발달과정에서 게임이 가지는 중요한 가치는 무엇보다, 실패 속에서 즐거움을 얻고, 성공의 보상 속에서 보람을 얻는 심리적 역동, 즉 회복탄력성을 경험하게 된다는 사실이다. 즉 게임을 통해 자기통제, 좌절, 인내, 자기행동에 대한 제한 등을 받아들이고, 게임 규칙을 현실적으로 수용하는 힘을 기르고, 억눌려 있던 충동을 성공적으로 표출하고 승화하는 초자아의 역량을 키우게 된다. 이처럼 통제와 자율 사이에서 스스로 책임을 질 수 있는 발달과업이 매우 중요한 청소년에게 게임문화가 미치는 영향은 특히 지대하다. 디지털 미디어와 소셜 네트워크 시대가 강화된 현시점에 창의적 상상, 융합적 문제해결, 감각적인 사고력, 소통과 공감 등을 이끄는 성장의 키워드로의 게임에 대한 긍정적인 가치를 제고해야 할 것이다. 이 장에서는 게임 과정에서 경험하게 되는 실수, 실패를 정상적 과

정으로 인식하고, 반복, 숙달, 성취와 직결된 회복탄력성을 어떻게
이끌어 낼 것인가에 대한 내용을 다루고 있다.

1. 게임, 발달과정의 주요 파트너!

놀이와 게임 놀이

게임은 규칙 있는 놀이의 한 형태로, 놀이보다 더 목표 지향적이
고 보다 진지함을 불러일으킨다. 또한 참가자의 역할, 제한설정, 기
대 행동, 게임 규칙 등으로 환경적응에 보다 의미 있는 역할을 하는
것(Sutton-Smith, 1961)으로 여겨진다. 게임의 특성을 보다 구체적으
로 살펴보면 첫째, 사회적으로 용납될 수 있는 공격성과 경쟁을 야
기하는 구조에서 갈등을 수용할 수 있어야 한다. 둘째, 행동의 제약
이나 차례를 지키고, 규칙을 따르는 것과 지는 것을 받아들일 수 있
는 현실적 능력을 가지고 게임이 종료될 때까지 집중하고 지속해야
하는 것도 포함된다. 셋째, 자신의 기술을 경쟁에서 이기기 위해 적
용할 수 있는 도전력도 포함한다. 넷째, 무엇보다 게임의 결정적 특
성은 대인 간의 상호작용에 의해 결과가 나타나는 사회적 활동으로
발달되어 왔다는 것이다.

이에 게임 놀이란 기본적인 구조, 시간제한, 승부욕이라는 게임
구조에 놀이가 지니는 자율성을 합한 개념으로 즐거운 맥락에서 새
로운 정보, 역할, 행동을 받아들여 인이고 정해진 규칙대로 시연하
고 적응하는 기회를 제공하는 것으로 정의한다.

발달단계별 게임 특성

게임 놀이의 양상은 연령에 따라 다소 다른 특성을 보인다. 즉 6~7세경 규칙을 이해하고 규칙이 있는 놀이에 관심을 보이며, 7~8세경에는 술래인 개인의 힘을 극복하기 위해 집단이 협조해야 하는 게임이 시작되는 시기로 아동의 관심이 어른 보호자로부터 또래 집단으로 이동되는 것을 반영한다.

이후 아동 초, 중기에는 자아중심성에서 탈피하여 사회적 상호작용을 이해할 수 있음에 따라 협동과 경쟁을 하는 놀이에 관심을 보이며 지적 활동인 학업에 열중하고 환경의 탐색도 하며, 앞으로의 사회생활에 필요한 여러 가지 기술을 습득하고, 사회의 규범에 대해 학습한다. 아동 후기와 청소년 시기에 이르러서는 게임 과정에서의 즐거움, 경쟁의 요소는 활력을 제공할 뿐 아니라, 자기통제강화, 긍정적 자아상을 형성하는 데 도움이 될 수 있는 활동으로 작용한다.

[표 1] 발달연령별 게임의 특성

연령	게임의 특성
6~7세	규칙이 있는 놀이, 게임에 참여하는 시기, 목표는 이기고 지는 것보다 재미에 초점을 두고 강력한 술래가 있는 것을 즐김, 이때 술래는 어른을 전적으로 강력하게 보는 아동의 견지를 반영한 것으로 여겨짐
7~8세	혼자 힘으로 술래에 대항할 힘이 부족하다고 느끼며, 집단으로 협력해야 하는 게임에 관심을 가지기 시작, 이러한 현상은 어른 보호자로부터 또래 집단으로 이동되는 것을 반영하며, 주도적이고 독립심을 기르는 과정임

8~11세	이전보다 정교한 협동 놀이에 관심을 키우게 되고, 게임 놀이를 통해 적절한 사회적 기술 습득하면서 관계성, 유능성, 자율성과 같은 심리적 욕구를 충족하고자 게임 활동에 더욱 적극적인 태도를 보임
11세 이후	또래 관계를 통해 자아 형성과 사회화에 중요한 시기로, 보다 조직적이고 복잡한 게임의 과정에서 사회화의 필수적인 구성요소들인 학습, 규칙, 문제해결, 자기훈련, 정서적 통제, 지도자와 추종자의 역할 적응 등의 경험을 다룸

게임의 사회적 기능

게임은 경쟁과 협력이라는 과정 안에서 진행되며 게임을 통해 흥미와 재미를 느끼고 게임의 승패에 따라 성취감을 경험하게 한다 (Rodgers, etc. 1981). 게임하는 과정에서 발휘되는 유용성과 행동적 전략요소는 게임이 마무리될 때까지 보다 목표 지향적으로 이끌어 준다. 이러한 게임이 가진 규칙, 목표, 경쟁, 승패와 관련된 구조적 특성은 게임 진행 과정에서 자연스럽게 통제와 지시 따르기와 같은 규칙을 지키는 방식을 경험하게 한다. 나아가 규칙 내에서 경쟁과 협력 등 다양한 상호작용을 통해 사회적 경험을 하게 되어 대인관계를 발달시켜 나갈 수 있게 하며, 게임을 통해 자기통제, 좌절, 인내, 자기행동에 대한 제한 등을 받아들이고, 게임 규칙을 현실적으로 수용하면서도 게임하는 과정에서 정서적 긴장과 이완을 번갈아가며 경험하기 때문에 정서강화와 조절에 많은 도움을 준다.

게임의 발달, 교육, 치료적 효과

박성옥과 김윤희(2020)는 게임이 갖는 긍정적 효과에 대해 다음과 같이 밝히고 있다. 먼저 발달적 측면에서 논리. 분석, 유추, 기억, 공간 지각력 및 시지각 협응력의 발달에 도움을 주며, 전략적 게임을 하는 과정에서 승리를 위한 집중과 정보를 적절하게 처리할 수 있는 능력, 사고력, 판단력, 문제해결력의 발달을 촉진하게 된다.

다음으로, 교육적 측면에서 좌뇌와 우뇌의 통합적 자극, 현상을 판단하고 문제해결을 위한 전략적 사고를 경험하게 하며 협상과 대화를 통해 효율적인 의사소통 능력을 향상 시킨다.

마지막으로 치료적 측면에서는 게임은 자연스럽고 즐거운 활동으로 즐거움을 경험, 정서적 성장에 촉진제로서 작용, 반항과 저항으로 자신의 감정을 표현하지 않는 아동, 청소년에게 치료적 동맹을 맺는 매개체로 효과적이다. 특히 게임은 현실이 아니라 게임 환경에서 일어나는 과정이므로 자신의 문제를 보다 느긋하게 받아들이며, 방어와 저항이 줄어들면서 감정, 사고, 태도의 표현을 시작하게 된다. 이로 인해 게임에서의 활동을 통한 무기력, 자신감, 경쟁력, 좌절을 견딜 수 있는 힘, 인내력을 검증하는 자기조절력을 키우는 효과를 이끌어 내게 된다.

- 협조성 : 게임 과정의 미션을 수행하는 과정에서 얻어지는 팀워크, 협력
- 타인과 의사소통 : 상호교환적인 게임을 함께 함으로써 얻어지는 의사소통 기능의 향상
- 규칙준수 : 자기조절과 함께 규칙을 준수하는 바른 습관이 길러지는 효과
- 승패를 통한 긍정적 태도 습득 : 이기고 지는 경험을 통해 긍정적 태도 습득
- 타인에 대한 적절한 배려 : 자신의 순서를 기다리고 게임 중 협력 활동을 통해 타인에 대한 적절한 배려를 경험.

- 독립성 : 오로지 자신의 선택에 의해 행해지는 활동으로 독립성 형성에 도움이 되는 효과

- 힘과 권위문제를 다룸 : 나이가 많고, 적고, 혹은 권위에 상관없이 누구나 같은 기준에서 경쟁을 하는 게임의 특징을 통해 권위의 문제를 다룰 수 있음.

- 사회화된 경쟁심 : 규칙을 지키는 가운데 경쟁상대가 동반되는 활동으로 사회화된 경쟁심 발달을 습득하게 됨.

- 자기훈련 : 반복적인 게임 활동을 통해 자신의 부족한 부분들을 채워나가는 훈련이 가능함(게임의 기술, 공격성이나 충동성의 통제력 등)

- 자기강화 : 게임에서 이기려는 경험적 과정에서 집중과 충동조절을 하며, 수행 도전력을 증가시키고, 조직화, 불안의 숙달, 자존감이 향상 됨.

- 합리적 사고 : 게임을 하는 과정에서 기억, 집중, 결과예측, 논리적 사고, 창의적 문제해결을 통해 새로운 행동, 자기반영, 자기 이해를 보다 합리적으로 학습하게 됨.

2. 회복탄력성, 게임을 통해 키울 수 있을까?

온라인 게임문화 이해

청소년들에게 온라인 게임의 이용은 일상생활의 연장이다. 최근의 온라인 게임은 혼자서 게임을 이용하던 기존의 콘솔 게임과 달리, 이용자들의 다양한 상호작용을 통해 게임이 진행된다는 특징을 가지고 있다. 오늘날의 청소년들은 PC방에 모여 온라인 게임 공간에서 친구를 만나고, 대화를 나누면서 새로운 공동체를 형성해 나간다. 온라인 게임은 하나의 놀이 공간으로 이미 인터넷, 모바일 등의 다양한 채널을 통해 새로운 일상의 문화로 변모하고 있다. 또한 청

소년들은 학업이나 관계에서 오는 스트레스나 욕구좌절을 해소하기 위한 수단으로 온라인 게임을 선택한다(주지혁 · 조영기, 2007).

실패 속에서 배우는 게임의 가치

게임은 성공의 결과만을 중시하지 않는다. 실패 속에서 즐거움을 얻고, 성공의 보상 속에서 보람을 얻는 심리적 역동에 초점을 두어야 한다. 임상게임놀이학회를 통해 게임의 치료적 효과를 강조해 온 필자의 경우, 비관적인 무능력감으로 힘겨운 사람에 대한 치료 포인트는 바로 낙관적 유능감을 키울 수 있는 게임 활동이라고 생각한다.

나아가 통제와 자율 사이에서 스스로 책임을 질 수 있는 발달과업이 매우 중요한 청소년에게 게임 놀이 문화가 미치는 영향은 특히 지대하다. 디지털 미디어와 소셜 네트워크 시대가 강화된 현시점에 창의적 상상, 융합적 문제해결, 감각적인 사고력, 소통과 공감 등과 같은 게임의 긍정적인 가치를 제고할 필요가 있다.

회복탄력성이란?

어떤 물질이나 사물이 원래 모양대로 돌아가는 힘을 말한다. 회복탄력성이란 곤란에 직면했을 때 혹은 정신병리나 비행을 유발하는 환경에 처했을 때 이를 극복하고 환경에 적응하여 정신적으로 성장하는 능력이다(이해리, 조한익, 2005). 실패하더라도 역경을 극복하고 다시 일어설 수 있는 능력, 누군가에게 끈기와 의지를 가지고 목표를 추구하도록 격려하거나 동기를 부여하기 위한 다양한 상황에서 회복탄력성이란 단어가 사용된다. 즉 스트레스와 불안을 이겨

내는 마음의 힘이라고 할 수 있겠다.

게임! 실패를 성장으로 이끄는 힘이 되다.

대다수 게임에 과도하게 매달리는 아이들에게서 발견되는 문제는 스트레스였다. 성장 과정에서 아이들은 다양한 심리적 욕구 결핍(관계, 성적 등) 속에서 스트레스를 느끼는데, 이를 매끄럽게 풀 수 있는 역량이 부족하거나, 이를 도와줄 수 있는 부모나 주변 사람이 없이 게임이나 미디어에 과의존하면서 스트레스를 해결하는 경우가 많다.

그렇다면 과연 개인의 어떤 능력이 스스로 스트레스 환경을 통제하고 자신의 삶을 바람직한 방향으로 나아가도록 만들까? 이와 같은 관점에서 스탠퍼드 대학의 사회심리학자 캐럴 드웩(Carol Dweck, 2017)교수는 '왜 어떤 사람은 아무리 어려운 일에도 기꺼이 도전하는 반면, 어떤 사람은 자신의 안전지대에서 벗어나지 않고 그냥 머무르려는 걸까?'라는 의문에 대해 오랫동안 연구해왔다. 그 연구의 핵심을 저서 『마인드 셋Mind Set』에서 이렇게 밝히고 있다. 어려서부터 1등, 명문고, 입시, 등의 과도한 경쟁에서 서열로 능력을 평가받게 될 때, 성장의 경험이 아닌 '고착 마인드 셋'을 키운다. 반면 변화를 위한 노력에 대한 격려와 지지, 인정은 어려운 과제에서도 실패에서 배움을 찾아내려는 '성장 마인드 셋'을 키우게 된다는 것이다.

[그림 1] 성장 마인드 셋

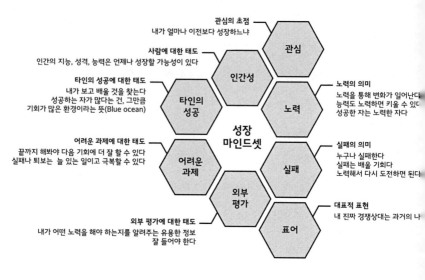

출처: carol Dweck, 2017

게임 속에 숨겨진 회복탄력성

이러한 '성장 마인드 셋'으로의 변화를 이끄는 과정은 아동, 청소년들이 게임을 하는 상황에서 잘 나타나고 있다. 모든 학생이 참여해서 즐기는 수업을 지향하는 '퀘스트투런Quest2Learn' 학교에서의 교수활동은 미션 중심의 게임기반 학습의 방식을 통해 무언가 틀리면 다음에 그것을 바로잡기 위해 어떻게 해야 하는지를 생각하게 한다. 가령 게임에서 캐릭터가 죽으면 "내가 어떤 무기를 제대로 쓰지 않아서 그랬구나"라는 생각을 하게 되어, 다시 돌아가서 새로운 시도를 해보면 된다. 게임 기반 학습활동을 하면서 실수나 실패를 바탕으로 내가 무엇을 잘못했는지 깨닫고, 실수를 바로잡아 목표를 달성해 나가는 과정에서 학생들은 포기하지 않고 꾸준히 노력하게 된다. 이러한 과정은 훗날 사회생활과 적응에 큰 도움이 된다는 니콜라스 교장의 말은 매우 깊은 심리학적 통찰을 담고 있다. 또한 제인 맥고니걸(2012)은 『누구나 게임을 한다』란 책을 통해 게임의 활동은 재미있는 실패로 게임을 즐기며 학습하도록 하는 수단이 되며, 게임에서 배워 현실에 적용할 수 있는 튼튼한 감정이 생긴다. 이 튼튼한 감정을 통해 우리는 더 오래 버티고 더 힘든 일을 하고 더 복잡한 문제를 다룰 수 있다는 점을 강조하고 있다.

게임! 실현 가능한 나를 만나게 하다.

데시와 라이안(Deci & Ryan, 1985)은 자기결정이론을 통해 인간의 기본 심리적 성장욕구 및 내적 동기를 강조, 촉진 요인으로 자율성, 유능성, 관계성의 세 가지 기본 심리적 욕구Basic Psychological Needs를 제시하고 있다. 이러한 관점과 연결 지어 게임 활동은 현실에서 결핍된 욕구를 충족하는 역동Dynamic을 경험토록 하며, 이로 인해 얻어진 에너지Power가 현실에서의 생활로 이어질 수 있다는 점이 바로 회복탄력성을 이끌어 내는 접근 포인트이다. 즉 실현 가능한 자기Possible Self를 형성, 실수, 실패는 정상적 과정으로 인식, 목표 설정, 반복, 숙달감을 통한 성취과정 경험이 보다 적응력을 키우게 될 것으로 판단된다.

3. 아이를 성장시키는 선순환의 게임 지도

악순환 구조의 게임 지도

게임을 하는 아이를 열린 마음으로 지켜보는 일이 부모들에게 현실적으로 쉽지 않다. 부모들 걱정의 시작은 무엇일까? '성적 떨어질까 봐', '아이템 구매 등의 비용 지출', '게임중독에 대한 두려움' 등이 대표적이다. 이러한 걱정에 대한 부모들의 대처는 강압과 통제가 주를 이룬다. 통제하지 않고 마음껏 게임을 하도록 내버려 두면, 아이가 절제하지 못하고 온종일 게임에만 매달려 결국은 학업과 일상생활을 그르치게 될까 봐 염려되기 때문이다.

하지만 게임만 차단하면 되겠다는 생각으로 강압적인 통제를 할 경우, 아이들은 오히려 게임에 더 집착하게 된다. 이로 인해 받은 스트레스를 다시 게임으로 풀려 하기 때문이다. "넌 책임감이 없고 무절제해!"라고 낙인찍고, 게임에 빠진 책임을 자녀에게 전가하는 방법은 오히려 아이들이 현실에서 느끼는 불만족감을 해소하려고 더욱 부적절한 방법을 선택하게 하는 악순환을 만들어 낸다.

[그림 2] 게임 지도의 악순환 구조

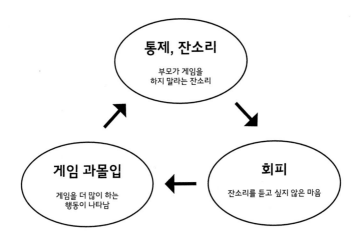

선순환 구조의 게임 지도

어떻게 성장 과정에서 아이들 스스로 안전을 지키고 자신감을 가지도록, 내면의 자연스러운 욕구에 이끌려 자립적으로 게임을 조절할 수 있는 능력을 길러줄 수 있을까? 이에 대한 대답으로 먼저 "어떻게 지도할까?" 보다, "아이들이 왜 게임을 할까?"라는 질문일지 모른다. 자녀 세대의 게임 놀이문화에 대한 이해가 필요하다. 아이가 게임을 통해서 무엇을 얻고 있는지, 게임을 하면서 어떤 부분에서 위로를 받는지 열린 마음으로 소통하고 이해하려는 자세가 무엇보다 필요하다. 아울러 게임 속에 숨겨진 보물들, 즉 몰입, 자율성, 유능성, 관계성의 요소를 생활 속에서 충분히 녹여낼 수 있는 심리적으로 안전한 환경을 만들도록 권하고 싶다. 이 과정에서 아이들은 끊임없이 자신의 목표달성 능력을 헤아려보고, 이에 맞춰 스스로 노력의 수위를 조절하게 될 것이다. 유연한 낙관주의를 경험할 기회를 제공하는 게임 놀이 환경은 어른들이 해야 할 그 무엇보다 중요한 역할이라고 생각한다.

그렇다면 게임 활동을 통해 아이들이 무기력, 좌절을 극복하고, 도전과 경쟁을 다룰 수 있는 힘을 기르고, 심리적 만족감을 충족하고, 생활의 활력을 경험할 수 있도록 하는 게임 지도의 선순환 구조를 살펴보자. 선순환 구조에 의거한 지도의 결과는 스트레스에 찌든 아이들의 짓눌리는 부담을 덜어주고, 활기차고 생기 넘치게 만들어 주며, 새로운 가능성에 도전하도록 마음을 열게 해준다. 이에 내면에 있는 긍정적인 감각을 되살려 곧 문제해결, 창의력과 혁신의 밑거름이 된다. 나아가 게임 속에 내포된 상호작용의 기능은 자연스럽게 사회적 학습 기회를 경험하게 하면서, 소통과 공감 능력을 길러주고 적응력과 협상, 협동과 공동체 의식 등의 친 사회적 기술을 습득하게 한다.

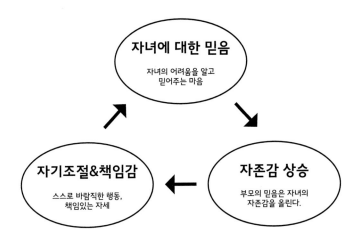

[그림 3] 게임 지도의 선순환 구조

게임! 내적 동기의 힘을 이끈다.

〈세븐나이츠(모바일 액션RPG)〉, 〈히어로즈 오브 오더 앤 카오스(모바일용 AOS게임)〉에 푹 빠진 중학교 3학년 남학생을 소개해보려 한다. 하루 종일 수시로 자신도 모르게 게임에 접속하다, 부모와의 갈등 속에서 "조금만 더~!"를 외치다, 결국 부모의 상담 강요로 만나게 된 경우이다. 대다수 게임과몰입 상담의 경우, 아이가 게임 이용시간을 조절, 혹은 하지 않도록 하는 목표를 강조하게 되면서 실패로 이어지는 경우가 허다하다. 하지만 게임 속에 숨겨진 회복탄력성의 가치를 자각하고 부모와의 상담에서 먼저 아이가 게임을 통해 얻고자 하는 내적 심리적 역동에 대한 이해가 선행되어야 하는 부분을 재차 강조, 게임 이용의 선순환구조를 인식시키는 작업을 시도하였다.

이어 아이가 게임을 하는 동기를 분석하고 주로 이용하는 게임의 유형, 메카니즘을 분석하는 과정에서, 아이의 재능을 탐색하게 되었다. 자연스레 게임에서의 능력이 발휘되는 과제 및 평가를 통해 아이의 강점을 발견하고, 이런 면을 인정하는 상담자와 신뢰를 구축하면서 스스로 게임 활동에서의 자기 모습을 들여다보면서 보다 나은 생활의 변화를 설계하게 되었다. 이러한 결과는 게임 이용에서의 문제점과 유익한 점을 탐색하고, 게임 이용에 필요한 역량을 키우기 위한 학습동기부여, 잠재된 재능을 게임 관련 분야 진로 준비로 구체화하여 목표를 설정하고, 원하던 결과까지 이끌어 내게 되었다.

긍정적인 동기유발을 이끄는 게임의 힘!

무엇보다 실패해도 괜찮다고 느끼게 하는 안전한 게임 환경 안에서 자신이 가진 능력과 기술을 활용해 아이는 게임을 즐기게 된다. 시간이 지나 경험을 쌓게 되면서, 실패에 대한 두려움, 불안이 어느새 각성의 수준으로 넘어와 드디어 몰입을 경험하게 된다. 바로 이때 아이는 '재미있어요'란 표정을 지으며 웃는다. 이렇게 게임에서 경험한 몰입은 스스로 성장의 원동력이 생기고 다음 [그림 4]과 같은 긍정적인 동기유발을 이끌어 내게 된다.

[그림 4] 긍정적인 동기유발 모델

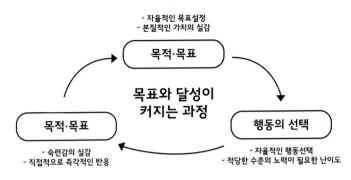

- 자율적인 목표설정
- 본질적인 가치의 실감

목적·목표

**목표와 달성이
커지는 과정**

목적·목표

- 숙련감의 실감
- 직접적으로 즉각적인 반응

행동의 선택

- 자율적인 행동선택
- 적당한 수준의 노력이 필요한 난이도

출처: 후카다 코지, 2012

4. 게임은 안정한 환경에서 경험하는 '작은 인생'

게임은 즐거운 맥락에서 다양한 정보와 역할과 행동을 시연하면서 성공과 실패를 경험하게 한다. 하지만 게임은 성공의 결과만을 중시하지 않는다. 오히려 실패를 통해 보다 효과적인 방안을 모색하면서 도전과 성취감을 경험하며 적응한다. 즉 회복탄력성을 이끄는 기회를 제공한다. 이러한 측면에서 게임은 리허설이 가능한 안전한 환경에서 경험하는 '작은 인생'이라고 말할 수 있다.

박성옥 pso@dju.kr

· 대전대학교 아동교육상담학과 교수
· 한국임상게임놀이학회 학회장(현), 게임놀이치료전문가
· 한국발달심리학회 발달심리 수련감독(현)
· <게임놀이와 아동심리치료>, <게임놀이치료-이론,관찰,사례->, <치료적 게임과 심상유도> 외
  다수의 저·역서

자존공이면 게임과몰입도 문제없어

문현실

코로나19로 인해 등교를 하지 못하는 기간이 길어지면서 학부모들의 걱정도 계속되고 있다. 학교에 다닐 때도 게임에 빠진 행동을 통제하기 힘들었는데, 이제는 아예 스마트폰을 끼고 사는 자녀를 말릴 재간이 없다. 부모와 자녀 간의 관계갈등은 점점 커져가고 있다. 자녀와 정상적인 관계가 형성되지 않았기 때문이다. 이런 자녀는 일상생활에서 부모에게 더 반항하고 더 많은 문제행동을 일으키며 무계획적인 생활습관으로 살아간다. 부모는 자녀가 늘 게임만 생각하는 것 같고, 스마트폰 게임을 하지 못하게 하면 불안해서 견디지 못하는 아이가 될까 봐 걱정한다. 필자는 상담사로서 자녀의 비정상적 게임과몰입 때문에 상담을 의뢰해오는 부모님들과 수십 년을 아파하며 함께 문제를 해결하기 위해 고민해왔다. 이 과정에 발견한 것이 바로 '자존공'의사소통 방법이다. 자존공은 자율성,

감정존중, 생활 공존의 단어에서 따온 용어다. 감히 말하자면 자존 공 대화는 부모와 자녀의 관계갈등 문제를 회복하도록 도와주는 최고의 의사소통심리치료방법이다. 따라서 이장에서는 자존공 대화 법을 활용한 상담사례를 통해 그 효과성에 대해 설명하고자 한다.

1. 의사소통에 대해 다시 보기

자녀의 세계는 부모와의 관계세계다. 자녀는 태어나면서부터 부모와 관계를 맺고, 소통하며 성장하고 발달한다. 자녀는 언어적 메시지와 비언어적 메시지를 부모와 교환하는 일련의 과정을 통해 정서적으로 여물어진다. 그렇기에 의사소통은 부모 자녀 관계와 자녀의 성장에 있어서 무척 중요하다.

여기서 의사소통이란 사람들 간의 감정, 태도, 사실, 믿음, 생각을 전달하는 과정을 말한다. 상호 간 대화를 통해 영향을 주고받으며 서로를 이해하는 모든 수단을 포함한다[1]. 특히 부모와 자녀 사이에서 이루어지는 의사소통은 어떤 목적과 의도를 넘어선 애정과 감정, 심지어 비언어적인 수단을 통해서도 전달하게 된다. 이는 의사소통 중에서 가장 광범위하고 깊이 있으며, 인간의 기본정서에까지 영향을 미친다.

필자는 이제까지 상담현장에서 20년을 살아왔다. 그중에 부부갈등, 고부갈등, 이혼상담은 물론이고 자녀진로, 성적문제, 청소년 비행문제 등을 포함하여 실로 많은 문제를 다루어왔다. 그리고 상담

과정에서 갈등 당사자 간에 문제 인식이 다르다는 공통점을 발견할 수 있었다. 일반적으로 부모는 자녀에게 문제가 발생 될 때 문제 원인이 자녀에게 있다고 생각한다. 문제와 자녀를 동일시하는 것이다. 그러나 상담을 진행해보면 그 인식에는 오류가 있었다. 문제의 원인은 자녀에게 있는 것이 아니라 부모와 자녀 간의 의사소통 방식에 있는 경우가 많다. 대개 부모들은 자녀의 문제행동을 수용하고 이해하기보다 비난하고 체벌을 통해 통제함으로써 문제행동을 제거하려는 태도를 보인다. 자녀들은 그러한 태도에 저항하며, 부모로부터 억압당했다며 반항하는 태도를 보인다. 이렇게 되면 부모는 더 강력한 훈육으로 자녀의 행동을 통제하거나, 방임하거나, 혹은 자신의 감정을 억압하는 태도로 임하게 된다. 그리고 문제의 악순환은 반복된다.

말하자면, 부모의 역기능적 의사소통 훈육방법으로는 자녀의 문제행동이 소거되지 않는다. 관계만 더 악화될 뿐이다. 부모가 자녀와 역기능적 의사소통으로 문제에 개입할 경우, 자녀는 문제행동을 개선하거나 변화하려는 의지를 갖기보다는 부모와 대화를 단절하고 부적응적 행동을 더 하게 된다. 이러한 태도는 부모 자녀 간의 건강한 관계형성에서 적절하지 않다.

그러면 부모와 자녀가 문제를 해결하기 위해서 어떤 노력을 해야 하는가? 부모가 자녀와 갈등이 있을 때 관계증진 혹은 관계회복을 위한 의사소통을 해야 한다. 특히 자녀가 게임과몰입 상태에 빠져있을 때도 그것이 자녀의 심리적 문제의 결과라고 인지하는 것이 필요하다. 그러므로 부모는 자녀가 문제행동을 보일 때 역기능적 의사소통으로 자녀와 소통하기보다 자녀의 마음을 이해하고 공감하고, 개방적 자세로 자녀와 대화하기를 시도해야 한다. 자녀는 처음에는 부모를 신뢰하지 않다가도, 시간이 지나면 거듭된 부모의 노력을 받아들이고 대화하게 된다. 그 과정에야 비로소 부모는 자녀의 결핍된 욕구가 무엇인지 알 수 있게 된다. 건강한 의사소통은 부모자녀 관계가 회복되는 시작이며 상호 성장하는 첫걸음이기도 하다.

그러나 많은 가정에서 부모와 자녀의 관계가 이렇게 기능적이지 않다. 가족이 대화가 부족하고, 얼굴 보기를 외면한 채 스마트폰만 쳐다보면서 식사를 하게 된 이유가 있다. 그동안 역기능적인 의사소통을 계속 사용해왔기 때문이다. 역기능적인 의사소통 문화가 가족문화로 형성되었기 때문이다.

2. '통억방'을 '자존공'으로 바꾸기

'통억방'이란?

'통억방'은 필자가 만든 하나의 조어다. 통제형, 억압형, 방임형에서 머리글자를 따서 만든 용어다. 통억방은 우리나라 부모님들이 자녀 관계에서 보여주는 대표적인 잘못된 관계 유형이다.

[표 1] 통억방 부모 유형

유형	자녀에 대한 인식과 태도	대화법
통제형 부모	자녀불신(학생은 공부만 하면 돼!)	라떼형
억압형 부모	자녀무시(나이도 어린 네가 뭘 알아!)	부정형
방임형 부모	자녀무심(다 컸는데 자기가 알아서 해야지!)	회피형

통제형 부모

통제형 부모는 자녀를 불신한다. 자녀의 감정을 순수하게 수용하지 않는다. 감정을 좋은 것과 나쁜 것으로 구분한다. 자녀가 긍정적 정서를 느끼게 하는 감정은 좋은 감정이라 말하고, 부정적 정서를 느끼게 하는 감정을 나쁜 감정으로 여기는 것이다. 그들은 부정적 감정은 인정하지 않는다. 자녀가 부정적 감정을 보일 때는 그것을 없애려 노력한다. 통제형 부모는 자녀의 행동에 대해 체벌을 하거나 심리적으로 통제하려고 한다. 그리고 엄격한 태도를 고수하며 자녀를 규제하는 양육 태도를 보인다. 부모의 양육태도에는 이른바 '라떼'가 스며있다. "내가 너만 했을 때는...." 식이다. 이 때문에 통제형 부모 밑에서 성장한 자녀는 억압된 분노를 내면화하고, 자신의 감정을 조절하지 못하는 경우도 있다. 통제형 부모는 성장 과정에서 자신이 경험한 학습방법으로 공부할 것을 강요하고, 자녀가 이를 따라주지 않을 때 자녀를 불신하며 비난한다.

억압형 부모

억압형 부모는 자녀를 아직 미숙한 아이라고 생각하며 한 명의 인격체로 존중하지 않는다. 단순히 통제하는 것을 넘어서 인격적으로 억압하는 것이다. 부모는 자녀의 감정을 이해하지 못하고, 비난하거나 체벌을 가하기도 한다. 이렇게 하는 이유는 자신이 자녀의 감정을 수용할 경우 자녀의 성격이 부정적으로 형성된다고 생각하기 때문이다. 그래서 자녀가 분노감정을 드러내면 화내는 그 자체가 자녀가 원하는 것을 얻기 위한 행동이라고 오해하게 된다. 그래서 더욱더 단호하게 자녀의 감정을 억압하게 된다. 이런 부모 밑에서 성장한 자녀는 공격적 성향을 가지며, 청소년 비행에 가담할 확률이 높다.

방임형 부모

방임형 부모는 자녀에게 무관심하다. 자녀의 감정을 인정하고 공감하기도 하지만 그 감정을 어떻게 대처해야 하는지 방향을 제시하지 못한다. 방임형 부모는 자녀에게 너무 허용적으로 대하며, 자녀가 문제 상황에서 어떻게 대처해야 하는지에 대한 지침이나 실마리를 제공하지 못하는 경우가 많다. 이 유형의 부모는 자녀가 분노감정을 표현하는 것을 그냥 지켜보는 것이 부모의 역할이라고 생각한다. 이렇게 양육된 자녀들은 성장하면서 자신의 감정을 조절하는 법을 터득하지 못해 감정조절력이 취약해지기도 한다. 또한 집중력이 부족하고, 대인관계에서 다양한 사람들과 친밀감 형성이 어렵다.

'자존공'이란?

'자존공'은 자율형, 존중형, 공존형에서 머리글자를 따와서 만든 용어다. 필자는 해당 의사소통 유형을 우리나라 부모님들이 자녀 관계에서 사용하도록 권하고 싶다. 자존공은 자녀가 성장기에 보이는 모습을 있는 그대로 수용하고 공감해주는 대화 방법이다. 또한 부모와 자녀가 좋은 관계를 형성하고 신뢰감을 유지하도록 도와주며 자녀의 원만한 성장발달을 지원해주는 행복 관계 의사소통 방법이다.

[표 2] 자존공 부모 유형

유형	자녀에 대한 인식과 태도	대화법
자율형 부모	생각자율(자녀의 생각과 상상력에 자율성 인정)	'이야~' 형
존중형 부모	감정존중(자녀의 감정과 마음을 존중)	'~구나' 형
공존형 부모	생활공존(자녀의 성장과 욕구에 대해 관심)	'어때?' 형

자존공은 생각자율, 감정존중, 생활공존의 부모와 자녀 간의 의사소통을 내용으로 한다. 자녀들이 성장하면서 으레 나타날 수 있는 감정들을 부모가 수용하며 기능적으로 양육해주는 것이 특징이다. 즉, 자존공 의사소통이란 부모 자녀가 감정의 중요성을 인식하고 자신과 관련된 문제 상황에서 이를 극복하도록 도와주는 의사소통 기술이며 서로의 감정을 함께 느끼고 공감해주는 과정이다.

자율형 유형은 자녀가 성장 과정에 가질 수 있는 생각과 상상력,

꿈에 대해 인정한다. "이야~.....대단하구나" 와 같은 반응으로 자녀를 인정한다. 존중형 유형은 자녀의 감정과 마음을 존중한다. "네가 그런 것을 느꼈구나!"와 같이 존중하는 언어를 사용한다. 공존형은 생활공존이다. 자녀의 성장과 욕구에 대해 관심을 가지며 부모가 자녀의 감정을 함께 공유한다. 자녀의 이야기를 들어주고 때때로 "~는 어때?" 등과 같이 좋은 기회를 제안한다.

자존공의 의사소통 방법은 자녀의 감정, 욕구, 생각을 수용한다. 그리고 부모의 양육방식과 대화유형을 따로 분리하지 않는다. 자녀를 이해해주고 수용할 뿐만 아니라 성장과정에 있을 수 있는 자녀의 부정적 정서도 인정해주고 표현할 수 있도록 격려하고 지지해준다. 이렇게 부모에게 수용 받은 경험이 있는 자녀는 부모와 더 친밀하게 되고, 난관을 극복할 수 있는 힘을 갖게 된다. 또한 강한 유대감을 느끼며 자신의 감정을 스스로 잘 관리할 수 있게 된다.

3. '자존공' 상담으로 게임과몰입을 극복한 사례

통제형 관계유형을 자율형으로 전환

통제형 유형의 부모가 자율형 유형으로 변화되면서 부모 자녀 관계가 회복되고, 자녀가 게임과몰입에서 벗어나게 된 사례를 설명하고자 한다.

창이는 고등학교 2학년에 재학 중인 남학생으로 게임과몰입으로 인해 학업에 소홀하고 학교성적이 하락했다. 이를 걱정한 어머니는 자녀에게 게임 이용시간을 정하여 약속하고 이를 지키도록 했으나, 창이는 이를 어기고 어머니 몰래 친구들과 게임을 하면서 거짓말을 많이 하게 됐다. 어머니는 창이의 미래가 걱정되어 상담실을 방문했다.

첫 회기에 부모와 창이가 함께 상담에 참여하도록 했다. 여러 검사를 하면서 특히 부모의 의사소통 유형을 점검하였다. 검사결과 부모님은 통제형 유형으로 나타났다. 어머니는 아이가 학업에 소홀하고, 거짓말을 하는 등 행동이 바르지 못하자 아이를 믿지 못하고 생활을 강하게 통제해왔다고 했다. 한편 창이는 어머니가 자신의 일상과 학업 생활을 점점 통제하고, 자율성을 인정해주지 않자 어머니를 밉게 생각하고 대화를 단절했다. 어머니와 함께 집에 있는 것 자체가 너무 답답하고 숨이 막혔다. 그럴 때마다 밤늦게까지 게임을 하며 현실을 회피했다. 어머니의 걱정스런 전화를 받으면 야간 자율학습을 한다고 거짓말을 했다. 어머니는 문제가 전적으로 창이에게 있다고 생각했으며, 창이만 상담에서 변화되면 문제가 해결된다고 생각하고 있었다. 어머니는 자신이 공부를 성공적으로 잘했던 그 방법들을 자녀에게 강요하고 시간과 행동을 통제했다.

그러나 상담사는 문제 인식을 다르게 보았다. 창이에게 문제가 있는 것이 아니라, 부모의 의사소통 방식이 창이를 더욱 엇나가게 만들었다고 보았다. 그래서 어머니에게 새로운 대화법을 학습하도록 하였다. 학업에 대해 자녀와 이야기하게 될 때 "참 좋은 생각이다, 창이는 정말 대단하다, 어떻게 그런 것을 생각할 수 있었니?"라고 대화하도록 했다. 이렇게 부모가 자녀의 자율적인 생각을 칭찬하는 대화가 관계회복에 아주 중요함을 설명했다.

2~3회기 상담에서는 창이가 자신의 생각을 표현하면 어머니는 적극적인 공감과 경청, 그리고 수용의 자세로 임하도록 훈련하였다. 어머니의 지나친 간섭은 오히려 자녀가 게임이란 가상공간에 도피하는 원인이 되었음을 인식하도록 하였다. '라떼형' 대화로 공부방법을 강요하거나 불신하는 대신에 '자율형' 대화로 자녀의 생각, 상상력, 자율성을 인정하게 했다. 그리고 자녀의 변화에 칭찬하고, 행복 관계법 대화를 생활 속에서 계속 적용하도록 했다.

4~5회기에서는 창이가 게임 이용시간을 약속하고 이를 실천한 것에 대해 어머니가 칭찬하도록 했다. 창이가 달라진 생활을 통해서 미래의 자신의 모습을 미리 상상하게 하고 진로 목표를 구체화하도록 했다. 어머니가 자녀와 신뢰 관계를 회복하기 위해 자율형의 대화를 사용하고 있는 것에 대해 칭찬했다. 그리고 자녀가 원하는 것이 무엇인지에 대해 함께 들어주는 행복 대화 방법을 연습하며, 자녀가 자신의 학업 생활에 있어 어머니의 따뜻한 관심과 인정을 받고 싶어하는 마음이 있음을 전달했다.

6~7회기에서는 어머니의 변화된 방식이 자녀와 신뢰 관계를 회복에 매우 긍정적으로 작용하고 있음을 칭찬했다. 창이의 변화와 어머니의 변화를 지속적으로 유지하기 위해서는 부모가 자녀의 꿈을 통제하기보다는 자녀의 욕구를 파악하여 대안 활동을 찾아주는 지혜가 필요하다고 설명했다. 그리고 창이가 할 수 있는 대안활동을 점검했다.

통제형 부모 유형은 이 시대의 부모님들이 가장 빠져들기 쉬운 유형이다. 부모님들은 자녀가 계속된 시행착오를 경험할 때 때로는 엉뚱하기도 하지만, 계속 성장하는 '올챙이'라고 생각해야 한다. 부모 스스로가 그러했듯이 언젠가는 '개구리'가 될 자신을 책임지고 난관을 이겨낼 아이라고 믿어야 한다. 그리고 아이의 자율적인 사고를 존중하고 격려해야 한다. 자녀가 스스로 생각해낸 것을 통해 문제를 해결했을 경우 칭찬하고, 실패했을 경우에도 격려를 통해 반복적인 실수를 하지 않도록 방향을 제시하는 의사소통을 사용해야 한다.

억압형 관계유형을 존중형으로 전환

이 사례는 부모가 자녀를 무시하고 억압하는 방식으로 양육한 결과 자녀가 지나치게 게임만 좋아하게 되었는데, 존중형 대화를 사용하게 되면서 문제가 해결된 사례이다.

이혼위기에 있던 준수 부모는 자녀 양육문제로 자주 다투었다. 그때마다 준수는 부모가 갈등하는 상황을 자주 목격했다. 준수는 부모가 다투는 상황이 되면 애써 외면하기 위해 스마트폰 게임을 하며 지냈다고 했다. 학교에서도 수업시간에 집중하지 못하고 잠이 들어 부모님이 호출된 적도 있었다. 부모는 준수의 말과 행동을 무시하고, 준수가 힘들어하거나 화를 내면 오히려 더욱 억압하여 정서적 관계가 완전히 단절되어 상담실을 방문한 경우이다.

1~2회기 상담에서는 준수 부모의 갈등과 준수의 스마트폰 게임의 관련성을 탐색하였다. 준수는 부모가 다투는 상황에 노출될 때마다 불안과 공포감 두려움을 느꼈는데, 스마트폰 게임을 하면 그런 기분이 사라진다고 했다. 부모는 자녀를 양육하면서 자신의 감

정에 너무 집중한 나머지 자녀가 화내거나 짜증내는 것을 받아줄 겨를이 없었다. 그래서 자녀가 울지 못하게 혼냈고, 자녀의 감정과 행동을 무시하고 자녀가 슬퍼하거나 짜증을 낼 때의 감정을 수용하지 않았다. 그리고 자녀가 화가 나서 울거나 떼를 쓰면 혼을 내서 눈물을 그치게 했고, "사내아이가 울면 안 된다"라고 말하며 준수의 감정을 억압하고 무시했다. 준수는 부모가 자신을 이해해주지 않고, 일방적인 약속을 정해놓고 이에 따르지 않으면 추궁하며 혼낼 때 너무 무서웠다. 준수는 부모와 함께 있을 때 혼나지 않으려고 애쓰다 묻는 말에도 위축되어 제대로 대답하지 못했다. 준수는 이런 모습을 싫어하는 부모와 부딪치지 않기 위해 대화를 하지 않기로 했다. 그리고 자신의 마음을 이해해주는 가상공간의 친구들과 인터넷 게임에 더 몰입했다고 했다.

3~4회기에서는 부모의 의사소통 유형에 대해 검사를 실시하고 해석했다. 그리고 부모의 억압형 의사소통이 관계를 어렵게 하고, 자녀의 문제 증상을 악화시키고 있음을 파악했다. 상담사의 검사결과를 듣고 난 후 어머니는 한동안 침묵을 한 뒤 자신이 자녀에게 사용한 대화법이 억압형 의사소통 방법이 맞다고 말하며 눈물을 흘렸다. 준수 아버지는 자녀의 감정을 무시하고, 일방적으로 훈육한 것은 앞으로 험난한 세상을 헤쳐가기 힘들기 때문에 강하게 키우기 위해서였다고 했다. 한편으로는 따뜻한 공감과 경청으로 수용해주고 싶었지만 그것도 쉽지 않았다고 했다. 부모 역시 그런 보살핌을 받지 않고 자라서 자녀의 감정을 존중하며 따뜻한 대화를 사용하기 어려웠던 것 같았다. 부모에게 존중형 의사소통의 대화가 부모자녀

관계를 개선하는 데 도움이 될 것이라고 설명하며 구체적인 대화 방법을 연습시켰다.

5~6회기에서는 부모에게 자녀가 가정에서 편안하고 안정된 상태에서 지낼 수 있는 환경을 조성해 주도록 했다. 이를 위해 부부 갈등상황을 자녀 앞에서 노출 시키지 않도록 하고, 자녀와 대화할 때 따뜻한 말투를 자주 사용하도록 했다. 자녀가 대화를 원하지 않을 때는 추궁하지 말고 자녀가 대화할 때까지 기다리도록 했다. 특히 준수의 감정을 이해하고 대처하는 방법을 연습시키며 활용하도록 했다. 예를 들어 준수가 배가 고프다고 말하면 "준수가 지금 배가 고프구나"라고 말했고, 기분이 좋아 보이면 "준수가 기분이 좋구나? 좋은 일이 있었니?"라고 말하며 준수의 행동에 반응하는 대화를 하도록 했다. 부모가 대화 방법을 배워서 자녀에게 적용하면서 4회기에서는 놀라운 변화를 보였다. 상담실을 찾는 준수의 얼굴이 밝아졌다. 부모와 대화를 회피했던 준수는 부모와 편안하게 웃으며 대화하는 모습을 보였다. 그리고 부모와 대화시간도 늘어났다고 했다. 준수는 부모가 더 이상 두려운 존재로 생각되지 않고, 부모가 자신을 많이 사랑한다는 느낌을 가지게 되었다. 부모와 소통을 원활하게 하게 되면서 준수의 게임사용 시간도 자연스럽게 감소되었다.

이처럼 부모가 존중형 대화를 사용하게 될 때 자녀의 자존감이 향상되고 서로의 관계가 편안해진다. 특히 부모와 자녀 관계가 단절 상태에서 부모는 자신의 감정을 인식한 후 자녀의 마음을 헤아리고 교감하려는 태도를 가져야 한다. 또한 상대의 감정을 존중해주고 표현하게 하며 함께 공감해주려는 노력을 할 때 자녀는 부모에게 사랑받고 있다는 느낌을 받게 된다.

방임형 관계유형을 공존형으로 전환

이 사례는 방임형 부모가 아이를 학대하여 관계가 악화되었으나, 부모가 공존형 의사소통 유형을 사용하면서 자녀와 갈등 관계를 회복하게 된 사례이다.

중학교 1학년인 하은이는 학교 부적응으로 인해 왕따, 게임과몰입, SNS에 집착하는 문제가 있어 학교 담임교사와 부모가 상담한 적이 있다. 학교에서는 늘 문제행동을 일으키며 결석을 상습적으로 하고 비행 청소년과 어울린다. 부모는 하은이의 이런 문제행동을 바로잡기 위해 할 수 있는 모든 것들을 다했지만, 자녀가 달라지지 않자 무기력한 상태로 지내다가 어머니가 상담실을 찾아온 경우이다.

1~2회기 상담에서는 하은이의 학교생활, 또래 관계를 탐색했다. 하은이는 학교에서 친구가 없다고 했다. 주로 어울리는 친구들은 학교에서 문제를 일으켜서 정학이나 경고를 받은 아이들이라고 했다. 같은 반 친구들이 자신을 왕따시키고 놀아주지 않아 학교에 가기 싫다고 했다. 그래서 수업에 결석하고, 학교를 중퇴한 선배들과 어울려 게임을 하거나 SNS로 채팅을 한다고 했다. 그때는 그 친구들에게 공감받고 이해받는 것 같아서 너무 행복하다고 했다. 하은이는 자존감도 매우 낮았고, 부모와의 관계도 최악의 수준이었다.

부모교육을 통해 부모가 그동안 대처했던 방법과 문제해결방안에 대해 나누었다. 부모에게 생활 속에서 자녀의 관심사를 관찰하고 자녀가 어떨 때 외로워하는지, 힘들어하는지 부모가 이해하게 된다면 부모는 자녀의 문제행동을 해결하는 조력자로서 자녀에게 초대받을 수 있음을 설명했다. 부모가 자녀를 사랑하고, 보호하려는 마음을 이해하고, 그동안 힘들게 노력해온 것들을 격려하였다. 그리고 자녀의 친구들에 대해 관심을 가지려는 태도와 자녀에게 소속감을 가지는 환경을 만들어주려는 노력을 지지했다. 자녀에게 해가 되는 친구들에 대해 한계를 그어주고, 그들과 아이가 관계를 정리할 수 있도록 도운 것은 잘한 일이라고 칭찬했다.

3~4회기 상담에서는 관계갈등과 의사소통 유형에 대해 탐색하였다. 부모는 첫아들을 낳고 10년 뒤에 태어난 딸이 너무 귀여워 자녀의 어떤 행동이나 감정도 허용하고 공감해주며 키웠다. 그런데 자녀가 사춘기가 되면서 학교 부적응문제가 발생되자 아버지는 자녀의 문제를 개선하기 위해 체벌하기 시작했고, 문제행동이 수정되지 않자 학대했다. 하은이는 아버지의 분노하는 모습과 폭력을 경험하면서 아버지와 대화를 단절하고 지냈다. 어머니는 이런 자녀가 가여워서 감정을 모두 받아주었지만, 막상 이러저러한 문제 상황에서는 적절하게 대처하지 못했다. 부모는 자녀의 문제행동이 개선되지 않자 부모 역할에 자신감이 저하되고 무력감을 느낀다고 했다. 하은이는 학교에서 친구들이 무시하고, 만만하게 봐서 속상하다고 했고, 같은 반 친구들 중에 자신을 좋아해 주는 친구가 없어 외롭다고 했다. 부모에게 아이의 심리적 상태를 이해시키면서 공존형 대화법의 중요성을 설명했다. 그리고는 사소한 일상생활 속에서도 자녀의 생활습관을 공유하며 다정다감한 대화로 사랑을 전달하도록 했다. 또한 공감 대화로 부모가 성장 과정에서 경험했던 어려운 일들을

이야기하고, 이를 극복했던 방법 등을 자녀와 나누게 했다.

5~6회기 상담에서는 부모와 자녀의 변화에 대해 확인한 후 이를 더 강화하고 확대하였다. 부모가 공존형 대화법을 사용하면서 자녀는 학교와 학원에 결석하지 않고, 성적을 올리겠다고 노력하는 모습을 보여주었다. 하은이는 등교하기 싫을 때 몸이 아프다고 말했다. 상담 후 부모는 하은이가 학교 가는 것이 너무 싫은데 억지로 가느라 힘들어하고 불안해하는 마음을 이해해주고, 비난하지 않았다고 한다. 예전에 부모는 자녀가 그런 태도를 보이면 자녀의 행동을 무시하고 회피하거나 방임하고 무관심한 태도를 취했지만, 이제는 적극적으로 자녀와 소통하려는 변화된 태도를 보여주었다. 부모가 공존형 대화로 부드럽고 따뜻하게 말했더니 자녀가 스스로 자신의 잘못을 깨닫는 모습을 보였다고 했다. 남은 상담에서는 3~4회기에 학습했던 대화 방법을 계속 연습시키고, 가정에서도 지속적으로 사용하도록 했다. 그 결과 부모와 자녀는 서로를 신뢰하게 되었고 자신감을 회복하였다.

상담이 성공적으로 종결되고 난 뒤 상담실을 다시 방문하는 내담자가 가끔 있다. 하은이도 그러한 사례다. 상담이 종결된 후 3개월쯤 지난 후에 하은이가 어머니와 함께 상담실을 방문했는데, 몰라볼 정도로 밝아진 얼굴이었다. 하은이는 이제 자신을 지지해준 어머니에게 심리적 안정감을 느끼고 있었다. 외로움을 달래기 위해 함께 어울렸던 비행 청소년들과의 관계를 정리했고, 지금은 학교 친구들과 잘 지낸다고 했다. 하은이는 또래 관계에서 친밀감과 소속감을 느끼게 되면서 정서적인 안정감을 회복된 것으로 보인다.

부모는 자녀에게 따뜻한 보살핌과 양육환경을 지원했다. 이는 자녀의 내적인 외로움을 해소시키고, 인정과 사랑받는 욕구를 해소시킨 것을 보인다. 또한 상담과정에서 대인관계 향상을 위한 자기조절 등을 연습시켰는데 이는 또래 친구들과 원활한 의사소통을 하는 데 도움이 되었다.

이 사례에서 사춘기에 접어든 청소년의 부모가 방임형 유형 대신 공존형 의사소통을 활용하면서 자녀의 성장 욕구를 이해하고 함께 공존한다는 생각이 들도록 해주는 것이 아주 중요하다는 것을 느낄 수 있었다. 공존형 부모는 "우리 함께 해보자, 이렇게 하는 게 좋을 것 같은데, 네 생각은 어때?"라고 자녀의 생각을 물어보고 자녀가 소속감을 가지도록 지원한다. 이처럼 부모가 자녀의 욕구를 이해하고, 생활 속에서 함께 문제를 풀어 가려는 노력을 했을 때 부모와 자녀의 관계는 개선된다.

4. 자녀에게 알맞은 조력자가 되는 법

자녀가 성장하는 데는 한 마을이 필요하다는 말이 있다. 인간이 태어나서 성인으로 성장하기까지는 그만큼 많은 주변인의 자원과 조력자가 필요하다는 이야기다. 하지만 필자는 그중에서 가장 중요한 것은 부모와 자녀 간의 의사소통 방법이라고 생각한다. 특히 자아가 완성되지 않은 상태의 사춘기 자녀에게는 성인들이 상상하지 못할 만큼 민감한 감정 기복이 심하게 나타날 수 있다. 하루에도 여러 번 열등감과 우월감, 자신감과 패배감의 감정을 느끼는 것이 사춘기 자녀들의 심리상태이다.

이러한 자녀들에게 그들의 사소한 실수에 대해 부모가 불신하고 비난하며 무시하는 소통방법은 매우 위험하다. 생활 속에서 부모가 이를 인지하지 못한 채 그런 부정적인 반응을 보이는 것은 자녀들의 심리 건강을 해치는 행동과 다를 바 없다. 게임을 지나치게 과다 사용하거나 스마트폰만 처다보고 일상을 보내고 있는 자녀에게 게임에 몰입하는 행위를 나무라기 이전에 부모 자녀 관계의 의사소통 유형을 점검하고 이를 개선하려는 노력을 해야 한다.

문현실 hyunsilmun@naver.com

· DM행복심리상담치료센터원장, 강남대학교실버산업학과(현)
· 서울가정법원상담위원 , 서울남부지방법원상담위원,
　(재)광명시청소년재단이사(현), 범죄심리전문가지도교수(현)
· 중독심리전문가 , 청소년상담전문가수련감독 , 해결중심전문상담수퍼바이저
· <인터넷중독상담과 정책의 쟁점> 등 다수 저서

더하는 글

실제 교육 현장에서의
게임 활용 사례

세상에서 가장 재미있고 큰 온라인 LOL 게임 학교

방승호

사람은 누구나 자신만의 경험으로 살아간다. 그러나 그 경험들이 긍정적으로 작용되는 경우는 그리 많지 않다. 나는 모험놀이 상담을 만나고 게임과 연결고리가 생기면서 자신의 경험이 여러 재미있는 일들로 확장되는 삶을 살아가고 있다. 게임과 인연이 15년이 되었다. 이 인연은 운명이 아니고는 설명할 방법이 없다. 아현산업정보학교 교장 임기를 마치고 2020년 3월 전직한 서울시교육청에서 코르나19를 상황을 맞이했다. 언제나 그랬듯이 나는 모험놀이 상담을 통해 아이들에게 길을 물었다. 그러자 온라인 LOL 게임 학교는 늘 곁에 있었다는 듯이 나타났다. 그 이야기를 해보려고 한다.

1. 게임으로 배우다, 게임으로 소통하다

대기실에 있던 아이들이 수락 버튼을 누르자 100명이 순식간에 화면을 채운다. 컴퓨터 화면은 한 면으로 부족해 여러 면으로 나뉘어진다. 반은 얼굴을 보여주고, 나머지 반은 얼굴 없이 학교와 이름이 쓰여진 120명의 아이들이다. 순식간에 20여 명이 더 들어왔다. 댓글 창이 보이지 않을 정도로 빠르게 올라가며 인사를 나눈다. 진행 선생님은 소리가 너무 난다고 음소거를 한다. 모두 조용해진다. 아이들이 한마디씩 하면 줌zoom이 튕겨 나가는 일이 종종 발생하기 때문에 수시로 이렇게 조정을 한다.

수업이 시작되기 전, 온라인 LOL 게임 학교 교가 '배워서 남 주나'를 큰소리로 같이 부른다. "반가워용 한 주일 잘 지내셨습니까? 세종대왕 이순신도 오천 년에 한두 명 네가 할 일 따로 있단다. 세상에 태어난 게 기적이 아니겠니." 노래를 마치고 가사 중 일부를 반복해서 말한다. 노래는 참가자 모두를 하나로 연결해 주는 따뜻한 햇빛 같은 역할을 해 준다. 수업을 마치면 전인권의 '걱정말아요 그대'를 함께 부른다.

교가를 부르고 나면 바로 게임 영어 시간이다. 선생님은 수업이 시작하자마자 〈리그 오브 레전드LOL〉의 캐릭터 중 하나를 보여준다. 그러면 아이들은 대부분 캐릭터의 이름이 무엇인지 맞춘다. 선생님은 "와! 너의 들 정말 대단한 줄은 알았지만 이 정도까지인 줄은 몰랐어." 진심 어린 감탄으로 피드백을 해준다. 이어지는 캐릭터와 연결된 영어 단어 수업에서, 아이들은 마치 원래 영어를 좋아했던 것처럼 대답이 우렁차다. 지금 사이버 세계에서 수업을 하는지 오프라인에서 하는지 모를 정도로 활발하고 집중력 있게 영어 수업이 이루어진다. LOL 캐릭터를 통해 아이들과 선생님이 하나가 된다.

아이들이 즐거운 모양이다. 자신들이 좋아하는 게임으로 영어를 해서 그런지 입이 열리기 시작한다. 너도 나도 대답을 하고 궁금한 것을 물어본다. 학생들에게 학교와 학원에서 배우는 영어는 늘 힘들고 하기 싫은 과목이었을 것이다. 아마 수업시간에 이렇게 관심 가져본 적은 거의 없었을 것이다. 게임 영어 수업의 열기가 학교수업으로 확장되길 바라면서, 아쉬운 10분 영어 수업이 끝나면 바로 2교시 게임 인문학 시간으로 이어진다.

게임 인문학 선생님은 LOL 캐릭터 '노틸러스'의 사진을 보여준다. '노틸러스'에 대해서 아이들은 자신이 알고 있는 것들을 한마디씩 보탠다. 선생님은 프랑스 소설가 '쥘 베른'에 대해 이야기한다. 시간이 지나면서 '노틸러스'는 자연스럽게 쥘 베른의 소설 『해저 2만리』로 이어진다. '만리'에 대해서 배우고, 지구의 직경에 대해서도 이야기를 나눈다. 네모 선장이 노틸러스 호를 타고 심해에 사는 미지의 생물들과 마주치는 여행 모험담을 들려주고, 마지막으로 2만리를 여행했던 코스를 보여준다. 그런 다음 과제로 네모 선장처럼 여행하고 싶은 곳이 있는지, 왜 가고 싶은지 쓰게 한다. 과제는 네이버 '마음방역' 카페에 제출한다.

3교시는 게임 전략 시간이다. 이이들의 관심이 가장 많은 수업이다. 차분한 목소리로 아이들에게 LOL을 하기 위한 기본 용어부터 시작해서 라인 관리의 이해 등 게임에 필요한 지식을 직접 보면서 설명한다. 아이들 수업 집중도는 말이 필요 없을 정도다. 수업 장면을 보면 '몰입'이라는 단어가 절로 떠오른다. 한 아이가 화장실이 급한지 "저 화장실 갔다 와야 하는데 조금 있다가 설명하시면 안 되나요"라고 말한다. 화면을 지켜보던 선생님들이 빵하고 웃음이 터진다. 이런 말과 표정이 보람으로 돌아오는 것 같다. 나는 이렇게 아이들이 수업에서 몰입하는 장면을 교직 35년 생활하면서 거의 본 적이 없다. 그것도 온라인상에서 말이다.

2. 세상에서 가장 큰 학교, 온라인 LOL 게임 학교의 개교 과정

지금부터는 세상에서 가장 큰 온라인 LOL 게임 학교의 탄생, 아니 개교 과정에 대해서 이야기를 나누려고 한다. 2007년으로 거슬러 올라간다. 10여 년이 훌쩍 넘었다. 서울에 있는 직업학교인 아현산업정보학교 교감으로 발령을 받았다. 아현산업정보학교는 서울에 있는 공립 직업학교이다. 인문계 고등학교 재학생 중 공부보다는 다른 곳에 더 관심이 있는 아이들이 다니는 곳이다. 사진, 패션, 미용, 제과·제빵 등 다양한 학과가 있다. 고등학교 2학년 말에 응시해 고등학교 3학년 1년 동안 이곳에서 수업을 듣는다. 졸업할 때는 원래 다니던 학교의 졸업장을 받는다.

2007년 교감으로 발령을 받고 다양한 아이들을 만날 수 있다는 꿈에 부풀어 있었다. 하지만 교문 지도를 하는 데 일단 같은 교복을 입은 아이들이 없었다. 머리색도 다 다르고, 손에 책가방 든 아이들도 없었다. 무엇보다 눈꼬리가 하늘 높은 줄 모르고 올라가 한결같이 심기가 불편해 보였다.

조금만 구석진 곳에 가면 담배를 피는 아이들과 마주쳤다. 생활지도 문제로 나도 학교 가는 게 싫어졌다. 스트레스로 원형탈모가 걸릴 정도로 힘이 들었다. 그러던 어느 날, 산책하다가 문득 이 아이들은 공부를 왜 포기했는지 궁금해졌다. 그래 그것을 한번 알아보자. 어떻게 하지. 전교생과 한 명씩 상담을 해보자. 목표가 생기자 걱정과 불안은 어느 순간 사라졌다.

아이들을 숲속 나무 하나하나를 세듯이 소중하게 아이들을 만났다. 그리고 공부를 포기하고 가장 많은 시간을 보내는 곳이 PC방이라는 것을 알게 되었다. 게임 때문에 공부를 포기한 것이 아니라, 오히려 공부 때문에 힘들고 지친 시간을 게임을 통해 위로받는 것이다. 게임은 아이들에게 학교에서, 혹은 집에서 막막하고 힘든 경계에 있을 때 잠시 쉬어갈 수 있는 공간이었다. 다른 사람이 보기에는 게임에 빠져 있는 것처럼 보였겠지만, 고등학교 3학년 시기에 직업학교를 택한 아이들 내면에는 뭔가를 하고 싶다는 강력한 용기와 꿈이 살아 있었던 것이다.

그 불을 지펴 주는 것이 매우 중요했다. 그래, 아이들이 정말 좋아하는 것을 해 주자. 1년짜리 학교에서 하지 않으면 어디에서 하겠는가. 학교에 e스포츠 학과를 만들기로 작정했다. 온라인 LOL 게임 학교를 만들 때도 모두 회의적이었지만, 15년 전에는 거부 반응이 더 심했다. 하지만 나는 아이들 한 명 한 명 만나면서 게임이 어떤 동기부여를 할 수 있는지 너무나 명백하게 보았다. 소신을 가지고, 관계자를 천천히 설득하며 학과를 만들어 갔다.

과감하게 e스포츠 신입생 선발도 게임으로 뽑았다. 당시에는 〈스타크래프트〉를 했다. 교실을 만드는 문제에 봉착했을 때는 어떻게 해야 하는지, 관심 있는 선생님들과 대화도 많이 나누었다. 생각난 것은 PC방이었다. 그래, 대한민국에서 가장 좋은 PC방을 만들자. 바둑을 두고 나면 바둑 복기하듯이 게임을 하고 나면 게임을 복기하며 볼 수 있는 시설과 방송으로 송출할 수 있는 장비를 갖추고자 했다. 다행히 하늘이 도와 예산도 확보가 되었다.

3. 아이들 스스로 진로를 선택하다

아현에서나 교육청에서 프로그램 구상할 때 가장 중요하게 생각하는 것이 몇 가지 있다. 게임을 공식적으로 하게 한다. 다음으로 부모님과 함께 하는 시간을 가지게 한다. 또 하나 중요하게 여기는 것이 노래 같이 부르기다. 활동을 마치고 보면 아이들은 게임도 좋았지만, 함께 지내는 친구들과 손잡고 놀았던 시간, 기타 소리와 함께 노래를 불렀던 시간이 좋았다고 했다. 사람은 자신이 하고 싶은 일을 긍정적으로 격려받고 놀이로 승화될 때, 비로소 자신이 쓸모 있는 사람임을 느끼게 되는 것이다.

[사진 1] 온라인 롤 게임학교 2020 1기 학생들이 교가 부르는 수업 장면

아현에는 12명의 LOL 프로선수단이 있었는데 자주 이야기를 나누었다. 아이들 중 매년 4명 정도가 프로 꿈을 꾸었다. 그들의 이야기가 인상적이다. 이 과에 들어오지 않았다면 평생 게임으로 막연하게 프로를 꿈꾸며 시간을 낭비했겠구나 하는 생각이 든다고 했다. 1년 동안 최선을 다했기 때문에 후회 없다고, 이제 다른 일을 해도 될 것 같은 용기가 생겼다고 했다. 아이들이 타인에 의해 진로가 바뀐 것이 아니다. 스스로 진로 수정을 하겠다고 말한 것이다. 나는 그 아이들이 게임하면서 가진 몰입도로 다른 어떤 일을 해도 잘할 것으로 믿는다, 하루에 10시간 이상 한 가지를 집중해서 할 수 있는 사람이 얼마나 되겠는가?

아현에서 교장 임기를 마치고 근무하는 곳은 서울시교육청 초중고 학생들을 수련하는 학생교육원이다. 한해에 22만 명의 학생들이 이곳을 다녀간다. 교육과정은 몸으로 하는 활동이 주를 이룬다. 하지만 2020년 초반기에 코로나19로 아무것도 할 수가 없었다. 2020년 2학기에 뭐라도 해야겠다고 마음을 먹었지만 쉽지가 않았다. 그래서 수련지도사 2명과 팀을 만들어 모험놀이와 수련원에서 하던 활동을 온라인으로 시도해 보았다. '마음방역'이라는 카페를 네이버에 만들어 사람들이 편하게 들어와 신청할 수 있도록 했다. 기존 생각을 접어야 했다. 계속해서 도전했다. 현재 '마음방역' 카페는 조회수 100만을 너머 수많은 활동이 매월 진행되고 있다.

그러던 중 책상 위에 놓인 『게임에 빠진 아이들』 책이 눈에 들어왔다. 아현산업정보학교에서의 상담 경험을 엮은 책이었다. 책을 처음부터 다시 한번 읽었다. 그리고 자동적으로 '온라인 게임 학교'라는 이름과 운영 방법이 머릿속에 떠올랐다. 아현에서의 경험을 서울 전체 학생들에게 한 번 적용해보자. 이렇게 마음먹고 만들어진 것이 지금의 온라인 LOL 게임 학교다.

4. 현실을 바탕으로 한 교육을 꿈꾸어야 한다

게임을 좋아하는 아이들이 공부를 안 한다는 선입견이 있다. 실제로 아이들과 상담을 해 보면 성적이 좋지 않은 경우가 많다. 아이들에게 공부의 재미를 느끼게 해 주고 싶어 기본 학력을 기르는 과제를 개발하고 있다. 영어와 과학은 개발이 되었다. 완전히 LOL을 이용한 수업이다, 각 과목별 교재를 개발하려는 모집에 무려 33명의 선생님이 신청했다. 최근에는 LOL뿐만 아니라 〈배틀그라운드〉, 〈오버워치〉 등 다양한 게임으로 교재를 만들려고 시도하고 있다.

온라인 LOL 게임 학교는 매 기수별 유명 e스포츠 선수들이 아이들과 만나는 시간이 있다. 사전에 카페에 궁금한 질문을 받아서 진행한다. 2기 때는 유럽 리그에서 뛰는 유일한 한국인 선수인 신태민 선수와의 만남이 있었다. 프랑스리그와 터키리그에서 우승한 경력이 있는 선수여서 그런지, 의미 있는 인터뷰로 아이들의 궁금증을 해소시켜 주었다. 3기에는 2017년 리그 오브 레전드 월드 챔피언십 우승했고, 2018년 자카르타 팔렘방 아시안 게임 e스포츠 국가 대표였던 '젠지' e스포츠 팀의 롤러 선수가 아이들과 함께할 예정이다.

서울 초·중·고등학교 전역에 온라인 LOL 게임 학교 포스터를 배부하였다. 가정통신문이 나가고 포스터가 붙어 있는 것만으로도 아이들이 학교 가는 재미를 느낄 것이다. 앞으로 LOL 동아리 팀을 만들어 지원할 예정이며, 학교 폭력 가·피해 학생들에게도 접목할 방법을 연구 중에 있다. 특히 현재 진행 중인 부산 경성대와 연구는 게임과 교육 효과에 대한 이론적 근거에 큰 역할을 할 것으로 기대하고 있다.

이렇게 온라인 LOL 게임 학교는 점점 커져가고 있다. 학생들이 스스로 무언가를 열심히 하는 모습은 너무나 아름답다. 수업시간에 대답하고 질문하는 밝은 모습을 보면 나도 모르게 세상을 다 얻는 것처럼 흐뭇해진다. 아이들에게 자신의 능력을 마음껏 발휘할 수 있는 기회를 제공해 주어야 한다. 현실을 바탕으로 한 경험. 그것이 바로 게임이다. 언젠가 정말 세상에서 가장 큰 학교 교장이 되는 꿈을 꾸어 본다. 세상에서 가장 재미있고 큰 학교의 교장이 말이다.

방승호 hoho6173@naver.com

· 서울시교육청 학생교육원 교육연구관
· 2020 게임문화포럼 투고 분과 위원(현)
· 아현산업정보학교 교장(공립학교 최초 e스포츠과 개설)(전)
· "Dont worry"(게임송) "노 타바코"(금연송) 등 노래 발표, <게임에 빠진 아이들> 등 7권 저서

참고문헌

1 게임문명이다 고영삼

고영삼, 「인터넷중독의 미래」, 『인터넷중독의 특성과 쟁점』(디지털중독연구회), 시그마프레스, 2015.

고영삼, 「제4차 산업혁명과 청소년 역량 개발」, 『오늘의 청소년』, 한국청소년단체협의회, 2017.

송영조, 「성공적 공공정책 수립을 위한 미래전략 연구방법론(FROM) v1.0'」, 『미래한국의 새로운 도전과 기회』, 법문사, 2011.

하원규, 최남희, 『제4차 산업혁명』, 콘텐츠하다, 2015.

송채경화, 「통일 탄 메타버스 우리 곁으로 성큼」, 한겨레신문, 2021.3.11.

한국콘텐츠진흥원, 『2014 한일게임 이용자조사보고서』, 2014.

한국콘텐츠진흥원, 『2020년 게임 이용자 실태조사』, 2021.

한국정보통신기술협회, 『IT용어사전』, 네이버 지식백과.

호이징하, J., 권영빈 옮김, 『호모 루덴스』, 홍성사, 1981.

Brooks, Rodney, *Flesh and Machines: How Robots Will Change Us*, NY: Pantheon Books, 2002.

Kurzweil, Ray, *The Singularity is Near: When Humans Transcend Biology*, London: Penguin Books, 2006.

게임문화포럼, 「게임×생태계 메거진」, https://brunch.co.kr

네이버 지식백과, 「용어로 보는 IT」, https://terms.naver.com

위키피디아, 「Gamification」, https://en.wikipedia.org

위키피디아, 「생명공학기술」, https://ko.wikipedia.org

하뮈, 「게이미피케이션: 기초 이해하기」, https://brunch.co.kr

2 이 시대의 게임을 이해하는 몇 가지 방법들 심한뫼

한국콘텐츠진흥원, 『2020 대한민국 게임 백서』, 2020.

문화체육관광부, 『게임산업 진흥 종합 계획』, 2020.

3 디지털 게임 속의 동양적 상상력과 나비의 꿈 정승안

김영세, 『게임이론』, 박영사, 2015.

장주, 『장자』, 글항아리, 2019.

한국콘텐츠진흥원, 『2020 대한민국 게임백서』, 경성문화사, 2020.

4 새로운 핵심산업으로서의 게임 최승우

이인화, 『디지털 스토리텔링』, 황금가지, 2003.

한국문화관광연구원, 『2019년 국민여가활동 조사』, 2020.

한국콘텐츠진흥원, 『2020 대한민국 게임백서』, 2020.

한국콘텐츠진흥원, 『2019년 하반기 및 연간 콘텐츠산업 동향분석보고서』,

2020.

한국게임산업협회, 『2021 세계 속의 한국게임』, 2021.

5 콘텐츠 산업 중심으로서의 게임 김치용

이창욱, 『OSMU를 중심으로 한 문화콘텐츠의 다목적 활용에 대한 연구』, 한

국디자인문화학회, 2008.

정석규, 『엔터테인먼트 콘텐츠의 미디어 믹스 전개에 관한 연구』, 한국애니

메이션학회, 2009.

한국콘텐츠진흥원, 『일본콘텐츠 산업동향』, 2017.

한국콘텐츠진흥원, 『일본콘텐츠 산업동향』, 2018.

6 코로나19 비대면기의 e-Commerce와 게임의 융합 차재필
※본 챕터의 참고문헌은 본문에 각주처리 했습니다.

7 누가, 왜 게임을 하는가? 게임의 문화심리학 이장주

Botvinick, M., & Cohen, J., "Rubber hands' feel 'touch that eyes see," *Nature*, 391(6669), 1998.

Cole, M., John-Steiner, V., Scribner, S., & Souberman, E., "Mind in society", *Mind in society: the development of higher psychological processes*, Cambridge, MA: Harvard University Press, 1978.

Eisenberger, N. I., Lieberman, M. D., & Williams, K. D., "Does rejection hurt? An fMRI study of social exclusion," *Science*, 302(5643), 2003.

Heine, S. J., *Cultural Psychology*, NY: W. W. Norton & Company, 2011.

Merton, R. K., & Merton, R. C., *Social theory and social structure*, NY: Simon and Schuster, 1968.

Peirce, C. S., *Collected Papers of Charles Snaders Peirce Vo1. 1-6*, ed. CharlesHartshorne and Paul Weiss, MA: Harvard University Press, 1931~1935.

Peirce, C. S., *Collected Papers of Charles Snaders Peirce Vol. 2*, MA:

Harvard University Press, 1974.

Rosser, J. C., Lynch, P. J., Cuddihy, L., Gentile, D. A., Klonsky, J., & Merrell, R., "The impact of video games on training surgeons in the 21st century," *Archives of surgery*, 142(2), 2007.

Yee, N., & Bailenson, J., "The Proteus effect: The effect of transformed self-representation on behavior," *Human communication research*, 33(3), 2007.

8 최근 청소년들의 게임문화, 어떻게 이해할 것인가? 이창호

강상준 · 양혜정, 「청소년의 가족 및 학교환경 스트레스가 사이버불링, 온라인 게임중독에 미치는 영향 연구: 공격성 매개효과와 성별의 조절효과 경쟁모델」, 『한국웰니스학회지』, 15(2), 한국웰니스학회, 2020.

과학기술정보통신부 · 한국정보화진흥원, 『2019 스마트폰 과의존 실태조사』, 2019.

김아미 · 이혜정 · 김아람 · 박유신 · 이지선, 『중학생 미디어문화와 미디어 리터러시 교육방향 연구』, 경기도교육연구원, 2018.

이주환, 「모바일 게임서 성별차이는 옛말?」, 더게임스데일리, 2019.

전경란, 「디지털게임 리터러시」, 『디지털미디어 리터러시』, 한울아카데미, 2020.

정재엽 · 박형성 · 안세희, 『학생들의 게임과몰입 실태 및 게임리터러시 교육방안 연구』, 경기도교육연구원, 2020.

정현선 · 김아미, 「책임 있는 미디어이용교육 중요: 교육활성화위해 수업자료 보급 필요」, 미디어리터러시, 2017.

조윤정 · 서성식 · 염경미 · 이은혜 · 임고운, 『중학생의 생활과 문화』, 경기도 교육연구원, 2020.

한국언론진흥재단, 『2020 어린이 미디어 이용 조사』, 2020.

한국콘텐츠진흥원, 『2020 게임 이용자 실태조사』, 2020.

한국청소년정책연구원, 『청소년 미디어 이용 실태 및 대상별 정책대응방안 연구I: 초등학생- 기초분석보고서』, 2020a.

한국청소년정책연구원, 『청소년 미디어 이용 실태 및 대상별 정책대응방안 연구I: 초등학생』, 2020b.

한국콘텐츠진흥원, 『2020 이스포츠 실태조사』, 2020.

Yangm C, & Liu, D., "Motives Matter: Motives for Playing Pokemon Go and Implications for Well-Being," *Cyberpsychology, Behavior, and Social Networking*, 20(1), 2017.

9 부모들이 게임에 대해 걱정하는 것들 김지연

존 팰프리 · 우르스 가서, 송연석 · 최완규 옮김, 『그들이 위험하다: 왜 하버드는 디지털 세대를 걱정하는가?』, 갤리온, 2010.

카베리 수브라맨얌 · 데이비드 슈마헬, 도영임 · 김지연 옮김, 『디지털 시대의 청소년 읽기』, 에코리브르, 2014.

한국콘텐츠진흥원, 『2020 대한민국 게임백서』, 한국콘텐츠진흥원, 2020.

Albert Bandura, Dorothea Ross & Sheila A. Ross, "Imitation of filmmediated aggressive models," *Journal of Abnormal and Social*

Psychology, 66, 1963.

Christopher J. Ferguson & Stephanie M. Rueda, "The Hitman Study: Violent Video Game Exposure Effects on Aggressive Behavior, Hostile Feelings, and Depression," *European Psychologist*, 15, 2010.

Craig A. Anderson & Brad J. Bushman, "Human Aggression," Annual *Review of Psychology*, 53, 2002.

Craig A. Anderson, Douglas A. Gentile & Katherine E. Buckley, *Violent Video Game Effects on Children and Adolescents: Theory, Research, and Public Policy*, NY: Oxford University Press, 2007.

Jay G. Blumler & Elihu Katz, *The Uses of Mass Communications: Current Perspectives on Gratifications Research*, CA: Sage, 1974.

Michael D. Slater, Kimberly L. Henry, Randall C. Swaim & Lori L. Anderson, "Violent Media Content and Aggressiveness in Adolescents: A Downward Spiral Model," *Communication Research*, 30(6), 2003.

Mike Z. Yao, Chad Mahood & Daniel Linz, "Sexual Priming, Gender Stereotyping, and Likelihood to Sexually Harass: Examining the Cognitive Effects of Playing a Sexually-Explicit Video Game," *Sex Roles*, 62, 2010.

Patricia M. Greenfield, *Mind and Media: The Effects of Television, Video Games, and Computers*, MA: Harvard University Press, 1984.

Paul J. C. Adachi & Teena Willough, "The Effect of Video Game Competition and Violence on Aggressive Behavior: Which Characteristic

Has the Greatest Influence?" *Psychology of Violence*, 1(4), 2011.

Rowell L. Huesmann, Jessica Moise-Titus, Cheryl-Lynn Podolski & Leonard D. Eron, "Longitudinal Relations between Children's Exposureto TV Violence and Their Aggressive and Violent Behavior in Young Adulthood: 1977-1992," *Developmental Psychology*, 39, 2003.

Seymour Feshbach & Robert D. Singer, *Television and Aggression*, San Francisco: Jossey-Bass, 1971.

10 게임 DIY : 게임을 만듦으로 배울 수 있는 것들 이동훈

도영임, 「게임의 예술성 연구(게임문화 융합연구6)」, 한국콘텐츠진흥원, 2019.

박근서, 「모드하기의 문화적 실천에 대한 연구: <엔더스크롤 IV: 오블리비언>의 커뮤니티를 중심으로」, 『한국언론정보학보』,(55), 2011.

백남준아트센터, 「뉴 게임플레이」, 2016.

박상범, 「[NDC] 아이들의 게임 개발 교육 가치, 제대로 평가받아야」, 『중앙일보』, 2017.4.27.

이정엽, 「문화적 가치 고양을 위한 게임창작·유통 생태계 전략 연구」, 한국콘텐츠진흥원, 2018.

제이 데이비드 볼터, 이재형 옮김 『재매개 뉴미디어의 계보학』, 커뮤니케이션북스, 2006.

Anthropy. A. *Rise of the Videogame Zinesters: How Freaks, Normals,*

Amateurs, Artists, Dreamers, Drop-outs, Queers, Housewives, and People Like You Are Taking Back an Art Form, NY: Seven Stories Press, 2012.

Bogost, I. Persuasive Games : *The Expressive Power of Videogames*, Cambridge: The MIT Press, 2010.

Frasca. G. *Videogames of the oppressed*: *Critical thinking, education, tolerance, and other trivial issues*, Cambridge: The MIT Press, 2004.

Fullerton. T. *Game Design Workshop*: *A Playcentric Approach to Creating Innovative Games*, fourth edition, Boca Raton: CRC Press, 2018.

Ludovico. A. "Molleindustria, videogame rules as a political medium", *NEURAL*, Issue 22, 2007.

Peuter. G. *Games of Empire: Global Capitalism and Video Games*, Minneapolis: University of Minnesota Press, 2009.

Schell. J. T*he Art of Game Design: A Book of Lenses*, Third Edition, Boca Raton: CRC Press, 2019.

국가직무능력표준, 「NCS 게임콘텐츠 제작」, https://ncs.go.kr
시사상식사전, 「DIY」, https://terms.naver.com
위키피디아, 「Do it yourself」, https://en.wikipedia.org
Harvey. A. and Samyn. M., 「Realtime Art Manifesto」, http://www.tale-of-tales.com

11 빈대 잡으려다 초가삼간 태우는 게임 이용장애 국제 질병 분류 등재 이형민

김용민, 「WHO 게임 이용 장애 질병 코드화의 의미와 과제」, 『법학연구』, 23(1), 인하대학교 법학연구소, 2020.

박경신, 「게임 이용자의 헌법적 권리 정립과 게임 이용장애 질병코드지정의 관 계」, 『서울법학』, 27(4), 서울시립대학교 법학연구소, 2020

박정하 · 현기정 · 손지현 · 이영식, 「임상환자를 대상으로 한 인터넷 게임장애의 치료방법 고찰」, 『소아청소년정신의학』, 26(2), 2015.

박진우 · 이형민, 「게임 이용 장애 질병코드 도입이 일반적인 게임 이용자, 게임 광고, 게임 산업 태도에 미치는 영향: 편견과 사회적 낙인 인식의 효과 검증을 중심으로」, 『융합사회와 공공정책』, 13(3), 2019.

손형섭 · 김정규, 「WHO의 게임 이용 장애 질병코드 부여 관련 법정책의 방향」, 『언론과법』, 19(1), 2020.

송명희, 「인지·행동 치료 주체에 임상심리사 포함돼야」, KBS, 2018.3.18.

송선영, 「도덕적 공황 상태 분석에 대한 윤리문화적 접근 방안」, 『윤리연구』, 71, 2008.

송후림 · 이영화 · 양수진 · 이지영 · 장정원 · 정소나 · 전태연, 「소아청소년 우울증 약물학적 치료지침: 항우울제의 효과와 선택」, 『대한정신약물학회지』, 25, 2014.

앨런 프랜시스, 김명남 옮김, 『정신병을 만드는 사람들』, 사이언스북스, 2014.

이형민 외, 「게임 질병코드 도입으로 인한 사회변화 연구(게임문화 융합연구 2)」, 한국콘텐츠진흥원, 2019.

황성기, 「게임 이용장애의 질병코드화의 법적 문제점」, 『정보법학』,

23(3),2019.

Aarseth, E., Bean, A. M., Boonen, H., Carras, M. C., Coulson, M., Das, D., Deleuze, J., Dunkels, E., Edman, J., Ferguson, C. J., Haagsma, M. C., Bergmark, K. H., Hussain, Z., Jansz, J., Kardefelt-Winther, D., Kutner, L., Markey, P., Nielson, R. K. L., Prause, N., Przybylski, A., Quandt, T., Schimmenti, A., Starcevic, V., Stutman, G., Van Looy, J., & Van Rooij, A. J., "Scholars' open debate paper on the World Health Organization ICD-11 Gaming Disorder proposal," *Journal of Behavioral Addictions*, 6(3), 2017.

Harrison, J. N., Cluxton-Keller, F., & Gross, D., "Antipsychotic medication prescribing trends in children and adolescents," *Journal of Pediatric Health Care*, 26(2), 2012.

World Health Organization, 「Addictive behaviours: Gaming disorder」, https://www.who.int

12 뇌과학 게임기술을 활용한 인간능력 향상 정철우

국가교육과정정보센터, 「2015 개정 교육과정」, 2015.

국가과학기술자문회의, 「정부, 과학기술로 치매, 미세먼지 등 국민 삶의 질 개선에 나선다」, 2018.

김문수, 「고등학생의 뇌 기능 변화와 자기효능감에 미치는 영향에 관한 연구」, 서울불교대학원대학교 박사학위논문, 2011.

류윤지, 「α파와 SMR파 강화 뉴로피드백 훈련이 정상노인의 인지기능 및 부정적정서에 미치는 효과」, 부산대학교 석사학위논문, 2018.

박병운, 「뉴로피드백 입문」, (재)한국정신과학연구소, 2005.

연합뉴스TV, 「비디오 게임으로 치매 위험 '최대 30%'낮춘다」, 2017.

이근영, 「뉴로피드백 훈련이 정상노인의 작업기억력에 미치는 효과」, 부산대학교 석사학위논문, 2016.

정선화 · 최병철, 「휴먼증강 기술 주요 동향과 R&D 시사점」, 『ETRI Insight Report』, 8월호, 2019.

정철우, 「과제기반 뉴로피드백 훈련 프로토콜 차이에 따른 청소년의 시공간 작업기억력 향상 효과 및 뇌파 특성」, 서울불교대학원대학교 박사학위논문, 2017.

중앙치매센터, 「2016년 전국 치매역학조사자료」, 2018.

최병국 , 「두뇌훈련 게임 두뇌능력보다 게임능력만 향상」, 연합뉴스 , 2016.10.9.

파낙토스, 「인생의 큰 변화를 만들어준 뇌훈련」, 2017.12.5.

한국콘텐츠진흥원, 『게임은 게임이다』, 교보ebook, 2021.

한국연구재단, 「2017 미래유망기술 프로그램 뇌기능 향상 기술」, 2017.

헤럴드 경제, 「고령운전자, 교통사고 44% 증가…치사율도 높아」, 2021.2.28.

Jerri D. Edwards, Huiping Xu, Daniel O. Clark, Lin T. Guey, Lesley A. Ross, Frederick W. Unverzagt, "speed of processing training results in lower risk of dementia," *Alzheimer's & Dementia*: Translational Research & Clinical Interventions, 3(4), 2017.

K Ball, C Owsley, M E Sloane, D L Roenker, J R Bruni, "Visual attention problems as a predictor of vehicle crashes in older drivers," *ARRO journal*, 34, 1993.

Karen Meneses, Rachel Benz, Jennifer R. Bail, Jacqueline B. Vo, Kristen Triebel, Pariya Fazeli, Jennifer Frank, David E. Vance, "Speed of processing training in middle-aged and older breast cancer surviors(SOAR): results of a randomized controlled pilot," *Breast Cancer Res Treat*, 168, 2018.

Mitchell McMaster. Hons, Sarang Kim, Linda Clare, Susan J. Torres, "Lifestyle Risk Factors and Cognitive Outcomes from the Multidomain Dementia Risk Reduction Randomized Controlled Trial, Body Brain Life for Cognitive Decline(BBL-CD)," *Journal of the American Geriatrics Society*, 0(0), 2020.

Karlene Ball, Jerri D. Edwards, Lesley A. Ross, Gerald McGwin, Jr., "Cognitive training decreases motor vehicle collision involvement of older drivers," *Journal of the American Geriatrics Society*, 58(11). 2010.

Klingberg, T., Forssberg, H., Westerberg, H, "Increased Brain Activity in Frontal and Parietal Cortex Underlies the Development of visuospatial Working Memory Capacity during Childhood," *Journal of Cognitive Neuroscience*, 14(1), 2002.

Timothy A. Salthouse, "Within-Cohort Age-Related Differences in Cognitive Functioning," *Psychological Science, sage journals*, 1;24(2),

2013.

brainHQ, 「The Institute of Medicine's Checklist for Brain Training」, https:// www.brainhq.com

Intrado, 「New Patent on Software as a Therapeutic for Depression and other Disorders」, https://www.globenewswire.com

Maverick nguyen, 「Research finds huge differences in brain activity between Amateur and Professional players」, https://www.emotiv. com NJ.com, 「Brain exercise offers new hope in battle against Alzheimer's」,
https://www.nj.com

Panaxtos, 「뇌 건강 증진 및 학습 증진 프로그램」, https://www.panaxtos. com

Patrick Noack, 「The Fifth Industrial Revolution: where mind meets machine」, https://www.thenationalnews.com

13 e스포츠의 역할과 몸 기능 향상 이상호

김영선 · 이학준, 「세대소통으로서의 e스포츠」, 『e연구: 한국e스포츠학회지』, 2(2), 2020.

김태우, 「생태학적 심리학 관점에서 분석한 게이머의 가상환경지각 연구 -배틀그라운드를 중심으로」, 『만화애니매이션연구』, 50, 2018.

박영주, 「100대 기업 인재상, '도전정신'은 옛말 '소통·협력'이 우선」, 데일리안, 2018.8.27.

에릭 캔델, 전대호 옮김, 『기억을 찾아서』, 알에치코리아, 2014.

이상호, 「e스포츠의 역사과 과정」, 『e스포츠연구: 한국e스포츠학회지』, 1(1), 2019.

이상호, 「e스포츠의 개념 형성과 특징」, 『e스포츠연구: 한국e스포츠학회지』, 2(1), 2020a.

이상호, 「e스포츠 재미의 학문적 이해」, 『e스포츠연구: 한국e스포츠학회지』, 2(2), 2020b.

이상호, 『e스포츠의 이해』 (출간예정), 박영사, 2021

이상호, 「'페이커·게구리 보유국'의 e스포츠 학제간 연구」, 교수신문, 2021.6.9.

이상호 · 황옥철, 『e스포츠의 학문적 이해』, 부크크, 2019.

이상호 · 황옥철, 「호이징가 놀이이론의 관점에서 본 e스포츠」, 『한국체육학회지』, 60(1), 2021.

제러미 베일렌슨, 백우진 옮김, 『두렵지만 매력적인 -가상세계(VR)가 열어준 인지와 체험의 인문학적 상상력』, 동아시아, 2019.

졸탄 안드레이코비치, 이상호 옮김, 『보이지 않는 e스포츠』 박영사, 2021.

Campbell MJ, Toth AJ, Moran AP, Kowal M, Exton C., "eSports: A new window on neurocognitive expertise?," *Prog Brain Res*, 240, 2018.

Canning, S. & Betrus, A., "The culture of deep learning in esport: An insider's perspective," *Educational Technology*, 57(2), 2017.

Hallie Zwibel, "An Osteopathic Physician's Approach to the Esports

Athlete," *The Journal of the American Osteopathic Association*, 119, 2019.

Keyi Yin , Yahua Zi , Wei Zhuang , Yang Gao , Yao Tong , Linjie Song , Yu Liu, "Linking Esports to health risks and benefits: Current knowledge and future research needs," *Journal Sport Health Sci*, 9(6), 2020.

Martin-Niedecken, A. L., & Schättin, A., "Let the Body'n'Brain Games Begin: Toward Innovative Training Approaches in eSports Athletes," *Frontiers in psychology*, 11, 2020.

Smithies, T. D., Toth, A. J., Conroy E., Ramsbottom, N., Kowal M., & Campbell M. J., "Life After Esports: A Grand Field Challenge," *Frontiers in psychology*, 11, 2020.

IOC, 「Declaration of the 8th Olympic Summit」, https://www.olympic.com

IOC, 「IOC makes landmark move into virtual sports by announcing firstever Olympic Virtual Series」, https://olympics.com

Newzoo, 「The Coronavirus' Short-Term Impact on the Esports Market」,
https://newzoo.com

PBS, 「Breakdancing to debut at Paris Olympics in 2024」, https://www. pbs.org

14 게임을 통한 인간치유, 어떻게 가능한가? 서보경

고평석, 『게임회사가 우리아이에게 말하지 않는 진실』, 한얼미디어, 2014.

부산글로벌게임센터, 「디지털 치료제로 진화하는 게임산업」, 2020.

한덕현, 「Digital Therapeutics Report」, 중앙대학교 정신의학과, 2012.

M. Csikszentmihalyi, *Flow: the psychology of optimal experience*, NY: Harper & Row, 1990.

K. Durkin, & B. Barber, "Not so doomed: Computer game play and positive adolescent development," *Journal of applied developmental psychology*, 23(4), 2002.

Y. J. Halbrook, A. T. O'Donnell, & R. M. Msetfi, "When and how video games can be good: A review of the positive effects of video games on well-being," *Perspectives on Psychological Science*, 14(6), 2019.

I. Granic, A. Lobel, & R. C. Engels, "The benefits of playing video games," *American psychologist*, 69(1), 2014.

JM. Kim, BI. Yang, MK. Lee, "The effect of actionobservational physical training on manual dexterity in stroke patients," *Phys Ther Korea*, 17(2), 2010.

G. Léonard, F. Tremblay, "Corticomotor facilitation associated with observation, imagery and imitation of hand actions: a comparative study in young and old adults," 2(177), 2007.

G. Buccino, M. Sato, L. Cattaneo et al, "Broken affordances, broken objects: a TMS study," *Neuropsychologia*, 47, 2009.

15 게임에서 즐거운 실패! 회복탄력성을 키운다 박성옥

박성옥 · 김윤희, 『게임놀이치료 이론 관찰 사례』, 창지사, 2020.

신우영 · 최민아 · 김주환, 「회복탄력성의 세 가지 요인이 청소년의 온라인게임 중독 성향에 미치는 영향」, 『사이버커뮤니케이션학보』, 26(3), 2009.

스튜어트 브라인 · 크리스토퍼 본, 『즐거움의 발견 플레이』, 흐름출판, 2015.

이해리 · 조한익, 「한국 청소년 탄력성 척도의 개발」, 『한국청소년 연구』, 42(12), 2005.

제인 맥고니걸, 『누구나 게임을 한다』, 알에이치코리아, 2012.

주지혁 · 조영기, 「온라인 게임이 청소년의 공격성에 미치는 영향 연구 -리니지 이용자를 중심으로」, 『사이버커뮤니케이션학보 24호』, 2007.

캐럴 드웩, 김준수 옮김, 『마인드 셋』, 스몰빅라이프, 2017.

후가카 코지, 김훈 옮김, 『소셜게임과 게이미피케이션으로 승부하라』, 비즈앤비즈, 2012.

Deci, E. & Ryan, R., *Intrinsic motivation and self-determination in humanbehavior*, London: Plenum Press, 1985.

Rogers, M., Miller, N., & Hennigan, K., "Cooperative games as an intervention to promote cross-raxial acceptance," *American educational Reasearch Journal*, 18, 1981.

Sutton-Smith, B., "Cross-Cultural study of children's game," *American Philosophical Society Yearbook*, 1961.

16 자존공이면 게임과몰입도 문제없어 문현실

존 가트맨 · 최성애 외, 『내 아이를 위한 감정코칭』, 한국경제신문사, 2011.

I. H. Gross, E. W. Crandall & M. M. Knoll, *Management for Modern Families*, 5th ed, Englewood Cliffs: Prentice Hall, 1980.

"세상 모든 것에 감탄하는 지혜로운 사람들의 공간"
도서출판 호밀밭

게임은 훌륭하다 17가지 시선으로 읽는 게임의 오해와 진실
ⓒ 2021, 고영삼 외 16명

지은이	고영삼, 김지연, 김치용, 문현실, 박성옥, 방승호, 서보경, 심한뫼, 이동훈, 이창호, 이형민, 정승안, 정철우, 이상호, 차재필, 이장주, 최승우
초판 1쇄	2021년 07월 01일
편집	허태준 책임편집, 박정오, 임명선
디자인	박규비 책임디자인, 전혜정, 최효선
일러스트	박규비
미디어	전유현, 최민영
마케팅	최문섭
종이	세종페이퍼
제작	영신사
펴낸이	장현정
펴낸곳	호밀밭
등록	2008년 11월 12일(제338-2008-6호)
주소	부산 수영구 광안해변로 294번길 24 B1F 생각하는 바다
전화, 팩스	051-751-8001, 0505-510-4675
전자우편	anri@homilbooks.com

Published in Korea by Homilbooks Publishing Co, Busan.
Registration No. 338-2008-6.
First press export edition July, 2021.

ISBN 979-11-90971-55-3   03300